Gesellschaft

Anne Sophie Krossa

Gesellschaft

Betrachtungen eines
Kernbegriffs der Soziologie

Anne Sophie Krossa
Katholische Hochschule Mainz
Mainz, Rheinland-Pfalz, Deutschland

ISBN 978-3-658-00894-9   ISBN 978-3-658-00895-6 (eBook)
https://doi.org/10.1007/978-3-658-00895-6

Die Deutsche Nationalbibliothek verzeichnet diese Publikation in der Deutschen National-
bibliografie; detaillierte bibliografische Daten sind im Internet über http://dnb.d-nb.de abrufbar.

Springer VS
© Springer Fachmedien Wiesbaden GmbH 2018
Das Werk einschließlich aller seiner Teile ist urheberrechtlich geschützt. Jede Verwertung, die nicht ausdrücklich vom Urheberrechtsgesetz zugelassen ist, bedarf der vorherigen Zustimmung des Verlags. Das gilt insbesondere für Vervielfältigungen, Bearbeitungen, Übersetzungen, Mikroverfilmungen und die Einspeicherung und Verarbeitung in elektronischen Systemen.
Die Wiedergabe von Gebrauchsnamen, Handelsnamen, Warenbezeichnungen usw. in diesem Werk berechtigt auch ohne besondere Kennzeichnung nicht zu der Annahme, dass solche Namen im Sinne der Warenzeichen- und Markenschutz-Gesetzgebung als frei zu betrachten wären und daher von jedermann benutzt werden dürften.
Der Verlag, die Autoren und die Herausgeber gehen davon aus, dass die Angaben und Informa-
tionen in diesem Werk zum Zeitpunkt der Veröffentlichung vollständig und korrekt sind. Weder der Verlag noch die Autoren oder die Herausgeber übernehmen, ausdrücklich oder implizit, Gewähr für den Inhalt des Werkes, etwaige Fehler oder Äußerungen. Der Verlag bleibt im Hinblick auf geografische Zuordnungen und Gebietsbezeichnungen in veröffentlichten Karten und Institutionsadressen neutral.

Gedruckt auf säurefreiem und chlorfrei gebleichtem Papier

Springer VS ist Teil von Springer Nature
Die eingetragene Gesellschaft ist Springer Fachmedien Wiesbaden GmbH
Die Anschrift der Gesellschaft ist: Abraham-Lincoln-Str. 46, 65189 Wiesbaden, Germany

Vorwort

Dieses Buch ist als Lehrbuch angelegt. Mit *Gesellschaft* wird ein zentraler Begriff der Soziologie und seine Diskussion aufgegriffen. Leserinnen und Lesern werden unterschiedliche Perspektiven auf den Begriff angeboten, um sie in die Lage zu versetzen, sich eigene Bilder zu machen und anschließend entsprechende Präferenzen und Interessen weiter zu verfolgen.

Auf eine aktuell gerade in Lehrbüchern zunehmende ‚bunte' Gestaltung anhand von Infokästen, Testfragen, Fotos und ähnliches wird dabei bewusst verzichtet. Stattdessen wird der Zugang zum Text selbst prinzipiell erleichtert, indem keine Fußnoten verwendet und sämtliche englischsprachige Zitate ins Deutsche übersetzt wurden. Indem die Inhalte hier auf diese Weise zugänglich gemacht, aber nicht über allzu starke Verkürzungen letztlich möglicherweise problematisch simplifiziert werden, soll auch – neben den inhaltlichen Vorschlägen – das Angebot an Leserinnen und Leser gemacht werden, sich der für soziologische Arbeiten charakteristischen Lese- und Schreibform anzunähern.

Dieses Buch ist räumlich zwischen Deutschland und England entstanden, vor allem hinsichtlich der Diskussionen, die ich dazu mit ganz verschiedenen Gruppen geführt habe, aber auch in Bezug auf Publikationsorte, an denen Vor- oder andere Versionen von den hier zentral besprochenen Themen erschienen sind. Einige Grundideen habe ich bereits in meinem 2013 bei Palgrave Macmillan veröffentlichten, stärker forschungsorientierten Buch *Theorizing Society in a Global Context* diskutiert, aus dem ausgewählte Abschnitte für dieses Buch und seine spezifischen Zwecke überarbeitet wurden. Zu Kap. 9, *Fremde, Selbste, Grenzen*, ist ein um eine empirische Studie vertiefter Artikel in der ersten Ausgabe der Zeitschrift *Culture, Practice, and Policy in Europe* erschienen.

Ich danke allen, die mit mir zu diesem und anderen Themen diskutieren, und würde mich freuen, wenn sich auch über dieses Buch der Austausch weiter entwickelte.

Inhaltverzeichnis

1	**Einleitung**		1
	1.1	Fragestellung	1
	1.2	Aufbau	6
2	**Begriffsraum**		9
	2.1	Grundlegende Begriffe	10
	2.2	Gemeinschaft und Gesellschaft	14
		2.2.1 Tönnies' Differenzierungen und Kritiken daran	15
		2.2.2 Gemeinschaft und Gesellschaft *revisited*	20
3	**Gesellschaft klassisch**		25
	3.1	Émile Durkheim (1858–1917): Die Priorität des Kollektivs	26
	3.2	Max Weber (1846–1920): Das Individuum und sein soziales Handeln als Priorität	29
	3.3	Georg Simmel (1858–1918): Individuum *und* Kollektiv	34
4	**Neuere Ansätze: System- und Handlung**		39
	4.1	Grundfrage: Handlung *oder* System	40
	4.2	Systemtheoretische Positionen	41
	4.3	Handlungstheoretische Positionen	43
	4.4	Zwischenpositionen	47
	4.5	Kapitelfazit	50
5	**Homogenität**		53
	5.1	Der klassische Nexus von Nationalstaat und Gesellschaft	55
	5.2	Homogenes Europa: Eine Anwendung des Konzepts der Nationalstaatsgesellschaft	61

6	**Heterogenität**		67
6.1	Das Prinzip Differenz		69
6.2	Heterogenität und Flüchtige Moderne		71
	6.2.1	Heterogenität	71
	6.2.2	Wiedereinführung von Homogenität	75
	6.2.3	Eine normative Verbindung von Homogenität und Heterogenität	78
6.3	Zwischenfazit: Theoretische Konsequenzen der Überbetonung von Heterogenität		80
7	**Globalisierung**		85
7.1	Interpretationen von Globalisierung		89
	7.1.1	Globalisierung als Fortführung von Modernisierung	90
	7.1.2	Glokalisierung	93
	7.1.3	Grobalisierung	96
7.2	Globalisierung und Normativität		97
7.3	Ein Globalisierungskonzept		99
8	**Integrationskonzepte**		103
8.1	Struktur- bzw. System-orientierte Ansätze		104
8.2	Grundlagen von Integration aus wissenssoziologischer Perspektive		106
8.3	Integrationskonzepte und Konfliktlinien der Diskussion		107
	8.3.1	Multikulturalismus	108
	8.3.2	Assimilierung	110
	8.3.3	Anhaltende Differenz	112
8.4	Kontext Globalisierung		113
8.5	Kapitelfazit		115
9	**Fremde, Selbste, Grenzen**		117
9.1	Das Konzept *Grenze*		119
9.2	Andere und ihre Funktion der Selbstkonstituierung		124
9.3	Konzepte des Anderen/Fremden		127
9.4	Folgen von Globalisierung für Grenz-, Fremd- und Selbstkonzepte		131
	9.4.1	Homogenisierung und Schließung	131
	9.4.2	Heterogenisierung und Öffnung	132
9.5	Kapitelfazit		134

10	**Weltgesellschaft und Kosmopolitismus**	135
	10.1 Weltgesellschaft	136
	10.2 Kosmopolitismus	139
	10.2.1 Hintergrund des Begriffs	139
	10.2.2 ‚Alter' und ‚neuer' Kosmopolitismus	140
	10.2.3 Europäischer Kosmopolitismus	142
	10.3 Kapitelfazit	147
11	**Mobilität und Netzwerk**	149
	11.1 Mobilität	150
	11.1.1 Mobilität als Substitut von Gesellschaft	150
	11.1.2 Mobilität als Komplement zu Gesellschaft	153
	11.2 Netzwerk	155
	11.2.1 Netzwerk als Substitut für Gesellschaft	157
	11.2.2 Netzwerk als Komplement zu Gesellschaft	162
	11.3 Kapitelfazit	163
12	**Konflikt**	165
	12.1 Eindimensionale Interpretationen: Konflikt als Problem oder als Lösung	167
	12.2 Differenzierung: Das integrative Potenzial von Konflikt	169
	12.2.1 Ausgangspunkt: Georg Simmel	169
	12.2.2 Weiterentwicklungen: Lewis Coser und Helmut Dubiel	173
	12.3 Weiterentwicklung	177
	12.4 Kapitelfazit	181
13	**Virtuelle Gesellschaft**	185
	13.1 Raum und Grenze	186
	13.2 Virtuelle Gemeinschaft	189
	13.3 Das Subjekt des Virtuellen und seine Darstellung	193
	13.4 Kapitelfazit: Konflikt und die virtuelle Gesellschaft	198
14	**Fazit**	201
Literatur		205

Einleitung

1.1 Fragestellung

Gesellschaft ist der klassische Zentralbegriff der Soziologie – er ist allerdings auch immer schon umstritten. Der Verdacht, der denjenigen entgegengebracht wird, die ihn weiter als interessantes und potenziell aussagefähiges Konzept sehen, ist substanziell: Es geht um nicht weniger als das Misstrauen, an dem Begriff werde lediglich festgehalten, weil sonst der Soziologie ihr Gegenstand abhanden komme, wogegen sie sich ja geradezu aus existenziellen Gründen wehren müsse. Denn tatsächlich gebe es ‚die Gesellschaft' eben nicht (mehr). So schrieb beispielsweise Warnfried Dettling in der ZEIT im Jahr 1996, statt einer „Gesellschaft im gewohnten Sinne" gebe es „nur noch Individuen, die sich nicht länger in alten Formationen bewegen" (zit. nach Kneer et al. 1997, S. 7). Deutlichere politische Intention hatte fraglos Margaret Thatcher mit ihrem bekannten Ausspruch „There is no such thing as society" (Thatcher 1987). Soziologisch elaborierter findet sich dagegen das Argument bei Friedrich Tenbruck (1919–1994), der schreibt: „Der Glaube an die nomologische Theorie der Gesellschaft versperrt den Blick für die Fülle der Realitäten und den Charakter der Probleme" (1981, S. 349) – ohne allerdings, wie Dettling, dabei notwendig auf völlig vereinzelte Individuen abzustellen. Gerade im Zeitalter von Globalisierung, so scheint es manchen, ist Gesellschaft höchstens noch Mittel der Erinnerung (z. B. Smith 1990), folglich sei der Begriff kein soziologisch tragfähiges Konzept mehr. Auch Tenbruck plädiert für einen „Verzicht auf den Begriff ‚Gesellschaft', wo immer dieser über seine unspezifische Bedeutung hinausgeht" (Tenbruck 1981, S. 349).

Doch was sollte dann stattdessen unsere Analyseperspektive auf das sein, was ‚Gesellschaft' zu umschreiben beansprucht? Kann beispielsweise ‚das Soziale' als Ersatzbegriff dienen? Nein, denn das ist ein viel allgemeinerer und entsprechend umfassenderer Begriff. Je nach Kontext lassen sich damit kleinere Bedeutungslücken überbrücken, doch im Grunde ist eine Vorstellung von einer ‚Gesamtheit des Sozialen' ein Summenbegriff, lediglich deskriptiv und kaum analytische Anreize bietend – also ist ‚das Soziale' konzeptuell kein Äquivalent für Gesellschaft. Doch gibt es zur Frage, was den Gesellschaftsbegriff ersetzen könnte, eine Reihe von weiteren kreativen Vorschlägen, so beispielsweise den von John Urry (1946–2016), das Konzept der Gesellschaft durch *Mobilität* zu ersetzen (dazu mehr in Kap. 11). Dürrschmidt und Taylor beispielsweise nehmen ganz allgemein eine Notwendigkeit an, überhaupt „von Bestrebungen abzusehen, die versuchen, eine umfassende Definition von Gesellschaft zu entwickeln und stattdessen die Komplexität sozialen Wandels anzuerkennen" (Dürrschmidt und Taylor 2007, S. 6).

Aus der Perspektive des vorliegenden Buchs verhält es sich genau umgekehrt. Um überhaupt in der Lage zu sein, die Komplexität des Sozialen, seine Muster sowie sein charakteristisches Sich-Wandeln zu erfassen, spielt Gesellschaft als ein konzeptueller Horizont und Bezugsrahmen eine zentrale Rolle. Andernfalls kommen wir über eine einfache Sammlung von Ideen und Perspektiven nicht hinaus, die an sich interessant und sinnvoll sein mögen, aber – nicht grundlegend aufeinander bezogen – primär deskriptiv sind und nur nebeneinander stehen können.

Allerdings bietet die sich gegenwärtig häufende Forderung, sich vom Gesellschaftsbegriff für die soziologische Analyse vollständig zu verabschieden, einen durchaus willkommenen Anlass, die Aufmerksamkeit systematisch auf einige grundlegende Aspekte der Diskussion von Gesellschaft zu lenken, einschließlich Risiken und Ambivalenzen, die die Beschäftigung mit dem Begriff birgt, um auf dieser Basis einen grundlegenden Rahmen abzustecken.

Die Vermutung, Gesellschaft gebe es nicht (mehr), basiert auf einem ausgesprochen statischen Bild von Gesellschaft. Auch, wenn dies meist nicht im Einzelnen expliziert wird, zeigt sich in der Regel das idealtypische Muster einer prinzipiell homogenen Nationalstaatsgesellschaft. Die Grundzüge dieses Denkmodells sind: Eine Nation wird durch das Ziehen von politischen (Staats-) Grenzen zu einer umfassenden Einheit institutionalisiert. Die dem Nationalstaat Angehörenden sind bereits von einem hohen Maß an Ähnlichkeit gekennzeichnet, und dieses steigt aufgrund von homogenisierenden Maßnahmen fortlaufend weiter an, beispielsweise in Bereichen wie Bildung, Besteuerung oder Gesundheitsorganisation. Hauptanalyseperspektive ist dann typisch entsprechend *Konvergenz:* Inwieweit findet über Angleichungen Homogenisierung in verschiedenen Bereichen statt, inwiefern (noch) nicht, und wie lässt sich das (normativ gesprochen) möglichst ändern? Folglich ist für dieses Gesellschaftskonzept Differenz sowohl prinzipiell als auch in ihren vielfältigen empirischen Ausprägungen in erster Linie ein *Problem*.

Die soziologische Zuschreibung dieses traditionellen Idealbildes zu Gesellschaft ist nicht ganz unbegründet. Die Verbindung zwischen ‚dem Nationalstaat' und ‚seiner Gesellschaft' war in der Soziologie als impliziter oder expliziter Referenzrahmen lange wirksam, was auch in der zeitlich parallel verlaufenden Entstehung des Konzeptes dieses Typs von Gesellschaft und der Soziologie als Wissenschaft begründet liegt. Allerdings wurde der Gesellschaftsbegriff, und ebenfalls spezifischer: die Relation zwischen Individuum und Gesellschaft, auch in der klassischen Soziologie immer wieder problematisiert. Es lässt sich sogar sagen, dass die Soziologie mit ihrem Interesse an Gesellschaft gerade dann entstand, als Gesellschaft und die ihr zugrunde liegenden Zugehörigkeiten und daraus abgeleiteten Solidaritätsansprüche explizit fraglich wurden. Bei Tenbruck liest sich das so: „Die Soziologie verdankte sich […] der Entdeckung einer grundsätzlich unberechenbaren sozialen Wirklichkeit. Ihr fiel somit die seltsame Aufgabe zu, eine Gesellschaft, die auf die Dauerregelung ihrer Ordnung verzichtet hatte, berechenbar zu machen." (Tenbruck 1981, S. 339), „also die Zukunft einer Gesellschaft zu deuten, die sich diese Zukunft freihalten wollte" (ebd., S. 342). Die Soziologie konstruierte also ihren unvermeidlich volatilen Gegenstand und versuchte gleichzeitig, ihn einzufangen.

Besonders problematisch waren und sind bei Diskussionen von Gesellschaft (Miss-)Interpretationen der idealtypischen Konstruktion als Realtypus. Dabei wird den angenommenen, idealtypischen Eigenschaften des Begriffs eine reale Reichweite unterstellt, die ihn überhaupt erst im Sinne glasklarer Abgrenzung anhand von eindeutiger Bestimmung des Inneren und des Äußeren begründungsbedürftig macht. Es stellt sich jedoch die Frage: Warum wird überhaupt unterstellt, dass es ‚die homogene Gesellschaft' jemals gab, die heute vermeintlich als Folie zur Widerrede fungieren kann? Warum wird sie dann aber als solche nicht empirisch erläutert, zeitlich und örtlich fixiert? Als Antwort liegt nahe: Weil eine Fixierung des Idealen im Realen, ganz Max Weber (1864–1920) folgend, praktisch nicht ohne Übersetzungskosten möglich ist, sodass von vornherein darauf verzichtet wird. Die Folge ist, dass Gesellschaft in dieser Idealform als leichter Gegner wahrgenommen wird. Wenn jedoch an dieser Argumentation festgehalten werden soll, haben sich Verfechter dieser Position – sei sie auch ‚nur' als Gegenposition herangezogen – zumindest einer von zwei Aufgaben zu stellen. Die erste wäre, die Voraussetzungen ihrer Annahme zu klären, so beispielsweise: Was ist eine (nationale) Gesellschaft, was ist ein ‚hohes' Maß an Ähnlichkeit, was ist ‚zu wenig'? Und zweitens: Gab es die entsprechende Form von Gesellschaft, auf die sie sich argumentativ in einem fundamentalen Sinne beziehen, jemals real? Die

Tatsache, dass sich diese Fragen nirgendwo konkret beantwortet finden, verweist allerdings darauf, dass der gewählte bzw. konstruierte Gegner ein *zu* leichter ist, sodass eine solch grundlegende Kritik letztlich nicht trägt.

Ebenso wenig gerechtfertigt ist es, ein Konzept schlicht aus Sorge davor abzulehnen, einem Essentialisierungs- und Ontologisierungsverdacht ausgesetzt zu werden. Denn die soziologischen Grundlagen der Weltbetrachtung sind im Prinzip gültig: Der Mensch ist ein soziales Tier, also auf das Zusammenleben mit anderen angewiesen, was Gesellschaft in einem zunächst offenen Sinn des sozialen Bezugs fundamental nahelegt. So schreibt Niklas Luhmann (1927–1998): „Nach wie vor können Menschen nur in sozialen Zusammenhängen leben, und in modernen Gesellschaften gilt dies nicht weniger als früher – vielleicht mit mehr Alternativen und Wahlmöglichkeiten des Einzelnen, aber auch mit einer immensen Vermehrung der Hinsichten, in denen man abhängig ist" (Luhmann 1993, S. 158 f.; zit. nach Schroer 2000, S. 177 f.).

In zweiter Ordnung gilt, dass Menschen Gesellschaften als soziale Bezugsrahmen *wahrnehmen,* auf sie referieren, sie somit direkt oder indirekt anerkennen, was diese zu Realitäten eigenen Sinns macht, die auch auf einer Repräsentationsebene (re-)produziert werden. Das entspricht dem Thomas-Theorem: „Wenn Menschen Situationen als real definieren, haben sie reale Konsequenzen" (Thomas und Thomas 1928, S. 571 f.). Dies bedeutet, dass insbesondere bei ähnlichen Situationsinterpretationen bzw. bei Annäherungen der Interpretationen von Kommunikationspartnern gemeinsame ‚Wahrheiten', ‚Fakten' entstehen, die wiederum als Grundlage für weiteres Handeln und Kommunizieren dienen, und damit Realität auch hergestellt wird.

Die gegenseitige Bedingung der objektiven und subjektiven, kollektiven und individuellen Anteile des Gesellschaftsbegriffs wird prinzipiell in einem Zitat der britischen Sozialanthropologin Mary Douglas deutlich. Sie schreibt:

> [M]it sozialer Struktur meine ich normalerweise keine totale Struktur, die das Ganze der Gesellschaft kontinuierlich und umfassend umgreift. Stattdessen beziehe ich mich auf spezifische Situationen, in denen individuelle Akteure sich über eine größere oder kleinere Reichweite von Inklusivität bewusst sind. In diesen Situationen verhalten sie sich, als ob sie sich in strukturierten Positionen in Relationen zu anderen bewegen würden, als ob sie zwischen möglichen Mustern von Beziehungen wählen könnten. Ihr Empfinden für Form stellt Ansprüche an ihr Verhalten, steuert die Einschätzung ihrer Wünsche, erlaubt manche, setzt andere außer Kraft […]. Es scheint, als seien sich Individuen entsprechender Kontexte aller dieser Strukturen bewusst, ebenso wie ihrer relativen Bedeutsamkeit. Sie haben nicht alle dieselbe Vorstellung, welche spezifische Ebene der Struktur in einem gegebenen Moment relevant ist; aber sie wissen, dass es ein Kommunikationsproblem gibt, das überwunden werden muss, wenn es Gesellschaft überhaupt geben können soll.

1.1 Fragestellung

In zeremoniellen Reden und Gesten [beispielsweise, A.S.K.] bemühen sie sich fortlaufen, die relevante soziale Struktur auszudrücken und in einer Perspektive übereinzustimmen, was sie ist (Douglas 1991, S. 100 f.).

Zu Recht verweist sie darauf, dass die so hergestellte und sich stets wandelnd bestehende jeweilige Idee von Gesellschaft eine machtvolle *Vorstellung* ist: „Sie ist an sich wirkmächtig, Menschen zu kontrollieren oder zu Handlung zu bewegen. Diese Vorstellung hat eine Form; sie hat Außengrenzen, Ränder, interne Struktur" (ebd., S. 114).

Damit ist das Interesse am Begriff und seiner heutigen Bedeutung und Wirksamkeit zunächst prinzipiell skizziert. Es stellt sich dann die Frage: Welche Art der Annäherung an den Gesellschaftsbegriff ist interessant und angemessen? Natürlich gibt es darauf eine ganze Reihe potenzieller Antworten. Einige von ihnen werden im Lauf dieses Buches genauer betrachtet. Nicht näher eingegangen wird dabei jedoch beispielsweise auf Spezifizierungen, die über eine thematische Auffächerung des Gesellschaftsbegriffes erzielt werden und in einer Reihe von Einzelperspektiven münden, wie z. B. ‚Disziplinargesellschaft' oder ‚Risikogesellschaft' (siehe Kneer et al. 1997). Stattdessen wird hier der Versuch unternommen, das Konzept Gesellschaft im Sinne eines sozialen Rahmens anzugehen und auf seine prinzipieller sowie aktuellen Potenziale hin zu überprüfen. Denn der Gesellschaftsbegriff birgt die Möglichkeit, aus soziologischer Sicht *prinzipiell* zur Beantwortung der zentralen Frage beizutragen ‚Wie funktioniert menschliches Leben?'. Dazu ist nicht das Gesamtthema Gesellschaft abzuschaffen, sondern die Fragerichtung zu ändern: „Die eigentlich soziologisch relevante Frage muss *der Art (der) sozialen Zusammenhänge* gelten" (Kneer et al. 1997, S. 178, Herv. A.S.K.).

Im Folgenden geht nicht darum, ein starres konzeptuelles Gehäuse für alles im weiteren Sinne Soziale zu errichten. Stattdessen soll ein Angebot entworfen werden, das zeigt, wie es zumindest möglich ist, Gesellschaft flexibel zu konzipieren und dabei gleichzeitig prinzipiell umfassend zu denken. Dazu soll der Gesellschaftsbegriff überprüft werden, im Sinne eines erweiternden, typisierenden Blick auf soziale Zusammenhänge, die sich in Interaktionssituationen unterschiedlicher Art manifestieren, stabilisieren bzw. modifizieren, die aber über ihre unmittelbaren Erscheinungsmomente hinaus verweisen und damit umfassendere Rahmen anzeigen, welche, auch als solche zu individuellen und kollektiven Selbst-Identifikationen genutzt werden. Gesellschaft wird dazu als *prozesshafter, pluraler und ‚ergebnis' offener Horizontbegriff* entworfen.

Die wichtigsten Thesen, die dem Buch als Ganzem unterliegen, lauten: Ein einseitiges Homogenitätsprinzip und die Fokussierung seiner Folgekonzepte wie beispielsweise Konvergenz oder rigide Begrenzung werden abgelehnt. Stattdessen ist zunächst das Prinzip der Differenz in den Mittelpunkt zu stellen. Dies gilt grundsätzlich, sowohl für die Analyse des Sozialen allgemein, als auch spezifischer von Gesellschaft; in unseren Zeiten, also in einer sich als zunehmd globalisierend und als auf Relationen von Differenzen beruhend wahrgenommenen Gegenwart wirkt das Homogenitätsmodell lediglich besonders anachronistisch. Doch auch das andere Extrem, also Soziales und Gesellschaft in einer einseitig auf Heterogenität ausgerichteten Perspektive zu untersuchen, ist nicht tragfähig. Ebenso wie Homogenität ist auch Heterogenität allein ist nicht ausreichend, um Soziales und Gesellschaft zu begründen. Eine Aussage wie ‚Wir gehören zusammen weil wir unterschiedlich sind' trägt nicht. Das heißt, die soziologische Perspektive ist auf eine Kombination beider Aspekte, Homogenität und Heterogenität, angewiesen. Konflikte spielen dabei hier eine besonders wichtige Rolle, hinsichtlich ihres fortlaufenden Prozessierens, ihrer Austragungsmodi und Wirkweisen sowie immer wieder stattfindender Fest-Stellungen sozialer Relationen über sie. Damit wird Gesellschaft von einer absoluten zu einer graduellen Frage – es geht um mehr oder weniger, in verschiedenen Bereichen, mit unterschiedlichen Bewertungsmöglichkeiten.

1.2 Aufbau

Auf dieser Grundlage werden nun verschiedene Perspektiven auf den Gesellschaftsbegriff näher betrachtet, schließlich auch mit dem Ziel, ihm im und für den Kontext der Gegenwart als genuine und wichtige Kategorie wieder neue Impulse zu geben und ihn damit für eine erneuerte Diskussion fruchtbar zu machen. Zu diesem Zweck ist das vorliegende Buch wie folgt organisiert. Als Grundlage für die schrittweise entwickelte Diskussion steckt das zweite Kapitel zunächst einen grundlegenden *Begriffsraum* ab, insbesondere zu Relationen von Individuum und Kollektiv, Integration bzw. Inklusion und Desintegration bzw. Exklusion, zu Selbsten und Anderen, Gemeinschaft und Gesellschaft sowie zu Homogenität versus Heterogenität.

Kap. 3 beleuchtet ausgewählte Interpretationen von Gesellschaft in der *klassischen Soziologie*. Deutlich wird dabei, dass an einer starken konzeptuellen Engführung sehr früh – wie bereits erwähnt praktisch bereits mit der Entstehung soziologischer Diskussion selbst – Kritik laut wurde und alternative Deutungen und unterschiedliche Bewertungen entstanden. Anhand verschiedener Autoren werden zusammenfassend einige traditionelle Hauptlinien dargestellt, die auch als Bezugspunkte der weiteren Diskussion im aktuellen Kontext dienen.

1.2 Aufbau

Daran anschließend gibt Kap. 4 einen Überblick zur vergleichsweise aktuellen Diskussion zur Verortung des Gesellschaftskonzepts zwischen *System und Handlung*. Es knüpft zunächst prinzipiell an Niklas Luhmanns systemtheoretische Grundüberlegungen an, erweitert sie handlungstheoretisch und stellt dann die Frage nach dem prinzipiellen und aktuellen Sinn des Gesellschaftsbegriffs. Dabei werden unterschiedliche Strömungen erkennbar. Von Interesse ist hier sowohl diejenige, die für einen ‚schwachen' Gesellschaftsbegriff plädiert, ihn aber immerhin erhalten möchte, als auch eine, die den Begriff prinzipiell ablehnt.

Im fünften Kapitel wird aus historischer Perspektive die ebenfalls bereits erwähnte Problematik einer eindimensionalen Interpretation von Gesellschaft näher betrachtet, und zwar anhand der Entstehungsgeschichte des Konzeptes der Nationalstaatsgesellschaft und der damit verbundenen Ideale von Integration, Konvergenz und *Homogenität*.

In Kap. 6 wird der in Kap. 5 untersuchten Überbetonung von Homogenität eine diametral entgegengesetzte *Überbetonung von Heterogenität* gegenübergestellt. In Auseinandersetzung mit verschiedenen Autoren wird schließlich jedoch bezweifelt, dass Gesellschaft, wie manche annehmen, als ‚Zombie-Kategorie' zu gelten hat, die aufgrund einer massiven, geradezu überwältigenden Heterogenitätserfahrung ihre Gültigkeit verloren hat, deshalb nun die soziologische Diskussion eigentlich nur noch leblos begleitet und folglich endgültig zu verabschieden ist.

Die aus der Zusammenführung der Problematiken der beiden letztgenannten Kapitel entstehende Aufgabe ist es, nach einem Prinzip von Balance zwischen Heterogenität und Homogenität, zwischen Universalismus und Partikularismus zu suchen. Dies wird im siebten Kapitel in einem ersten Schritt angegangen. Dort stehen verschiedene Interpretationen von *Globalisierung* im Mittelpunkt.

Darauf folgt in Kap. 8 eine genauere Betrachtung von *Integrationskonzepten*, und zwar vertiefend anhand von Konzepten wie Multikulturalismus, Assimilation, anhaltender Differenz sowie – noch einmal konkreter im Globalisierungskontext verortet – Transnationalisierung, Transkulturalisierung und Hybridität.

In Kap. 9 wird das Konzept der *Fremdheit* und seine konstitutive Funktion für individuelle und kollektive Selbste erörtert, um eine generelle Grundlage für eine differenzierende Betrachtung von sozialen Zugehörigkeiten im weiteren Sinne zu gewinnen. Vertieft wird dies mithilfe des Konzepts *Grenze*.

Kap. 10 hat Ideen zur *Weltgesellschaft* zum Gegenstand, wobei es vor allem um die Problematik geht, dass auch auf einer geografisch umfassenden Sozialebene – ‚der Welt' – ein Verharren bei der Gegenüberstellung des Heterogenitätsideals mit dem der Homogenität unterkomplex bleibt. Dies wird hier mit der

Diskussion einer normativen Interpretation von Weltgesellschaft verbunden, nämlich *Kosmopolitismus*.

Kap. 11 prüft *Mobilität* als Beispiel für ein vermeintliches Ersatzkonzept für Gesellschaft. Trotz der ästhetischen Attraktivität einer solchen extremen Flexibilisierung des Sozialen ist dieses Modell nicht in der Lage, die Spezifität des Sozialen und erst recht nicht den konzeptuellen Charakter von Gesellschaft zu erfassen. Dagegen gewinnt es in Relation zu Globalisierung, Migration und Integration an Kontur und Bedeutung.

Im zwölften Kapitel zu *Konflikt* geht es um eine relative Flexibilisierung des Gesellschaftsbegriffs auf der Grundlage von Termini wie Prozess, Wechselwirkung und Vergesellschaftung. Georg Simmels (1858–1918) Vorschlägen grundlegend folgend, werden hier Potenziale zu Balancen zwischen Homogenität und Heterogenität ausgelotet und die Konzeptualisierung von Vergesellschaftungschancen an einem Kontinuum mit den Polen ‚absoluter Krieg' und ‚völlige Harmonie' vorgenommen.

Schließlich wenden wir uns in Kapitel dreizehn der *virtuellen Gesellschaft* zu, genauer: der Frage, inwiefern sich das Soziale der virtuellen Welt sinnvoll anhand von besprochenen und entwickelten Konzepten des Begriffsraums generell und des Gesellschaftsbegriffs insbesondere verorten und analysieren lässt, aber auch, welche Erweiterungen wichtig sind.

Im abschließenden Fazit wird besprochen, inwiefern und unter welchen Bedingungen Gesellschaft ein Potenzial hat, als zwar – wie alle Konzepte der Soziologie – begründungsbedürftiger, aber prinzipiell lohnender Zentralbegriff soziologischer Diskussion zu fungieren.

Diese Auswahl der Schwerpunkte ist notwendig und bewusst selektiv – manche Aspekte werden tief gehender, andere eher am Rand behandelt, manche nicht berücksichtigt. Zu keinem Thema ist Vollständigkeit ein angemessener Anspruch, doch bei einem so umfassenden wie diesem wird das Erfordernis der Selektion besonders deutlich. Einiges wird über Verweise ergänzt, doch wenn Leserinnen und Leser Vorschläge zu aus ihrer Sicht besonders wichtigen Erweiterungen haben, freue ich mich, wenn sie es mich wissen lassen.

Begriffsraum

2

Der Grund, aus dem es scheint, als sei Gesellschaft besonders schwer zu fassen, lässt sich mit ihrer Zentralstellung für menschliche Existenz erläutern. Hier treffen fundamentale Dynamiken zusammen: die zwischen Kollektiven und Individuen, zwischen dem Universalen und dem Partikularen, zwischen Übereinstimmung und Unterschiedlichkeit. Sowohl in alltäglichen als auch in akademischen Diskussionen spiegelt sich die unvermeidlich *mobile Position* von Gesellschaft wider. Die paradox wirkende Kombination von – relativer faktischer sowie vorgestellter – Statik *und* Flexibilität verweist direkt auf die nun vor uns liegende Aufgabe, nämlich ein flexibles und *gleichzeitig* ausreichend fixierbares Konzept herauszuarbeiten – oder aber den Gesellschaftsbegriff tatsächlich zu verabschieden, falls diese Balance nicht zu treffen sein sollte.

Gerade wegen ihres umfassenden und grundsätzlichen Charakters lassen sich zahlreiche Konzepte mit Gesellschaft in Beziehung setzen. Umso wichtiger ist es, genau abzuwägen, welche in einen so engen Kreis gehören, dass sie zur Diskussion unverzichtbar sind. Um der Vielschichtigkeit des Gegenstandes gerecht zu werden, wird im Folgenden keine lineare Argumentation vorgenommen, sondern ein diskursiver Raum eröffnet, in den schrittweise verschiedene Zentralbegriffe und Kerngedanken einbezogen werden. Indem nach und nach verschiedene Aspekte einander gegenübergestellt, abgewogen und miteinander verbunden werden, entsteht eine begriffliche Vernetzung und erste Konkretisierung von Gesellschaft und ihr zuzuordnenden Begriffen.

Bei diesen Begriffen handelt es sich im Einzelnen um die Konzepte *Individuum* und *Kollektiv*, *Integration* bzw. *Inklusion* und *Desintegration* bzw. *Exklusion*, sowie *Selbste* und *Andere*. An eine grundlegende Darstellung und Diskussion der Begriffe unter Abschn. 2.1 schließt in Abschn. 2.2 eine erste konkretere Rahmung anhand der Gegenüberstellung von *Gemeinschaft und Gesellschaft* an.

© Springer Fachmedien Wiesbaden GmbH 2018
A. S. Krossa, *Gesellschaft*,
https://doi.org/10.1007/978-3-658-00895-6_2

Dabei wird auch Bezug genommen auf die Gegensatzkonstruktion von *Homogenität* und *Heterogenität*, die als zentrale Argumentationsachse dieses Buches fungiert. Immer gilt dabei: „(W)enn wir ein Wort definieren, laden wir lediglich andere ein, es so zu benutzen, wie wir es benutzt sehen möchten; (…) das angemessene Resultat einer guten Definition ist es, die Auseinandersetzung über Begriffe in eine Meinungsverschiedenheit über Fakten zu transformieren, und damit Argumente für weitere Nachforschung zu öffnen" (Mills 2000, S. 34).

2.1 Grundlegende Begriffe

Fundamentaler Ausgangspunkt der Soziologie ist die Annahme, dass der Mensch ein soziales Wesen ist. Dazu ist beispielsweise Arnold Gehlen (1904–1976) (z. B. 1986) zu nennen, dessen Argument – eine Idee von Pico della Mirandorla über Herder und Scheler weiterentwickelnd – zusammengefasst lautet: Der Mensch ist ein Mängelwesen, kann sich also kaum selbst schützen und darüber hinaus nicht, wie andere Tiere, auf Instinkte zurückgreifen, die ihm eindeutige Orientierung geben würden. Somit ist der Mensch notwendig weltoffen, auf Handeln angewiesen (siehe Max Webers Diskussion zum *sozialen Handeln,* Weber 2005, Paragraf 1 und 2) und damit Kultur-herstellend. Das begünstigt die Bildung von Institutionen, durch die soziale Kooperation gefördert wird, bzw. durch die zumindest die Chance zur Herstellung sozialer Kommunikation, ihrer relativen Strukturierung und letztlich zu sozialer Ordnung im weiten Sinne entsteht. Gehlens Vorschläge haben, wie die aller anderen Denkerinnen und Denker auch, Kritik erfahren. Typisch wird ihm eine Überbetonung des Kollektiven vorgeworfen. So lehnt beispielsweise Rehberg einen „ahistorischen und institutionalistischen Kurzschluss" ab, durch den Gehlen seiner Meinung nach zu einem „Extremisten der Ordnung" wird (Rehberg 1994, S. 257 f.).

Dass für einen tragfähigen Gesellschaftsbegriff immer Gleichgewichte hergestellt werden müssen, z. B. von geordneter/ordnender Struktur einerseits und Flexibilität andererseits, haben wir bereits festgehalten. Aus Gehlens Ansatz ist hier ist aber zunächst vor allem von Bedeutung, dass Soziales allgemein und Gesellschaft im Besonderen ohne das Einbeziehen konstitutiver Anderer nicht funktioniert. Dies mag im Sinne einer regelrechten Angewiesenheit auf andere besonders offensichtlich bei sehr jungen oder alten Menschen sein, oder aber in ausgesprochen differenzierten Gesellschaften, bei denen eine hochgradige Aufgabenteilung uns zu Spezialisten in einem Bereich macht, uns in anderen aber regelrecht hilflos sein lässt. Tatsächlich aber gilt die Angewiesenheit auf andere unabhängig von

2.1 Grundlegende Begriffe

der spezifischen Sozialform, hat also als quasi-biologisches, universales Merkmal des Menschen zu gelten.

Damit wird unmittelbar deutlich, dass die Beziehung, die in den einleitenden Sätzen zu diesem Kapitel noch mit ‚Individuum *und* Kollektiv' benannt wurde, auf diese Weise nur auf einem abstrahierenden Niveau, gleichsam als vereinfachender Denkeinstieg, gefasst werden kann. Tatsächlich stehen beide Aspekte in einem gegenseitig konstitutiven Verhältnis, beide sind also nur zusammen zu denken. Ohne Individuum kein Kollektiv – das mag noch intuitiv plausibel sein – aber eben auch: ohne Kollektiv kein Individuum. Denn das Individuum kann sich nur mit und am Anderen bilden, gleichsam mit der Gesellschaft als Spiegel (siehe auch Frisby und Sayer 1986, S. 25 f.). Da also Selbstverortung prinzipiell über Vergleiche, also über Fremdbezüge, verläuft, ist menschliche Existenz schließlich „ein auf alle Ebenen ausgedehntes und komplexes Gewebe von Relationalitäten" (Gifford 2010, S. 14).

So wichtig dieses erste, gleichsam auf unsere soziale Natur gründende Argument zum Prinzip der menschlichen Interdependenz auch ist, es ist nur eine Seite der Medaille. Denn wenn das Kollektive die einzige Grundlage menschlicher Existenz wäre, gäbe es die Problematiken nicht, auf deren Grundlage wir beispielsweise den Begriff der *sozialen Integration* überhaupt erfunden haben und fortdauernd und lebhaft diskutieren. Dann gäbe es schlicht eine gleichsam ‚natürliche Gesellschaft', in der soziale Beziehungen ablaufen würden wie eine automatische Gangschaltung – doch ganz offensichtlich ist das nicht der Fall. Stattdessen ist unser Zusammenleben charakterisiert durch permanente anspruchsvolle Abwägungen bis hin zu Kontroversen und Konflikten dazu, wie wir uns als Individuen aufeinander beziehen und welche Regeln und Muster dabei legitim sind.

Auf dieser Grundlage wird also sofort deutlich, warum für das soziologische Denken von Anfang an die Frage von *Integration* zu einer sozialen Ordnung zentral war. Im anschließenden Kap. 3 werden Positionen einzelner Soziologen, besonders ‚klassischer', dazu genauer betrachtet. Nun aber sollen zunächst die Grundzüge des Begriffs skizziert werden. Im Wortsinn bedeutet *Integration* die (Wieder-) Herstellung eines Ganzen – und transportiert damit in Bezug auf das Soziale die Vorstellung, es gebe die prinzipielle Möglichkeit eines ‚Ganzen' überhaupt bzw. es habe zu einem früheren Zeitpunkt etwas wie ‚ein soziales Ganzes' tatsächlich gegeben, das auch heute als Bezugsrahmen faktische Kraft habe. Die normativen Maßstäbe dieser Vorstellung sind *Konvergenz* und *Anpassung,* die sich, so eine Vorstellung, am Grad des – tatsächlichen oder erzwungenen – Konsenses messen lassen. Heute ist der Integrationsbegriff vielleicht mehr denn je präsent, häufig im Kontext von politischen oder journalistischen Debatten zum

Thema ‚Zuwanderung'. Gerade die Alltäglichkeit seiner Verwendung droht allerdings, die tatsächliche Spezifik dieses Terminus übersehen zu lassen. Denn er basiert auf der keineswegs selbstverständlichen Annahme, dass soziale Integration desto erfolgreicher stattfinde, Gesellschaft desto ‚besser' werde, je *ähnlicher* ihre Bestandteile seien. Daraus ergibt sich in direkter Linie eine ebenso spezifische Aufgabenstellung, nämlich Individuen ‚ausreichend ähnlich' zu machen, sodass sie in einen möglichst harmonischen Zustand von Koexistenz und Kooperation konvergieren. Eine Entsprechung findet dies in der Annahme, dass Differenz und Divergenz zu *Desintegration* führten, was ganz grundsätzlich zu vermeiden sei.

In gegenwärtigem soziologischen Denken werden die so konnotierten Begriffe Integration und Desintegration jedoch häufig durch *Inklusion* und *Exklusion* ersetzt – und das gilt bereits seit längerem nicht mehr nur für ihren ursprünglichen systemtheoretischen Begründungszusammenhang. Damit wird ein Schritt weg gemacht von absoluten und unflexiblen Vorstellungen von Relation und Zugehörigkeit. Dieses neuere Begriffspaar berücksichtigt prinzipiell, dass Individuen multiple Gruppenzugehörigkeiten haben, die vielfältige Formen annehmen und sich wandeln. Ausschließliche Zugehörigkeit zu einer einzigen (nationalen) Gesellschaft und eine mit ihr verbundene, gleichsam vollständige Integration des Individuums ist also in der Gegenwartssoziologie umfassend als Orientierungspunkt abgelöst worden.

Daraus folgt auch, dass die Aufteilung in *Selbste* und *Andere* noch flexibler und somit anspruchsvoller geworden ist. Wer der Andere für mich ist, stellt sich je nach Situation potenziell unterschiedlich dar: Wer mir bzw. meiner Gruppe in der einen Konstellation gegenübersteht, kann in der nächsten schon auf meiner Seite stehen, Teil meiner Gruppe sein, die wiederum anderen Anderen gegenübertritt. Dieser Sachverhalt mag in den hochgradig differenzierten, spezialisierten und individualisierten Gesellschaften unserer Gegenwart nahezu offensichtlich erscheinen; es ist aber wichtig, hervorzuheben, dass das Prinzip mehrfacher Rollen und entsprechender Zugehörigkeiten ein Grundsatz sozialen Lebens ist, und insofern für alle Gesellschaften gilt (wenn auch in potenziell ganz unterschiedlichen Ausmaßen).

Betrachten wir diese Unterscheidung noch einmal genauer. Die prinzipielle Annahme, die einem „identitären Binom 'Selbst und Anderer'" unterliegt, ist, dass es „aus dem Blickwinkel eines Subjektes in der ersten Person, Singular oder Plural, konstruiert und entziffert wird – von einem repräsentierten oder impliziten ‚ich' oder ‚wir'" (Gifford 2010, S. 13). Diese Definition bringt die zentralen Aspekte in aller Kürze zusammen. Erstens kann die Unterscheidung sowohl auf individueller als auch auf kollektiver Ebene angewendet werden; zweitens konstruiert sie gleichzeitig Innen und Außen; drittens und folglich ist sie eng

2.1 Grundlegende Begriffe

verbunden mit Vorstellungen zu *Identität*. Viertens ist sie zu einem gewissen Grad zwangsläufig subjektive Interpretation. Der erste Aspekt verweist auf die beiden Formen, in denen das Selbst relational verortet bzw. verankert werden kann: der individuellen, als Person, und der kollektiven, als Teil von Gruppen, denen man loyal oder auch solidarisch verbunden ist. Der zweite Punkt zur vermeintlich klaren Trennung zwischen Innen und Außen, zwischen Selbst und Anderem zeigt an, dass es sich um eine idealtypische Konstruktion handelt – was Gifford jedoch durch die Begriffe *Repräsentation* und *Implikation* relativiert. Die Vorstellung zweier stabiler, sich gegenseitig ausschließender Einheiten, die in eine Situation konturenscharfen und somit gleichsam sterilen Kontakts kommen, welche wiederum in eindeutig getrennten Realitäten resultiert, entspricht fraglos nicht empirischer Erfahrung, also Realtypen. Stattdessen ist zu konstatieren, dass sich Kontakte sowie entsprechende Identifikationen – und zwar sowohl individuelle als auch kollektive – als Prozesse manifestieren, also dauerndem Wandel unterliegen, der gekennzeichnet ist durch Austausch, Überlappung sowie der Formung neuer und oft hybrider sozialer Formen. Daraus resultiert, dass wir „so viele potenzielle ‚Andere' haben wie Facetten des Selbst" (Gifford 2010, S. 14).

Das heißt jedoch nicht, dass es sinnlos wird, *Selbste* und *Andere* als Idealtypen zu nutzen, denn Gegenüberstellungen von Idealtypen eröffnen generell eine Reihe fruchtbarer Perspektiven, so auch auf den generellen und weitgehenden Konstruktionscharakter des Sozialen. Denn der Kontrast zwischen Selbst und Anderem bietet „eine spontane Form rationaler Strukturierung, die danach strebt, die Welt zu ordnen und ihr Sinn zu geben" (Gifford 2010, S. 14). Zum einen entlastet dies das Individuum von potenziell extrem komplizierten und sozial und psychisch kostenreichen Prozessen der Kategorisierung in Situationen sozialen Kontakts, zum anderen reflektiert das Andere dem Selbst, wie es eben dieses Selbst sieht.

Über diese eher offensichtlichen Effekte hinaus sollte eine noch stärker relativierende theoretische Perspektive zum Selbst Beachtung finden. Sie bietet die Möglichkeit der Reflexion der *inneren Fremdheit des Selbst sich selbst gegenüber*, sowie der potenziellen *Ähnlichkeit zwischen Selbst und Anderem*. Wir bekommen, so Gifford, „den Eindruck, dass wir unser eigenes Abbild eigentümlich im Anderen gespiegelt sehen, und zwar auf eine Weise, die die Anerkennung der Differenz zum Anderen mit einer anderen Selbst-Erkenntnis verbindet" (Gifford 2010, S. 15). Mit anderen Worten: Vom Ausgangspunkt ‚Selbst und Andere/r/s' ist ein Potenzial für die Anerkennung des ‚Selbst *als* ein Anderer/s' (Ricoeur) abzuleiten. Dabei verbinden sich „die beiden Dimensionen Gleichheit (Lateinisch: *idem*, 'Ein-und-dasselbe') und Einzigartigkeit (oder 'Genau-dieses' – vom lateinischen *ipse*)" (Gifford 2010, S. 14; mit Bezug auf Ricoeur 1990) – und ihre Infragestellung. Auf dieser Grundlage ist auch Identität zu redefinieren:

Im Verlauf menschlicher Begegnungen (…) sind menschliche Gruppen (…) manchmal zur Anerkennung dieses ausgegrenzten Anderen als etwas gelangt, das viel eher ein *ipse* darstellt, also eine aufwertende und komplementäre Realisierung der Menschheit (…). Die Wahrnehmung ‚sie' oder ‚die' verwandelt sich in etwas, das der Wahrnehmung eines ‚du' (…) ähnelt, mit der Tendenz, dem Anderen den gleichen Status und Wert wie einem selbst zuzuerkennen (Gifford 2010, S. 16).

Das ist ein wesentlicher Schritt – umso offensichtlicher in Zeiten quantitativ anwachsender und sich teilweise auch qualitativ wandelnder Begegnungen mit dem Anderen und prinzipiell mit Differenz. Umgekehrt kann – gerade in persönlicher Kommunikation – diese oft unabwendbare Erkenntnis der Nähe zum Anderen sowie zum Fremden im Selbst aber auch zu besonders ausgeprägten Abwehrversuchen führen, die in Bestrebungen münden, möglichst klare Grenzen zu ziehen und entsprechende Räume zu konstruieren (siehe dazu beispielsweise die Kritik an der *sozialpsychologischen Kontakthypothese* von Zick 2002).

In zwei Kapiteln werden diese Grundlagen noch einmal aufgegriffen und vertieft, zum einen in Kap. 8, in dem es um Integrationskonzepte geht, und zum anderen in Kap. 9 zum Konzept des Fremden.

2.2 Gemeinschaft und Gesellschaft

Wie viel Zugehörigkeit, Inklusion, sogar Integration oder auch soziale Ordnung ist für ein funktionierendes Sozialwesen erforderlich, das aus so vielen so glücklich wie möglich seienden Menschen bestehen soll? Diese Debatte, die eine analytische Frage mit einer vergleichsweise unspezifischen normativen Zielsetzung verbindet, hat bereits eine lange Tradition. Auch heute ist der klassische Ausgangspunkt für sie die von Ferdinand Tönnies (1855–1936) im Jahr 1887 beschriebene Unterscheidung zwischen *Gemeinschaft* und *Gesellschaft*. Obwohl seine Differenzierung oft Verzerrungen erfährt, begegnet uns ein grundlegende Gedanke daraus immer wieder: ‚Gute' soziale Solidarität in eng integrierter Gemeinschaft wird ‚schlechter' Individualisierung in anonymer Gesellschaft gegenüber gestellt, und genereller: positiv interpretierte Homogenität wird mit negativ bewerteter Heterogenität kontrastiert. Die traditionelle Diskussion von Gemeinschaft *versus* Gesellschaft verbindet die in diesem Kapitel genannten Kernbegriffe in einer spezifischen und sehr aufschlussreichen Weise und bietet eine sinnvolle erste Rahmung zur Homogenitäts-Heterogenitätsdebatte, die grundlegend für die weiteren Kapitel dieses Buches ist. Dabei wird hier bewusst die eher politiktheoretische Debatte zu *Demokratie* in diesem Kontext ausgeklammert. Diskussionen zu diesem Aspekt bieten u. a. Touraine (1995), Habermas (1998) und Delanty (2003).

2.2 Gemeinschaft und Gesellschaft 15

Im ersten Abschn. 2.2.1 werden die Grundzüge von Tönnies' Ansatz betrachtet und kritisch aus verschiedenen Perspektiven besprochen. Im Anschluss wird unter Abschn. 2.2.2 die Grundidee darauf hin beleuchtet, ob sich die sie charakterisierende rigide Polarität so interpretieren bzw. wenden lässt, dass dieser traditionelle Ansatz erneuert genutzt werden kann.

2.2.1 Tönnies' Differenzierungen und Kritiken daran

Ferdinand Tönnies differenziert zwischen zwei *Normaltypen* der Zugehörigkeit. Dabei kann Tönnies' *Normaltypus* grundsätzlich als Vorläufer von Max Webers *Idealtypus* gelten, wobei der Normaltypus das noch striktere, rein begriffsorientierte Modell darstellt. In der ersten Form des Sozialen, *Gemeinschaft*, sind Individuen als Gesamtpersonen, also umfassend mit all ihren Facetten, integriert und über einen *Wesenswillen* eng miteinander verbunden. Nach Tönnies zeigt und verfestigt sich der Wesenswille schrittweise in drei Motiven des Handelns: im Wunsch, zu Gefallen, aus Gesinnung und aus Gemüt, sodass schließlich in Form des *Gewissens* die „edelste Gestalt des Wesenswillens" (Tönnies 1931, S. 7) auftritt. An diesem Punkt lässt sich die von Tönnies postulierte, für Gemeinschaft als grundlegend interpretierte Rolle des Kollektiven, welches über das Gewissen bis tief in das Individuum hinein sozial ordnend wirkt, besonders deutlich nachvollziehen. Ähnlich begründet Norbert Elias den Verlauf von Fremd- zu Selbstzwang über einen Zivilisationsprozess, u. a. anhand der Begriffe *Scham* und *Peinlichkeit* (1997a, b, c). Gleichzeitig ist diese dichte soziale Einbindung für Tönnies die Voraussetzung dafür, dass das Individuum sich umfassend als kreatives entfalten kann. Er nimmt also an, dass das Individuum zur Selbstentfaltung gerade auf ein besonders engmaschiges Kollektiv angewiesen ist.

In direktem Kontrast dazu konzipiert er *Gesellschaft* als basierend auf atomisierten Individuen, die aufgrund ständig wechselnder, prinzipiell instrumentaler Rollen nicht in der Lage sind, sich als Gesamtpersönlichkeiten zu einer harmonischen Gruppe zu integrieren. In Cohens Worten ist „die ‚ganze' soziale Person inkongruent mit der Moderne" (Cohen 1985, S. 23). Gesellschaft ist nach Tönnies durch den *Kürwillen* gekennzeichnet, der „schlechthin auf den Zweck sich konzentriert (…) (und) die Fäden, die sonst naturgemäß Zweck und Mittel verbinden, durchschneidet" (Tönnies 1931, S. 7). Entsprechend nimmt dieser rein auf Zwecke des Individuums hin orientierte Kürwillen keine Rücksicht auf vorgehende soziale Begrenzungen: „Es ist dann gleichgültig, ob das Mittel (…) als ‚gut' oder als ‚böse' erscheint" (ebd., S. 8). Konsequenz dieser weitgehenden sozialen Unverbundenheit sind atomisierte, sich gegenseitig fremde Einzelne. Deren oberflächlicher Austausch besteht „aus einem Austausch von Worten und Höflichkeiten, in denen jeder für das Wohl aller anderen zu stehen und jeder alle anderen als ebenbürtig anzuerkennen scheint, doch in Wahrheit denkt jeder an sich und versucht, seine eigene Bedeutsamkeit und eigenen Vorteile im Wettbewerb mit den anderen zur Geltung zu bringen" (Tönnies 1899, zit. nach Frisby und Sayer 1986, S. 29 f.). Sowohl für das Kollektiv, als auch für das Individuum, so die Annahme, führt das letztlich zu schädlicher Anomie. Damit scheint Tönnies zu besagen, dass auf der einen Seite eine zumindest nahezu vollständige Integration des Individuums mit Priorität des Kollektivs und einem Ideal von Homogenität steht, und auf der anderen Seite höchstens partielle bzw. oberflächliche Integrationsformen existieren, die Heterogenität befördern, das Individuum hauptsächlich auf sich selbst zurückwerfen und es letztlich zumindest beschädigt zurücklassen.

Es ist jedoch Vorsicht hinsichtlich einer allzu kontrastiven Gegenüberstellung von Gemeinschaft und Gesellschaft angebracht. Erstens ist es wichtig, sich bewusst zu machen, dass Tönnies' analytischer Ansatz zu seiner Zeit auch die Funktion hatte, eine soziale Kritik zu transportieren, also einen normativen Standpunkt in einer Form, wie sie für seine Zeit charakteristisch war, zu verdeutlichen. Ähnliche Beispiele finden sich bei Max Weber in Form seiner Interpretation von einer Gesellschaft, die durch Bürokratie charakterisiert ist, welche sich zu einem ‚eisernen Käfig' entwickelt; oder in etwas offenerer Form bei Georg Simmels Analyse der anonymen Großstadt. Zweitens ging Tönnies selbst deutlich differenzierender bei seiner Gegenüberstellung vor, als es die sich auf ihn beziehenden Arbeiten üblicherweise reflektieren. Tönnies schreibt, hinsichtlich seiner Unterscheidung von Willensformen sei „nicht zu verstehen, dass die Gründe entweder wesentlich und dauernd der einen oder der anderen Kategorie – dem Wesenswillen oder dem Kürwillen – angehören, sondern es ist (…) ein dynamisches Verhalten anzunehmen" (Tönnies 2012, S. 243 f.). Die, wie er es nennt, ‚Namen' *Gemeinschaft* und *Gesellschaft* seien als Tendenzen zu begreifen, und werden „ihrer Mitbedeutung, selbst (also an sich, A.S.K.) verbundene Einheiten oder sogar kollektive und künstliche Personen zu bezeichnen, hier entkleidet: das Wesen von Gemeinschaft und Gesellschaft zieht sich vielmehr durch alle Arten der Verbundenheit hindurch" (ebd., S. 244). Interessant ist jedoch gerade, dass eben diese so stark vereinfachende Version seiner These berühmt wurde und sich entsprechend verbreitete: „Diese Problematik […] war nicht einfach nur ein analytisches Problem. Im Guten wie im Schlechten hat sie […] die Realität der Welt, die wir studieren und die Theorien, die wir über sie bilden, erheblich beeinflusst" (Robertson 1992, S. 14). Warum also, so die eigentliche Frage, war und ist diese holzschnittartige Interpretation so attraktiv? Vermutlich gerade aufgrund der Klarheit, die besitzt, und mit der sie eine vermeintliche Übersichtlichkeit vermittelt. Das hat jedoch einen Preis.

2.2 Gemeinschaft und Gesellschaft

Die Tatsache, dass es sich beim Gemeinschaftskonzept also um eine „idealisierte und apolitische Konzeption von Einheit zwischen Menschen" (Outhwaite 2006, S. 32) handelt, die darauf abzielt, starke und beständige Grenzen zwischen Innen und Außen zu errichten, bedeutet ein strukturelles Risiko, das Soziale als Ideal als befreit von Konflikt und Auseinandersetzung zu interpretieren. In einer solchen Konzeption werden Homogenität und Heterogenität klar verteilt: Homogenität nach innen und Heterogenität nach außen. Das korrespondiert mit der Vorstellung, dass Kulturen gleichsam hermetisch in sich geschlossene und sich gegenseitig ausschließende ‚Container' bilden, „dass die Mitglieder einer Gruppe (a) etwas gemeinsam haben, das sie (b) auf signifikante Weise von Mitgliedern anderer vermeintlicher Gruppen unterscheidet" (Cohen 1985, S. 12). Hinsichtlich der Folgen für die Qualität des sozialen Austausches müsste dann zum einen gelten, dass dieser *zwischen* ‚verschiedenen Gruppen' deutlich gestört ist. Zum anderen bedeutete dies aber auch *innerhalb* ‚einer Kultur' das Risiko, dass der Grad von Ähnlichkeit oder sogar Übereinstimmung so groß wird, dass sozialer Austausch potenziell ebenfalls schwierig wird. Delanty nennt dieses Modell eine *totale Gemeinschaft:* „Die totale Gemeinschaft ist eine Gemeinschaft, die eine Fusion von Staat und Gesellschaft ist, ein organisches Ganzes. Ein totalitärer Staat hat totale Identifikation der Gesellschaft mit dem Staat erreicht, *was faktisch das Soziale auslöscht*" (Delanty 2003, S. 21, Herv. A.S.K.). Für ihn „führt das zu der Frage, ob Gemeinschaft eine Art des Terrors ist, die die meisten sozialen Charakteristika menschlicher Gesellschaften zerstört, so zum Beispiel ihre Kapazität zu kreativer Erneuerung und die Beschäftigung mit menschlicher Autonomie" (Delanty 2003, S. 24). Obwohl Tönnies und Delanty vom gleichen Interesse ausgehen, nämlich der Entfaltungsmöglichkeit und folglich dem Wohlergehen der und des Einzelnen, kommen sie also zu entgegengesetzten Schlussfolgerungen.

Empirisch ist eine solche totale Gemeinschaft fraglos sehr selten und existiert in reiner Form wohl nicht. Eher zu vermuten ist, dass das „symbolische Repertoire einer Gemeinschaft (…) fortlaufend die Realität der Differenz in einen *Anschein* von Ähnlichkeit transformiert" (Cohen 1985, S. 21, Herv. A.S.K.). Theoretisch illustriert dieses Modell strikt separater kultureller Einheiten also eine letztlich dysfunktionale Struktur beschädigter Kommunikation, und zwar sowohl nach außen als auch nach innen. In ihrer Folge ergibt sich eine Engführung des Sozialen.

Es ist das eine, solche relativ abstrakten Normal- bzw. Idealtypen als Muster zu entwickeln, um sie dann als eine Art Folie zu empirischer Analyse heranziehen zu können. Problematischer wird es, wenn solche abstrahierenden Modelle als regelrechte normative Vorgaben betrachtet werden, an denen sich Realität messen lassen muss. Bis zu einem gewissen Grad wird dies mit beiden Typen versucht: Die an sich abstrakt gedachten Gesellschaftskriterien finden sich als eine

Grundlage des weiten Feldes der *Rational Choice*-Ansätze wieder, während die Ideale der Gemeinschaftsidee umfassend in Ansätzen des *Kommunitarismus* aufgegriffen werden. Die Kritik an beiden Richtungen ist groß; zum Zweck einer Spezifizierung des gerade erläuterten Totalisierungsverdachts soll hier etwas genauer auf die kommunitaristischen Ideen geblickt werden. Richard Sennett nimmt eine konfliktbezogene Kritik am kommunitaristischen Gebrauch des Begriffs Gesellschaft vor, die im Kontext dieses Buches eine besonders sinnvolle Perspektive ist und an die gerade vorgestellten Überlegungen zum Integrationsbegriff anschließt. Sennett stellt fest, dass Kommunitarismus „fälschlicherweise Einheit als Kraftquelle in einer Gemeinschaft annimmt, und irrtümlich fürchtet, dass, wenn in einer Gemeinschaft Konflikte aufkommen, soziale Bindungen bedroht sind" (Sennett 1998, S. 143). Ein Beispiel im weiteren Sinn bietet Jürgen Habermas: „Die Moral einer Gemeinschaft legt nicht nur fest, wie sich ihre Mitglieder verhalten sollen; sie bietet auch die Grundlage für die *konsensuelle* Lösung relevanter Konflikte" (Habermas 1998, S. 4, Herv. A.S.K.). Der Fokus auf Konsens und eine entsprechend engmaschige Gemeinschaft, in der das Individuum als Ganzes aufgehoben ist (auch im doppelten Wortsinn), führt jedoch direkt zum ihr inhärenten Risiko von Limitierung von Differenz bis hin zu Unterdrückung des Kontakts mit Differenten – auch mit dem eigenen, inneren Differenten, dass Teil des Selbst ist, wie gerade im letzten Abschnitt des Abschn. 2.1. besprochen. Zygmunt Bauman kritisiert:

> Die Anziehungskraft der Gemeinschaft kommunitaristischer Träume beruht auf dem Versprechen der Vereinfachung: An seinem logischen Limit bedeutet Vereinfachung viel Gleichheit und ein bloßes Minimum an Verschiedenheit. Die angebotene Vereinfachung kann nur über eine Separierung der Differenzen erreicht werden: *indem die Wahrscheinlichkeit ihres Aufeinandertreffens reduziert und das Ausmaß der Kommunikation begrenzt wird* (Bauman 2008/2001, S. 148, Herv. A.S.K.).

Er konkretisiert:

> Willst du Sicherheit? Gib deine Freiheit auf, zumindest zu einem guten Teil. Willst du Vertrauen? Vertraue niemandem außerhalb deiner Gemeinschaft. Willst du gegenseitiges Verständnis? Sprich nicht mit Ausländern und auch keine Fremdsprachen. Willst du dieses gemütliche Heimatgefühl? Statte deine Tür mit Alarmanlagen und deine Einfahrt mit Kameras aus. Willst du Gefahrlosigkeit? Lass keine Fremden herein und enthalte dich seltsamen Handelns und eigentümlicher Gedanken. Willst du Wärme? Gehe nicht in die Nähe des Fensters und öffne niemals eins. Der Haken ist, dass, wenn du diesem Rat folgst, und das Fenster verschlossen hältst, die Luft im Innern schnell stickig und schließlich erdrückend wird (Bauman 2008/2001, S. 4).

2.2 Gemeinschaft und Gesellschaft

So hat Aldous Huxley in der Vision einer ‚schönen neuen Welt' sicher nicht gänzlich zufällig das Motto ‚Gemeinschaft, Identität, Stabilität' für seinen Weltstaat gewählt – vorgestellt als vollständig globalisiert, wie wir es heute nennen würden, unter einem ‚Weltkontrolleur'.

In konflikttheoretischer Hinsicht geht Bauman über Habermas' Bemerkung oben hinaus, wenn er annimmt, dass die Gemeinschaftsperspektive noch nicht einmal Raum bietet für Konsens, denn den versteht er als

> eine Vereinbarung, die von grundlegend anders eingestellten Menschen getroffen wird, im Sinne eines Ergebnisses von harter Verhandlung und Kompromiss, von viel Streit, Gegensätzlichkeit und gelegentlichen Faustschlägen. Das Verständnis nach Art der Gemeinschaft (dagegen, A.S.K.) muss nicht gesucht und schon gar nicht aufwendig erarbeitet oder erkämpft werden: dieses Verständnis ‚ist da', gebrauchsfertig (…), sodass wir uns ohne Worte verstehen (…). Diese Art des Verständnisses, auf dem die Gemeinschaft beruht, ist allen Übereinstimmungen und Uneinigkeiten vorgeordnet. Ein solches Verständnis ist nicht die Ziellinie, sondern der Startpunkt allen Miteinanders (Bauman 2008/2001, S. 10, ohne Herv. d. O.).

Eine solche Vorstellung ist tatsächlich auf Homogenität im strikten Sinne angewiesen, als Startpunkt, Existenzform und Zukunft gleichzeitig. Sie nimmt damit allerdings die Elemente von Prozess und Wandel aus dem Sozialen schlicht heraus. Absolute Gleichheit existiert jedoch nicht, deshalb wird „die ‚real existierende Gemeinschaft' ihre Ängste und Unsicherheit vermehren statt sie aufzuheben oder zu beruhigen" (Bauman 2008/2001, S. 17). Das führt uns zurück zum Anfang des Kapitels und der Feststellung, dass eine ‚rein natürliche Gesellschaft', die gleichsam automatisch integriert ist, nicht mit dem übereinstimmt, was wir empirisch vorfinden – und dass es dazu keine ganz einfache Lösung gibt.

Die Kritik an der Gemeinschaftskonzeption ist also substanziell, ebenso wie an der starken Vereinfachung und der normativen Abwertung des Gegenpols ‚Gesellschaft'. Auf dieser Grundlage lohnt es, die generelle Frage zu stellen, ob sich – nun in realer Form – überhaupt zwei wesentlich unterschiedliche Formen des Sozialen entsprechend dieser Differenzierung festmachen lassen. Cohen merkt kritisch an, dass dieser Annahme die Mutmaßung zugrunde liegt, dass

> eine Gesellschaft, in der eine große Anzahl an Menschen eine Reihe hochgradig spezialisierter Rollen spielt, in irgendeiner Form komplizierter ist als eine, in der eine relativ kleine Anzahl an Menschen ähnliche oder sogar noch vielfältigere Rollen spielt, von denen einige hoch spezialisiert sind, andere weniger. Es ist legitim, sich zu fragen ‚kompliziert für wen, und wessen Entscheidung entsprechend?'. Die Unterscheidung scheint (lediglich, A.S.K.) eine quantitative zu sein, die annimmt, dass Komplexität proportional zu dem Ausmaß und der Ausbreitung von Institutionen variiert (Cohen 1985, S. 28).

2.2.2 Gemeinschaft und Gesellschaft *revisited*

Ist es möglich, die Begriffe Gemeinschaft und Gesellschaft so zu rekonzeptualisieren, dass sie zu weniger antagonistischen und damit auch praktisch brauchbareren Konzepten werden? Es gibt verschiedene aktuelle Versuche, das Soziale möglichst umfassend zu redefinieren – und interessanterweise erfährt dabei bislang das Konzept der Gemeinschaft deutlich höhere Aufmerksamkeit als das der Gesellschaft. Ein Beispiel bietet Gerard Delanty, der eine flexibilisierte Form der Kommunikation in den Vordergrund stellt und annimmt, dass „die Macht der Gemeinschaft auf der Herausbildung von Definitionen, Prinzipien und kognitiven Modellen zur Imagination der Welt beruht. Im Wesentlichen ist die Macht der Gemeinschaft die Macht der Kommunikation" (Delanty 2003, S. 156 f.). Diese sehr allgemeine Umschreibung enthält ganz offensichtlich ein Potenzial für Prozess und Wandel, und Delanty unterstreicht den Aspekt der Offenheit weiter, indem er jedes ‚Container-Denken' ablehnt und Gemeinschaft versteht als „eine kommunikative Kategorie statt als geschlossene kulturelle Sphäre" (ebd., S. 81). Genauer interpretiert er Gemeinschaft als „geformt durch kollektive Handlung, *die auf dem Ort basiert* (...). Die Idee der Gemeinschaft, auf die dies verweist, ist eine konstruktivistische, nach der Gemeinschaft sozial konstruiert ist" (ebd., S. 70 f., Herv. A.S.K.). Trotz der Tatsache, dass ein Element exklusiver Spezifität ein wesentliches Merkmal der Gemeinschaft und als solches nicht wegzudenken ist – im gerade angeführten Zitat wird dem *Ort* die grenzbestimmende Rolle zugewiesen – nimmt Delanty einen weitreichenden Versuch vor, das Konzept zu redefinieren. Mit Bezug auf Bill Readings (1996) entwickelt Delanty seine Vorstellung von Gemeinschaft als „eine Gemeinschaft der offenen Kommunikation (...), die sich in bestimmten Arten der Erfahrung von Gemeinsamkeit ausdrückt, die (jedoch immer, A.S.K.) nur unvollständig sein kann. Das Charakteristische an diesen Erfahrungen ist die Alterität (und damit gegenseitige Bezogenheit, A.S.K.) von Selbst und Anderem sowie das Nichtvorhandensein eines fundierenden (i.S.v. absoluten, A.S.K.) Referenzpunktes" (ebd., S. 138).

Dieses Zitat wirft eine Reihe von Punkten auf, die es wert sind, genauer betrachtet zu werden, und zwar sowohl im direkten Zusammenhang einer Readressierung des Gemeinschaftskonzeptes als auch in Bezug auf die Konzeptualisierung des Sozialen in allgemeinerem Sinne. Erstens, so ist abzuleiten, ist Gemeinsamkeit und Zusammengehörigkeit immer unumgänglich unvollständig. Jedes andere Verständnis dieses Aspektes würde den Charakter des Sozialen drastisch missverstehen. Zweitens, zwischen Selbst und Anderem besteht ein Alteritätsverhältnis, also eine Relation, durch die zwei Elemente – Selbst und

2.2 Gemeinschaft und Gesellschaft

Anderes – in Beziehung gesetzt werden, was nur möglich ist, wenn eine generelle Ähnlichkeit oder Vergleichbarkeit besteht. Hinzu tritt der Aspekt innerer Fremdheitserfahrungen des Selbst, der durch dauernde Selbstreflexion ins Bewusstsein gerät, wie unter 2.1 bereits angesprochen. Schließlich trifft der Zweifel an einem absoluten Referenzpunkt einen Kern der hier geführten Gesamtdebatte. Nicht nur Differenz wird alltäglich und zum *moving target,* auch der Ausgangspunkt ihrer Bewertung, das ‚eigene Ich`, wird beweglich und muss ohne Fixpunkt zur Feststellung eben dieser Differenz sowie ihres wichtigen Referenzpunktes, des ‚Bekannten', des ‚Normalen' auskommen.

Vor dem Hintergrund solcher Modifikationen lassen sich nun einige Reinterpretationen der Relation von Gemeinschaft und Gesellschaft mit unterschiedlichen Fokussen durchspielen. Die drei hier ausgewählten Perspektiven sind *Dissens, Ästhetik* und *Konflikt*. Zunächst und einem Vorschlag Delantys folgend, könnte man Gemeinschaft als *Dissensgemeinschaft* fassen, die sich ausdrückt „in Protest, in der Suche nach einer alternativen Gesellschaft oder der Konstruktion kollektiver Identität in sozialen Bewegungen" (Delanty 2003, S. 112). Diese Perspektive konzentriert sich jedoch weiterhin auf die vermeintliche Einheit eines Kollektivs und erhält damit auf spezifische Weise das bereits kritisierte Container-Denken aufrecht, das bereits die traditionelle Vorstellung von Gesellschaft gekennzeichnet hat. Indem beispielsweise die soziale Bewegung als irgendwie einheitlich gefasst einer als andersdenkend konstruierten Umwelt entgegentritt, bezieht sich Dissens wieder nur auf das Außen, nicht auf das Innen, und reproduziert damit das kritisierte Grundmuster lediglich. Somit ist die Bezeichnung ‚Dissensgemeinschaft' irreführend. Und nur allzu leicht ist diese Haltung zu transformieren in „Beispiele von Gemeinschaft als einer Identität des Widerstandes, von Nationalismus bis zu religiösem Fundamentalismus" (ebd., S. 163). Andererseits jedoch, und das spricht durchaus für das Konzept, behält diese Interpretation eine spezifische Komponente bei, also beispielsweise eine lokale oder eine thematische.

Zweitens, und in direktem Kontrast zum gerade diskutierten, auf gemeinsamen Normen beruhenden Ansatz stehend, lassen sich – in einer Art postmoderner Perspektive – reine Formen oder *Ästhetiken* des sozialen Alltags von Gemeinschaften in den Blick nehmen. Bei Maffesoli findet sich die Idee, dass „postmoderne Gemeinschaft in alltäglichen Formen von Vergesellschaftung zu finden ist, in Konsumformen und informellen Freundesnetzwerken [...]. (G)ruppen haben keinen moralischen Zweck, kein Projekt und, und das ist bedeutsam, beziehen sich auf nichts außer auf die geselligen Beziehungen, die sie konstituieren" (ebd., S. 140; mit Bezug auf Maffesoli 1996, S. 23). Diese Herangehensweise berührt wieder die bereits in der Einleitung kurz diskutierte Frage, welche Art der gemeinsam geteilten Basis für Gesellschaft bzw. Gemeinschaft erforderlich ist. Mit dem Fokus auf Ästhetik scheint das Charakteristikum – oder sogar: das essenzielle Element – der Spezifität seine Bedeutung zu verlieren. Damit werden wir auf die Frage zurückgeworfen, was erforderlich ist, um ein ‚Wir' wahrzunehmen und zu empfinden. Kann eine Gruppe, welcher Art auch immer, ‚lediglich' auf etwas basieren, „das in kommunikativen Strömen diskursiv konstruiert wurde (und das somit nur) (…) im Medium seines (eigenen, A.S.K.) Ausdrucks existiert" (ebd., S. 157), sodass „Hybridität selbst zu einer neuen substanziellen Identität wird" (ebd., S. 159)? Die Annahme, dass Expressionen und Ereignisse ästhetischer Art sowohl relevant als auch ausreichend sind, um einen bedeutsamen Typus des Sozialen zu formieren, ist zweifellos interessant, wenn auch kein völlig überzeugendes Argument. Prinzipiell hat Delanty sicher recht, wenn er annimmt, dass die postmoderne „Aufhebung des Momentes der Schließung ein wichtiges Korrektiv zu traditionellen Konzeptionen von Gemeinschaft als statisch und geordnet anbietet" (ebd., S. 141). Das Konzept selbst jedoch scheint damit unmittelbar in das gegensätzliche Extrem der Zufälligkeit transformiert zu werden, ohne sich den wichtigen, hier zentral interessierenden, sich öffnenden Zwischenraum zwischen dem Starren und dem übermäßig Flexiblen zunutze zu machen. Das ästhetische Argument wird auch dann problematisch, falls – wenn auch nur als Konsequenz eines Arbeitens mit Extremen – es normativ gewendet und vor allem als konservative Kritik gegen eine vermeintliche chronische Oberflächlichkeit verwendet wird, die heutige Gesellschaften im Vergleich zu früheren angeblich kennzeichnet.

Als dritter Punkt ist schließlich die Interpretation von Gemeinschaft über das Konzept *Konflikt* zu nennen. Damit, um den Hauptkritikpunkt vorweg zu nehmen, ändert sich der Charakter des Konzepts Gemeinschaft jedoch hin zu dem der Gesellschaft. Dies ist natürlich nur dann der Fall, wenn Konflikt als konstitutives Element nicht nur im Sinne einer typischen Struktur *zwischen* Gemeinschaften begriffen wird, sondern auch *innerhalb* ihrer. Dazu muss eine Abwendung vom Homogenitätsideal vorgenommen werden, muss also Gemeinschaft ebenfalls als heterogen konzipiert sein – nur dann kann das volle Potenzial, das der Konfliktgedanke birgt, voll ausgeschöpft werden. Wenn wir jedoch so vorgehen, entstehen erhebliche Probleme aus sozialtheoretischer Sicht. Erstens verliert das Konzept Gemeinschaft seine distinkten konzeptuellen Eigenschaften, die es einerseits haben umstritten wirken lassen, die aber andererseits seine Besonderheit versinnbildlichen und somit zumindest prinzipiell auch seine konzeptuelle Existenzberechtigung lieferten. Zweitens, und damit in Zusammenhang stehend, ist es nicht weiterführend, Gesellschaft als überholt zu interpretieren, während ihr konzeptu-

2.2 Gemeinschaft und Gesellschaft

eller Rahmen lediglich auf den eher problematischeren Begriff der Gemeinschaft verschoben wird.

Im Vergleich neuerer Herangehensweisen an den Gemeinschaftsbegriff wird deutlich, dass diese zwar durchaus nennenswerte und interessante Versuche darstellen, das Konzept zu readressieren, dass jedoch gleichzeitig ihr Erfolg auf eine sehr spezifische, man könnte auch sagen: jeweils einseitige, Öffnung begrenzt ist, die – positiv interpretiert – zumindest unsere Aufmerksamkeit auf eine Reihe einem modifizierten Begriff inhärenter Probleme richtet. Der obigen Reihenfolge folgend sind das: zu viel Spezifität in der Dissens-Option; zu wenig Spezifität der Ästhetik-Perspektive; und schließlich Redundanz des Begriffs der Gemeinschaft an sich, wenn er konsequent über den Konfliktbegriff entwickelt wird, da diesem bereits mit dem Begriff der Gesellschaft ein besserer Analyserahmen zur Verfügung steht. In diesem Sinne erinnert die Readressierung des klassischen Gemeinschaftskonzeptes an die Öffnung der Büchse der Pandora. Übrig bleibt Gemeinschaft als eine Kategorie potenzieller gefühlsgeladener Selbstbeschreibung, die dann eine Funktion hat, wenn Wahrnehmungen und Interpretationen im Vordergrund stehen, wenn besonders auf überschaubar eingegrenzte Orte, Gruppen und Themen Bezüge vorgenommen werden. Hinsichtlich genereller soziologischer Theorie ist der Erklärungswert jedoch begrenzt. Somit scheint es sinnvoller zu sein, das Konzept in seiner klassischen Form zu belassen – in sich zwar zweifellos problematisch, aber so doch zumindest in seiner idealtypischen Form nutzbar. Dann kann umgekehrt weiter Ausschau gehalten werden nach anderen Konzepten, die besser geeignet sind, das Soziale in komplexerer Form zu analysieren – und die dabei vor allem die Balance zwischen Homogenität und Heterogenität systematisch im Auge behalten.

Gesellschaft klassisch 3

Auch dieses Kapitel ist auf klare Schwerpunktsetzungen und entsprechende Auslassungsentscheidungen angewiesen, und auch hier ist eine Weichenstellung die Gegenüberstellung von *Homogenität* und *Heterogenität*. Im Rahmen der nun im Mittelpunkt stehenden klassischen Ansätze manifestiert sich diese Unterscheidung in den Schwerpunkten von entweder dem Kollektiven, der Gesellschaft, oder aber des Individuums. Dazu werden drei klassische Soziologen, die unterschiedliche Prioritäten setzen, herangezogen und einige Weiterentwicklungen ihrer diesbezüglichen Grundgedanken vorgestellt.

Als Repräsentant einer klar auf das Kollektiv ausgerichteten Perspektive gilt *Émile Durkheim*, dem, zunächst vereinfacht formuliert, die Homogenität eines verhältnismäßig statisch vorgestellten Gesellschaftskollektives durch zu viel individuelles Heterogenitätspotenzial als gefährdet erscheint. Kontrastierend dazu wird *Max Webers* handlungsorientierter Ansatz besprochen, der dem heterogenen Individuellen deutlich mehr Spielraum gibt und vor homogenisierenden kollektiven Einflüssen – insbesondere durch *Bürokratie* – warnt. Schließlich werfen wir einen Blick auf *Georg Simmel*, der eine flexiblere Position vertritt und Individuum und Kollektiv, Heterogenität und Homogenität als immer gemeinsam zu begreifen interpretiert. Damit ist er – im Gegensatz zu den beiden gerade genannten Soziologen und auch zu Ferdinand Tönnies und seiner in Kap. 2 besprochenen Unterscheidung von Gemeinschaft und Gesellschaft – nicht auf eine eindeutige normative Stellungnahme für oder gegen Individuum bzw. Kollektiv angewiesen, was ihm andersartige Spielräume gibt: Während sowohl bei Durkheim als auch bei Weber, aus unterschiedlichen Gründen aber in der Konsequenz ähnlich, das Soziale letztlich mit dem Risiko behaftet ist, statisch zu werden, bleibt es bei Simmel prinzipiell dynamisch.

© Springer Fachmedien Wiesbaden GmbH 2018
A. S. Krossa, *Gesellschaft*,
https://doi.org/10.1007/978-3-658-00835-6_3

3.1 Émile Durkheim (1858–1917): Die Priorität des Kollektivs

Ganz allgemein gesprochen dominiert in Émile Durkheims Gesellschaftsvorstellung das Kollektive, das Individuum ist entsprechend untergeordnet. Begründet liegt dies in seiner Sorge vor Anomie durch zu viel Individualisierung. Genauer befürchtet Durkheim individuelle Orientierungslosigkeit und letztlich Lebensunfähigkeit, die gleichsam durch eine Sprengung des gemeinsamen, relativ homogenen Gesellschaftsrahmens aufgrund eines Zuviel an Heterogenität entsteht.

Durkheim legt das Hauptaugenmerk seiner Analyse auf den Prozess sozialer Differenzierung als Charakteristikum der modernen Gesellschaft und verbindet ihn mit dem Konzept eines *Kollektivbewusstseins*. Dies gilt ihm als eigendynamische, die Einzelne und den Einzelnen weitgehend leitende „Gesamtheit der gemeinsamen religiösen Überzeugungen und Gefühle im Durchschnitt der Mitglieder einer bestimmten Gesellschaft" (Durkheim 1992, S. 128). Das gleichzeitige Jonglieren mit ‚Gemeinsamkeit' und ‚Durchschnitt' zeigt bereits auf formaler Ebene die grundlegende Schwierigkeit des Konzepts an. Durkheim stellt die Frage, wie unter den stark heterogenisierenden Bedingungen der Individualisierung kollektiver Zusammenhang und Zusammenhalt, also letztlich soziale Ordnung überhaupt, möglich ist: „Wie geht es zu, dass das Individuum, obgleich es immer autonomer wird, immer mehr von der Gesellschaft abhängt? Wie kann es zu gleicher Zeit persönlicher und solidarischer sein? Denn es ist unwiderlegbar, dass diese beiden Bewegungen, wie gegensätzlich sie auch erscheinen, parallel verlaufen" (Durkheim 1992, S. 82). Seine Antwort lautet: Statt Klassen und Ständen ist nun die wachsende *Arbeitsteilung* das Instrument, das zunehmend differente Menschen gerade wegen der durch ihre jeweilige Spezialisierung entstehenden Abhängigkeit von anderen verbindet. Entsprechend findet ein Wandel von *mechanischer Solidarität* früherer Gesellschaftstypen zu *organischer Solidarität* statt. Zur mechanischen Solidarität, die archaische, segmentär differenzierte Gesellschaften kennzeichnet, schreibt Durkheim: „Die Solidarität, die aus Ähnlichkeiten entsteht, erreicht ihr Maximum, wenn das Kollektivbewusstsein unser ganzes Bewusstsein genau deckt und in allen Punkten mit ihm übereinstimmt: aber in diesem Augenblick ist unsere Individualität gleich Null" (Durkheim 1992, S. 181 f.; o. Herv. d. O.). Beim Typus der organischen Solidarität dagegen steigt Differenz an, doch als Grundlage des Sozialen bleibt ein gemeinsamer Rahmen bestehen, wenn nun auch andersartig bestimmt: „Dadurch, dass die Arbeitsteilung zur Hauptquelle der sozialen Solidarität wird, wird sie gleichzeitig zur Basis der moralischen Ordnung" (ebd., S. 471).

3.1 Émile Durkheim (1858–1917): Die Priorität des Kollektivs

Die grundlegende Annahme einer prinzipiell stabilen kollektiven Rahmung sichert Durkheim dabei mit einer spezifischen Konstruktion zum Wesen des Menschen ab, den er *homo duplex, Doppelwesen* nennt (Durkheim 2006). Der Mensch bestehe aus einem *natürlichen* Teil, der in etwa als sein individueller Aspekt betrachtet werden kann, sowie aus einem *sozialen*, der seine Individualität auf der Grundlage sozialer Normen begrenzt. Es ist der zweite Teil, der Durkheim besonders interessiert, und anhand dessen er die Dominanz des Sozialen über das Individuum konzeptuell manifestieren kann. Für diese sozialen Normen, die auf einem von Gesellschaftsmitgliedern geteilten, konkret sozial wirksamen Wertefundament basieren, gilt: „Weit davon entfernt, ein Erzeugnis unseres eigenen Willens zu sein, bestimmen sie ihn (den einzelnen Menschen, A.S.K.) von außen her; sie bestehen gewissermaßen aus Gussformen, in die wir unsere Handlungen gießen müssen" (Durkheim 2002, S. 226). Rosa et al. fassen Durkheims zentrale Annahmen wie folgt zusammen: „1. Die Gesellschaft begegnet dem Menschen als etwas, das ihm vorausgeht und ihm *äußerlich* ist; denn es handelt sich dabei um etwas, auf das der Mensch als natürliches Bedürfniswesen trifft (…). 2. Die Gesellschaft übt auf die Individuen einen *Zwang* aus, denn das, worauf diese treffen, hat die Form von kollektiver Normen und Vorstellungen, die die natürliche Verfasstheit des Menschen begrenzen" (Rosa et al. 2007, S. 72 f.). Direkt daraus leitet Durkheim einen weiteren Begriff ab, dem er eine ganz zentrale Bedeutung beimisst, den *soziologischen Tatbestand*. Dieser ist „jede mehr oder minder festgelegte Art des Handelns, die die Fähigkeit besitzt, auf den Einzelnen einen äußeren Zwang auszuüben; oder auch die im Bereiche einer gegebenen Gesellschaft allgemein auftritt, wobei sie ein von ihren individuellen Äußerungen unabhängiges Eigenleben besitzt" (Durkheim 2002, S. 114).

Bei der Lösung der sozialen Probleme seiner Zeit spricht Durkheim der Soziologie eine wichtige Rolle zu. Auch in ihrer Definition wird die primäre Kollektivbindung deutlich, denn er definiert Soziologie als „Wissenschaft von den *Institutionen,* deren Entstehung und Wirkungsart" (ebd. 2002, S. 100; Herv. A.S.K.). Nach Tenbrucks kritischer Einschätzung glaubt Durkheim, dass sich „die europäische Gesellschaft seit dem Ausgang des Mittelalters in einer wachsenden Krise befindet, weil sie durch den Verlust des Glaubens ihr Fundament verloren hat. Der Soziologie fällt somit die Aufgabe zu, ein neues Fundament für das Zusammenleben zu liefern" (Tenbruck 1981, S. 345), und zwar als „die wahre moralische Wissenschaft, welche die bisherigen, auf bloße Annahmen gegründeten moralischen Glaubenssysteme ersetzen wird" (ebd., S. 344).

Zentraler Aspekt dieser Perspektive ist Durkheims Anspruch, Gesellschaft grundlegend als ein emergentes Ganzes zu betrachten. Diese Auffassung stellt er in unmittelbaren Zusammenhang mit der Frage der Soziologie an sich – im

Prinzip ganz ähnlich wie einige der Kommentatoren, die in der Einleitung zitiert wurden, allerdings mit entgegengesetzter Schlussfolgerung. Tenbruck kommentiert: „Zu den auffälligsten Eigenheiten seines Werks gehört das Argument, etwas müsse so oder so oder könne so nicht sein, weil andernfalls die Soziologie keine Wissenschaft wäre. Er zweifelt nicht einen Moment daran, dass das Objekt ‚wissenschaftsfähig' ist" (Tenbruck 1981, S. 342 f.). Problematisch resultiert daraus: „Über Charakter und Leistung der Soziologie war [bei Durkheim, A.S.K.] schon entschieden, bevor die Gesellschaft in den Blick genommen wurde" (ebd., S. 345). Die Frage war dann nicht vorbehaltslos ‚Was ist Gesellschaft?', sondern „Wie musste die Gesellschaft aussehen, um den Forderungen der Soziologie zu genügen?" (ebd.). Eine solche gesetzte, nomologische Grundlage erlaubt jedoch nur noch ein deduktives Vorgehen und wirkt sich entsprechend extrem begrenzend aus.

Die Hauptkritik an Durkheims Ideen zeichnet sich aus dem bisher Angeführten klar ab, nämlich das Ungleichgewicht zwischen Individualität und Kollektivität, klar zugunsten des letzteren. Zu bedenken ist jedoch, dass eine solche holzschnittartige Kritik droht, Zwischentöne zu verdecken, ähnlich wie im Fall von Tönnies. So nennt König ihn den ‚verkannten Durkheim' (1976). Und Müller behauptet, dass die eigentlich relevanten, von Durkheim angestoßenen Fragen seien: „Wie müsste eine dynamische und gerechte Gesellschaft aussehen, die soziale Ordnung und individuelle Freiheit ermöglicht, die soziale Solidarität und moralische Autonomie eröffnet? Was kann die Soziologie – verstanden als eine rationale, positive und empirische Wissenschaft – dazu beitragen? Wie müssten die Konturen einer individualistischen Moral aussehen, die soziale Kooperation (…) in einer demokratischen Zivilgesellschaft ermöglicht?" (Müller 2006, S. 151).

Schließlich lohnt ein Blick auf aktuellere Anschlüsse an Durkheims prinzipielles Primat des Kollektiven. Sie finden sich beispielsweise bei der schon in Kap. 2 zusammenfassend besprochenen und kritisierten Perspektive des Kommunitarismus. Auch Richard Sennett greift die Grundidee auf, dass ‚zu viel' Individualität sozialen Zusammenhalt zerstören und somit Gesellschaft gefährden kann – allerdings mit anderen Schlussfolgerungen als kommunitaristische Perspektiven. Während es dem Kommunitarismus ja um eine Herstellung von Gleichheit und Konsens, also letztlich um Homogenität geht, gibt Sennett der Kollektivbetonung eine interessante, konfliktorientierte Heterogenitätswendung. Grundsätzlich kritisiert er, dass Individuen sich aus dem öffentlichen Leben und dessen Konflikten zurückziehen, was durch die charakteristische Instabilität gegenwärtigen Lebens und durch Globalisierungsfolgen generell weiter verstärkt werde. Wenn das Individuum sich aber öffentlich präsentiere, dann auf ‚narzisstische', oberflächliche

Weise: „Heute kommt es nicht darauf an, was man tut, sondern wie man sich dabei fühlt" (Sennett 1983, S. 297). Durch diese Störung ihres Gleichgewichts seien sowohl das Private als auch das Öffentliche gefährdet, und Sennett verortet das Hauptproblem klar beim Individuum: „Zivilisiertheit herrscht dort, wo man nicht das eigene Selbst zu einer Last für andere macht" (ebd., S. 304). Die Lösung konzipiert er im Gegensatz zu kommunitaristischen Einheitssuggestionen, denen er die Tendenz vorwirft, Differentes, also „Fremdes, Andersartiges, Immigranten oder Menschen mit verschiedenen Religionen auszuschließen" (Sennett 1995, S. 198). Dies lehnt Sennett ab und stellt bewusst Heterogenität und den konfliktiven Umgang mit ihr in den Mittelpunkt. Dabei spielt die von Georg Simmel vorgeschlagene und von Lewis Coser und anderen aufgegriffene (und im Abschnitt zu Simmel in diesem Kapitel sowie in Kapitel zwölf ausführlich zu besprechende) Idee eine wichtige Rolle, Konflikt auch ein integratives Potenzial zu unterstellen: „Im Konfliktfall sind (...) (Menschen, A.S.K.) zu gründlicherer Kommunikation gezwungen, um die Differenzen auszutragen" (Sennett 2000, S. 197), als sie es im Falle einer Übereinstimmung wären, sodass gerade der Austausch und das gemeinsame Überstehen von Konflikten sozial verbindend wirken können, so die These. Den idealen Ort für Begegnungen dieser Art stellt nach Sennett die Stadt dar: „Die Stadt ist das Instrument nichtpersonalen Lebens, die Gussform, in der Menschen, Interessen, Geschmacksrichtungen in ihrer ganzen Komplexität und Vielfalt zusammenfließen und gesellschaftlich erfahrbar werden" (Sennett 1983, S. 382; siehe auch Sennett 2009). Wichtig ist: Der an Durkheim angelehnte umfassende Rahmen des Kollektiven, der dem Individuellen erst eine lebenswerte Existenz ermöglicht, bleibt dabei erhalten: „Das Leben in seinen unzusammenhängenden Teilen zu akzeptieren, ist eine reife Erfahrung der Freiheit, aber auch diese Teile müssen irgendwo unterkommen und sich verankern, an einem Ort, der ihnen erlaubt, zu wachsen und zu überdauern" (Sennett 1998, S. 316).

3.2 Max Weber (1846–1920): Das Individuum und sein soziales Handeln als Priorität

Der zweite soziologische Klassiker, dem wir uns im Rahmen der Frage von Individuum und Kollektiv, von Heterogenität und Homogenität in Bezug auf Gesellschaft zuwenden, ist Max Weber. Da nun – im Gegensatz zu Durkheims Schwerpunkt – das Individuum im Vordergrund steht, ließe sich begründet einwenden, dass andere Soziologen diesen Fokus noch expliziter machen, als es bei Weber der Fall ist. Ein Beispiel ist Herbert Spencer (1820–1903), der über eine klare Zentralstellung des Individuums hinaus sogar behauptet, dass „von menschlichen Gesellschaften wie von anderen Dingen (zu gelten hat, A.S.K.), dass die Eigenschaften der Einheiten (hier also der Individuen, A.S.K.) die Eigenschaften des Ganzen, welches sie bilden (hier also die der Gesellschaft, A.S.K.) bestimmen" (Spencer 1876, S. 62). Auch normativ macht er diese Rangfolge deutlich, wenn er schreibt: „Die Gesellschaft existirt *(sic!)* zum Nutzen ihrer Glieder und nicht die Glieder zum Nutzen der Gesellschaft" (Spencer 1886, Paragraf 222). Insbesondere die politische Schlussfolgerung, die daraus zu Spencers Zeit gezogen wurde, legte eine wichtige Grundlage für seinen damaligen Erfolg: „Zur Erreichung des größtmöglichen Gemeinwohls empfahl er (…) die Verfolgung von Eigeninteressen ohne staatliche Eingriffe" (Kunczik 2006, S. 74). Dennoch geht auch Spencer nicht von einem völlig isoliert Eigeninteressensentscheidungen treffenden Individuum aus, sondern von einem, das „sowohl altruistisch als auch egoistisch" (ebd., S. 75) ist. Dieses indirekte Hineinnehmen des Kollektiven in ein individualistisch geprägtes Erklärungsmuster findet sich auch in einem beinahe verdeckten Verweis auf einen gesellschaftlichen Rahmen und dessen Bedeutung wieder, wenn Spencer schreibt, dass „gewisse allgemeine Bedingungen (existieren, A.S.K.), welche in jeder Gesellschaft bis zu einem gewissen Grade erfüllt werden müssen, ehe dieselbe zusammenzuhalten vermag" (Spencer 1876, S. 185).

Die Entscheidung, dennoch Weber hier für eine das Individuum fokussierende Position heranzuziehen, beruht nicht nur auf der Feststellung, dass selbst Spencers Herangehensweise von Mischelementen von Individualität und Kollektivität gekennzeichnet ist, sondern auch darauf, dass sich spezifisch an Webers Handlungsbegriff der Individualitätsaspekt noch differenzierter verdeutlichen lässt, als dies bei Spencer der Fall ist. Auch hat Weber, ebenso wie Durkheim, als einer der anerkannten Gründungsväter der Soziologie eine bis heute besonders umfassende und tief gehende soziologische Wirkung, was ihn ebenfalls zur genaueren Betrachtung nahelegt.

In Kontrast zu Durkheims strukturtheoretischer Perspektive ist Webers Herangehensweise also handlungstheoretisch. Sein Schwerpunkt liegt beim Begriff des *sozialen Handelns,* welches prinzipiell ‚subjektiv sinnvoll' auf andere bezogen ist. Genauer unterscheidet Weber drei Arten des Handelns, die Rosa et al. wie folgt zusammenfassen: „Verhalten: einfaches (körperliches oder reflexhaftes) Reagieren; sinnhaftes Handeln: wird vom Handelnden mit einem subjektiven Sinn verbunden; soziales Handeln: wird mit einem subjektiven Sinn verbunden und ist zugleich auf das Verhalten anderer bezogen" (Rosa et al. 2007, S. 51). Entsprechend ist für Weber Soziologie eine „Wissenschaft, welche soziales Handeln deutend verstehen und dadurch in seinem Ablauf und seinen Wirkungen ursächlich erklären will" (Weber 1960, S. 5).

3.2 Max Weber (1846–1920): Das Individuum und sein soziales Handeln …

Mit dem Handlungsbegriff macht Weber das handelnde Individuum zum Ausgangspunkt seiner Betrachtungen, wodurch er sich dem Prinzip des methodologischen Individualismus zuordnen lässt. Dieses besagt laut dem Ökonomen Joseph Schumpeter (1883–1915): Umfassendere soziale Vorgänge basieren auf individuellem Handeln, und so „sind auch soziale Phänomene wie Institutionen, Normen, soziale Strukturen usw. (…) über individuelles Handeln zu erklären" (Schumpeter 1970, S. 90 f.). Dabei handelt es sich wohlgemerkt lediglich um eine Schwerpunktsetzung Webers, kein Ausschließen. Somit ist Dirk Kaesler recht zu geben, der schreibt: „Das spezifisch Soziologische liegt in seiner Vermittlung von ‚Individuum' und ‚Gesellschaft': Für Weber ist das eine ohne das andere nicht denkbar und erklärbar" (Kaesler 2006, S. 210).

Auf dieser Grundlage ist auch die Bedeutung zu verstehen, die Weber Sinnvollem Handeln zuschreibt. In seiner Perspektive „sind die Einzelnen als wirklich Handelnde in der Lage, ihre soziale Wirklichkeit zu interpretieren und schöpferisch zu handeln", was umgekehrt das Risiko bedeutet, dass sich langfristig „Sitten, Konventionen, Werte, Gesetze und sogar Formen legitimer Herrschaft und ganze Glaubenssysteme auflösen, falls die Einzelnen ihr Handeln nicht nach innen ausrichten und sie mit Sinn füllen" (Kalberg 2001, S. 43). Genau diesen problematischen Prozess sieht Weber aber in den Entwicklungen seiner Zeit, insbesondere in der bereits erwähnten Bürokratisierung, die ihm zufolge zunehmend *als Muster* menschliches Handeln dominiert (zum Prozess siehe Kalberg 2001, S. 135 ff.).

Diese Entwicklung verläuft laut Weber wie folgt – hier zwangsläufig stark verkürzt dargestellt: Nachdem zunächst das Prinzip der Askese von einer vereinzelten Praxis in Klöstern im Rahmen protestantischer Glaubensrichtungen (insbesondere calvinistischer und puritanischer) zu einer alltäglichen Form für viele wurde und sich zunehmend mit kapitalistischen Praktiken verband, löste sich nach und nach der Sinn, den die religiöse Unterfütterung bot, vom Kapitalismus ab. Übrig blieben ein gleichsam Sinn-loser Kapitalismus und seine eindimensionale Orientierung an „einem rationalistisch bestimmten Ethos des Beherrschens, Berechnens, Erneuerns und Vermehrens" (Rosa et al. 2007, S. 55), unterstützt durch stark formalisierte, vereinheitlichende Formen der Bürokratie. Webers bekannter Kommentar dazu lautet: „Der Puritaner *wollte* Berufsmensch sein, wir *müssen* es sein. Denn indem die Askese aus den Mönchszellen heraus in das Berufsleben übertragen wurde und sie die innerweltliche Sittlichkeit zu beherrschen begann, half sie (…), jenen mächtigen Kosmos der modernen, an die technischen und ökonomischen Voraussetzungen gebundenen Wirtschaftsordnung erbauen, der heute den Lebensstil aller einzelnen, die in dies Triebwerk hineingeboren werden (…), mit überwältigendem Zwange bestimmt und vielleicht bestimmen wird, bis der letzte Zentner fossilen Brennstoffs verglüht ist (…). Indem die Askese die Welt umzubauen und in der Welt sich auszuwirken unternahm, gewannen die äußeren Güter dieser Welt zunehmende und schließlich unentrinnbare Macht über den Menschen. Heute ist ihr Geist – ob endgültig, wer weiß es? – aus diesem Gehäuse entwichen. Der siegreiche Kapitalismus jedenfalls bedarf, seit er auf mechanischer Grundlage ruht, dieser Stütze nicht mehr (…). Niemand weiß noch (…), ob am Ende (…) mechanisierte Versteinerung [steht], mit einer Art von krampfhaftem Sich-wichtig-nehmen verbrämt. Dann allerdings könnte für die ‚letzten Menschen' dieser Kulturentwicklung das Wort Wahrheit werden: ‚Fachmenschen ohne Geist' Genussmenschen ohne Herz: dies Nichts bildet sich ein, eine nie vorher erreichte Stufe des Menschentums erstiegen zu haben" (Weber 1920, S. 203 f.). Dies drücke sich u. a. in einer „rigorosen Zeitdisziplin und einer ständigen Orientierung an einem optimalen Kosten-Nutzen-Verhältnis" (ebd., S. 58) aus. In diesem Kontext macht auch Weber, ähnlich wie Tönnies, eine Unterscheidung zwischen *Gemeinschaft* und *Gesellschaft* (siehe Weber 2005, Paragraf 9 ‚Vergemeinschaftung und Vergesellschaftung', S. 29–31).

Für das Individuum bedeutet diese Form der sinnentleerten Rationalisierung eine Entzauberung seiner Welt. Die von Zwängen dominierte und durch Zwänge dominierende Welt begrenzt das Individuum in einem ‚stahlharten Gehäuse der Hörigkeit' nur noch – was sein Handeln und, Webers Logik folgend, Gesellschaft selbst zum Problem werden lässt. In der Konsequenz finden wir somit bei Weber wie auch bei Durkheim einen statischen Gesellschaftsbegriff vor, der jedoch mit entgegengesetzten Problemdiagnosen begründet wird: zu wenig bzw. zu viel Kollektiveinfluss.

Aus den zahlreichen Anschlüssen an Max Webers soziologische Betrachtungen seien hier zwei herausgegriffen und knapp mit dem Ziel dargestellt, die Bandbreite möglicher weiterführender Schwerpunktsetzungen auf dieser Grundlage darzustellen: Der Rational-Choice-Ansatz sowie die Frankfurter Schule. Beide zeichnen jeweils einen bestimmten Aspekt nach (oder überzeichnen ihn, je nach Sichtweise), der bei Weber von besonderer Bedeutung ist, nämlich den Stellenwert des Individuums bzw. die riskanten Folgen gesellschaftlicher Entwicklung für das Individuelle.

Der Rational-Choice-Ansatz geht in der Fokussierung des Individuums deutlich über Weber hinaus und steht damit den erwähnten Denkern Schumpeter und auch Spencer näher, indem er nur das Handeln der bzw. des Einzelnen für sozial wirksam und entsprechend relevant hält. Kunz fasst einige grundlegende Annahmen knapp zusammen: „(1) Handlungseinheit ist das Individuum. (2) Das Handeln der Individuen folgt dem Selbstinteresse. (3) Knappheit bestimmt die menschliche Lebenssituation. (4) Es gibt eine konstante, kultur-, zeit- und gesellschaftsübergreifende menschliche Natur. (5) Soziale Prozesse und Strukturen

3.2 Max Weber (1846–1920): Das Individuum und sein soziales Handeln ...

sind das ungeplante Ergebnis absichtsvoller individueller Handlungen" (Kunz 2004, S. 10). Auf der gleichsam von Weber geschaffenen Grundlage der Enttraditionalisierung und Entzauberung rückt damit also zweckrationales, nur auf Kosten-Nutzen-Abwägung und maximalen Gewinn ausgerichtetes Handeln in den Vordergrund. Dem Menschenbild des *homo oeconomicus* entsprechend wird dem Sozialen *prinzipiell* – also explizit auch in gerade nicht ökonomischen Situationen, beispielsweise des Alltags – ein Marktmodell zugrunde gelegt, das auf dem Prinzip des Wettbewerbs beruht. Gesellschaft ist in dieser Perspektive lediglich ein loser Rahmen, „ein künstliches Gebilde, das Koordination und Kooperation ermöglicht und rationalen Akteuren dadurch hilft, ihre Präferenzen zu verwirklichen bzw. ihren Nutzen zu maximieren. Durch Koordination und Kooperation lassen sich pareto-bessere Zustände verwirklichen" (Rosa et al. 2007, S. 251; dort auch zur Kritik an diesem Ansatz, ebenso Kunz 2004, Kap. 5).

Die Frankfurter Schule betont dagegen die negativen Konsequenzen für das Soziale, weil das Individuelle durch zunehmende Bedeutungslosigkeit des Handelns ausgehöhlt werde. Gesellschaft wird dann zum Problem, weil sie alles dominiert und der und dem Einzelnen keinen Entfaltungsspielraum mehr lässt. Denn sie ist eine Form der Gesellschaft, „die, indem sie alles Einzelne durchdringt, eine Art negativer Identität von Allgemeinem und Besonderem erzwingt" (Adorno 1972, S. 186). Gerade das kapitalistische Prinzip der Marktförmigkeit, das in Perspektiven von Rational Choice als gegeben angenommen und generell als nützlich betrachtet wird, macht Gesellschaft aus der Perspektive der Frankfurter Schule zum Problem. Wettbewerb wird dabei zu kritikwürdiger Konkurrenz; diese führe zu einer „Kälte der gesellschaftlichen Monade, des isolierten Konkurrenten" (Adorno 1977, S. 687), und aus dem Prinzip der Profitmaximierung folgt, dass „alles Sein bloß eines Für anderes" ist (ebd., S. 13). Müller-Doohm kommentiert: „In dieser Konkurrenzgesellschaft (…) wird es der Mehrheit der vereinzelten Individuen unmöglich gemacht, sich als selbstbestimmt handelnde Subjekte zu realisieren: Individualisierung bringt vielmehr Pseudo-Persönlichkeiten hervor. Ihr Kennzeichen ist Ist-Schwäche: Selbstbezogenheit in der Folge narzisstischer Regression. Dies ist die subjektiv-psychodynamische Lösung eines Individuums, das dem herrschenden Anpassungsdruck unterworfen ist" (Müller-Doohm 2007, S. 62).

Bei diesem Prozess, der das Individuum fortlaufend schwächt, wird der Kulturindustrie eine besonders negative Rolle zugeschrieben. Sie gilt als ein perfides Instrument zur Stützung von Herrschaft, indem sie über ihren Konsum lediglich unterhält, damit ablenkt von eigentlich Wichtigem, vor allem der Entwicklung eines erfüllten Individuums, das auch zu politischer Aktion in der Lage ist: Die „Kulturindustrie grinst: werde, was du bist" (Adorno 1977, S. 514).

Diese Umstände dominieren die Einzelne und den Einzelnen so stark, dass sie oder er praktisch keine Chance hat, sich dagegen als Individuum zu realisieren – und genau das ist eine der Grundlagen von Adornos bekanntem Gedanken: „Es gibt kein richtiges Leben im falschen" (Adorno 1951, S. 43).

Die Interpretation der Gesellschaft spielt in der Frankfurter Schule also eine ambivalente Rolle. Fraglos wünschen sich ihre Protagonisten eine akteurszentrierte Gesellschaftslogik, in der Individuen – sich ihrer ‚echten', kreativen Individualität bewusst – handelnd die Gesellschaft gestalten. Die Diagnose, die sie ihrer Gegenwartsgesellschaft stellen, ist jedoch eine strukturtheoretisch geprägte, genauer: eine systemlogische: „Die Gesellschaft bildet in der fortgeschrittenen Moderne ein System, weil alle sozialen Phänomene ihre Existenz der Rolle verdanken, die sie im Prozess der Aufrechterhaltung des Funktionszusammenhangs einer ganz auf Profitmaximierung und Herrschaftssicherung gerichteten Gesellschaftsordnung erfüllen" (Rosa et al. 2007, S. 124).

In den bisher dargestellten Perspektiven – denen von Tönnies, Durkheim und Weber – ging es vor allem um das Verhältnis ‚zwischen' Individuum und Gesellschaft, ‚zwischen' Handeln und Struktur bzw. System. Komplementär zu dieser Art von analytischen Fragen lassen sich normativ gewendete formulieren: Wie viel Freiheit hat das Individuum überhaupt? Was ist als Entscheidungsspielraum nur vorgegaukelt? Und auch: Inwiefern hebt der Zwang zur Entscheidung selbst die Freiheit wieder auf?

3.3 Georg Simmel (1858–1918): Individuum *und* Kollektiv

Georg Simmel ändert die Fragerichtung. Sein Ansatz eignet sich deutlich weniger für normative Anschlüsse – vor allem, weil seine Perspektive nicht darauf angelegt ist, das Individuelle und das Kollektive in ein Konkurrenzverhältnis zu bringen. Mit dem Begriff der *Wechselwirkung* stellt Simmel stattdessen eine untrennbare und gleichzeitig hochgradig flexible Relation von Individuum und Kollektiv in den Mittelpunkt seiner Betrachtungen, genauer: er sieht das Individuelle und das Kollektive als genuin verwoben. Für ihn ist wesentlich, „dass das Innerhalb und das Außerhalb zwischen Individuum und Gesellschaft nicht zwei nebeneinander bestehende Bestimmungen sind (…) – sondern dass sie die ganz einheitliche Position des sozial lebenden Menschen bezeichnen" (Simmel 1992, S. 56). Das der Wechselwirkung gleichsam vorausgehende ‚Material' ist für Simmel „alles das, was den Individuen, den unmittelbar konkreten Orten aller historischen Wirklichkeit, als Trieb, Interesse, Zweck, Neigung, psychische

3.3 Georg Simmel (1858–1918): Individuum *und* Kollektiv

Zuständlichkeit und Bewegung derart vorhanden ist, dass daraus oder daran die Wirkung auf andere und das Empfangen ihrer Wirkungen entsteht" (Simmel 1992, S. 18). Zur Wechselwirkung und daraus folgender Vergesellschaftung führen diese Grundlagen jedoch nicht *per se,* denn: „An und für sich sind diese Stoffe, mit denen sich das Leben füllt, diese Motivierungen, die es treiben, noch nicht sozialen Wesens (...), sie bilden diese(s) erst, indem sie das isolierte Nebeneinander der Individuen zu bestimmten Formen des Miteinander und Füreinander gestalten, die unter den allgemeinen Begriff der Wechselwirkung gehören" (ebd., S. 18 f.). Und die Wechselwirkungen wiederum sind prinzipiell das Material für Gesellschaft: „Irgend eine Anzahl von Menschen wird (...) zur Gesellschaft (...), wenn eine Wirkung von einem auf das andere (...) stattfindet, (dann) ist aus dem bloßen räumlichen Nebeneinander oder auch zeitlichen Nacheinander der Menschen eine Gesellschaft geworden" (ebd., S. 19). Auf dieser Betonung der *Prozesshaftigkeit des Sozialen* basiert die von ihm vorgeschlagene Verschiebung hin zum explizit dynamischen Konzept der *Vergesellschaftung:* „Die Vergesellschaftung ist also die, in unzähligen verschiedenen Arten sich verwirklichende Form, in der die Individuen aufgrund jener – sinnlichen oder idealen, momentanen oder dauernden, bewussten oder unbewussten, kausal treibenden oder teleologisch ziehenden – Interessen zu einer Einheit zusammenwachsen und innerhalb derer diese Interessen sich verwirklichen" (ebd., S. 19).

Zu diesem Prozess der Vergesellschaftung erstellt Simmel drei soziologische Apriori. Erstens nimmt er an: „Wir sehen den Anderen in irgendeinem Maße verallgemeinert" (Simmel 1992, S. 47), zweitens gebe es immer einen individuellen ‚Rest', der nicht in Vergesellschaftungsprozessen aufgeht: „Jedes Element einer Gruppe (ist) nicht nur Gesellschaftsteil sondern außerdem noch etwas" (ebd., S. 51). Dazu unterscheidet Simmel ‚soziale' und ‚andere' (Rest-)Elemente von Individuen, und nur die sozialen werden wirksam im direkten Vergesellschaftungssinne: „die sozialen Elemente an den Individuen (...) (rinnen) zu dem Sondergebilde ‚Gesellschaft' zusammen (...)" (Simmel 1999, S. 122). Und drittens gilt: Das Individuum muss seinen Platz in der Gesellschaft finden, um an Vergesellschaftung teilzuhaben (ebd., S. 57–61, bes. 59) – und erst aus der Kombination dieser Bedingungen entsteht die Möglichkeit, Gesellschaft als Vergesellschaftung und als eine Art umfassendes ‚Netzwerk' (ebd., S. 61) zu denken.

Diese analytische Perspektive ist in einer gerade für dieses Buch wichtigen Hinsicht noch zu spezifizieren, nämlich dem Aspekt der *Dualität:* Konstitutiver Bestandteil des Konzepts der Wechselwirkung von Simmel ist spezifisch die *Verbindung sich widerstreitender Elemente:* „Nach Simmel besteht die spezifisch *soziale* Qualität von Wechselwirkungsformen darin, dass gegensätzliche Kräfte gleichzeitig wirksam werden und eine spezifische Spannung und Dynamik erzeugen" (Nedelmann 2006, S. 140). Bereits besprochen ist die so konstituierte Relation von Individuum und Kollektiv über Vergesellschaftung. Außerdem nimmt Simmel an, dass allen sozialen Wechselwirkungen neben relativer Übereinstimmung auch ein Anteil von Antagonismus inhärent ist, wenn sie mit Vergesellschaftungswirkung zu fassen sein sollen. Auch Gesellschaft brauche „irgend ein quantitatives Verhältnis von Harmonie und Disharmonie, Assoziation und Konkurrenz, Gunst und Missgunst, um zu einer bestimmten Gestaltung zu gelangen" (Simmel 1992, S. 286).

Zur generellen Feststellung von Gesellschaft rückt damit empirisch die Frage in den Mittelpunkt: Handelt es sich jeweils um einen teil-konfliktiven Balancezustand, der zu Wechselwirkung anregt und somit ein Vergesellschaftungspotenzial aufweist, oder nicht? Dies diskutiert Simmel u. a. am Beispiel des Krieges und stellt fest, dass nur in Ausnahmesituationen, in denen „der Beisatz des vereinheitlichenden Elementes gleich Null geworden ist" (Simmel 1992, S. 296) keinerlei Vergesellschaftungspotenzial (mehr) besteht; „sobald dagegen irgendeine Schonung, eine Grenze der Gewalttat vorhanden ist, liegt auch schon ein sozialisierendes Moment, wenn auch nur als zurückhaltendes, vor" (ebd., S. 296). Das können beispielsweise Regeln zur Behandlung Kriegsgefangener sein oder eine praxisrelevante Differenzierung zwischen Militär und Zivilbevölkerung. Selbst eine solche Minimaleinigkeit legt demnach also Chancen an für weiterreichende Wechselwirkungen mit Vergesellschaftungspotenzialen.

Damit wird deutlich, dass Gesellschaft bzw. Vergesellschaftung bei Simmel kein essenzialistischer Begriff ist. Gefasst als Prozess, in dem Unterschiedliches, ja Widersprüchliches miteinander verbunden ist und wird und der eine Eigendynamik entwickelt, kann Gesellschaft in dieser Perspektive folglich nur auf ‚mehr oder weniger' hin beobachtet werden – und muss das auch: Gesellschaftsanalyse ist auf empirische Beobachtung zur immer genaueren formalen Bestimmung angewiesen. Die Aufgabe sowie *raison d'etre* der Soziologie sieht Simmel entsprechend so: „Soll es also eine Wissenschaft geben, deren Gegenstand die Gesellschaft und nichts anderes ist, so kann sie nur diese Wechselwirkungen, diese Arten und Formen der Vergesellschaftung untersuchen wollen" (Simmel 1992, S. 19) – und damit eine „für sie typische, mit keiner anderen Wissenschaft geteilte analytische Perspektive" (Nedelmann 2006, S. 132) einnehmen.

Mit der Kombination und dem Prinzip des Prozesses entzieht sich Simmel engen Zuordnungen zwischen Individuen und Kollektiv. Nedelmann kommentiert: „Dem soziologischen Blick Simmels erschließt sich die Befindlichkeit des Individuums als *soziales* Produkt, mit dem es wiederum verändernd auf die es umgebenden Formen zurückwirkt" (Nedelmann 2006, S. 136). Und damit distanziert Simmel sich auch sehr weitgehend von einer normativen Grundposition und der

3.3 Georg Simmel (1858–1918): Individuum und Kollektiv

entsprechenden Notwendigkeit, die eine oder andere Seite bevorzugen zu müssen, wie sie sich bei Durkheim (und im erweiterten Sinne auch bei Tönnies) mit dem Kollektiven bzw. einem Kollektivbewusstsein und bei Weber mit dem Individuum bzw. dem Handeln zeigt. Es ist entsprechend verfehlt, Simmel einseitig in die Kategorie des Handelns einzuordnen. Allerdings wird auch seine – normativ gefärbte – Sorge gegenüber dem Individuum und dessen potenziellem Orientierungsverlust erkennbar, verursacht von einer Verschiebung gleichsam von qualitativer zu quantitativer Individualität. Doch selbst in dieser Kritik bleiben Simmels Kernprinzipien des Dualismus, der Prozesshaftigkeit des Sozialen, des stetigen Verbindens des Individuellen und des Kollektiven klar erkennbar: Nach Simmel

> verhält sich (…) der moderne Mensch in moralischen Fragen (zwiespältig), indem er typischerweise unentschlossen zwischen den Polen der Sinnerfüllung und Sinnentleerung hin- und herpendelt, ohne einen definitiven ethischen Standpunkt beziehen zu können. Nach Simmels Erkenntnis kann gerade die Schwierigkeit, wenn nicht Unmöglichkeit, diese Widersprüche miteinander zu versöhnen, als schöpferische Triebkraft wirksam werden, die sich höchst unterschiedlich manifestiert, als Reisemanie, als Konkurrenzjagd, als hektischer Wechsel der Mode, Gefühle und Partner (Nedelmann 2006, S. 143).

Aus der Vielzahl neuerer Anschlüsse an Simmel sollen hier wiederum zwei herausgegriffen werden, die unterschiedliche Schwerpunkte setzen. Erstens knüpft Norbert Elias (1897–1990) indirekt an Simmels Individualisierungsfokus an. Auch er stellt die Interaktion im weiteren Sinne in den Mittelpunkt seiner Analyse, arbeitet dabei aber statt mit dem Wechselwirkungskonzept mit dem Bild und Begriff der *Figuration*. In diesem Konzept hebt Elias ebenfalls die Trennung bzw. Kontrastierung von Individuum und Kollektiv auf und stellt ihre Relation als genuin, prozessual, je historisch gewachsen und funktional dar. Das Genuine der Verbindung erläutert Elias anhand seines Konzepts der *Zivilisation,* genauer anhand seines Analyseergebnisses, dass der gesellschaftliche Fremdzwang sich historisch zu einem Selbstzwang gewandelt hat: Das Individuum wird in gesellschaftliche Regeln gewissermaßen hineinsozialisiert und kontrolliert sich zunehmend selbst – so kann soziale Ordnung funktionieren, Psychogenese und Soziogenese verlaufen Hand in Hand (siehe beispielsweise Elias 1997a, b, c, 2007).

Der zweite, hier besonders interessierende Anschluss ist ein konflikttheoretischer, der insbesondere von Lewis Coser (1913–2003) und Helmut Dubiel (1946–2015) vorgenommen wurde. Allgemein schließt sich auch Ralf Dahrendorf an: „Soweit ich sehen kann, brauchen wir zur Erklärung soziologischer Probleme sowohl das Gleichgewichts- als auch das Konfliktmodell der Gesellschaft; und es mag sein, dass menschliche Gesellschaft in philosophischer Betrachtung stets zwei Gesichter von gleicher Wirklichkeit hat: eines der Stabilität, der Harmonie und des Consensus, und eines des Wandels, des Konflikts und des Zwangs" (Dahrendorf 1957, S. 262 f.). Dahrendorf verweist jedoch stark auf die positive Bedeutung von Konflikt für gesellschaftlichen Wandel – eine Wertung, die bei Simmel nicht einseitig vorgenommen wird. Lewis Coser bezieht Simmels Überlegungen in systematisierender Form auf Gruppenkonstellationen, und Helmut Dubiel generiert aus ihnen das stärker politiktheoretisch orientierte Konzept des *gehegten Konflikts,* indem er annimmt, dass Gesellschaften anhand von gemeinsam überstandenen Konflikten zusammenwachsen. Simmels Konfliktperspektive sowie mehrere Anschlüsse daran werden in Kap. 12 ausführlich erläutert, deshalb soll an dieser Stelle zunächst der generelle Verweis genügen.

Neuere Ansätze: System- und Handlung 4

Im Anschluss an die Auswahl klassischer Soziologen und ihrer Ideen sollen nun einige grundlegende Positionen aus einer neueren Diskussionsperspektive auf den Begriff Gesellschaft skizziert werden. Dabei wird an die grundlegende klassische Gegenüberstellung von Kollektiv und Individuum prinzipiell angeknüpft, nun fokussiert auf *System* und *Handlung*. Diese Diskussion ist für die generelle Besprechung des Gesellschaftsbegriffs und seine Konzeptualisierung gegenwärtig zentral; genau genommen findet in der aktuellen soziologischen Diskussion ein direktes Aufgreifen des Begriffs *Gesellschaft* praktisch ausschließlich in diesem Rahmen statt. Auch diese Diskussion enthält nicht nur Versuche von besonders klarer Trennung, sondern auch von Verbindung und Mischformen. So lassen sich spezifische Positionen zu Gesellschaft auf dieser Grundlage darstellen, aber eben auch Kombinationen von system- und handlungstheoretischen Ansätzen. Die entsprechenden Schlussfolgerungen bieten ebenfalls eine recht große Bandbreite und reichen von Forderungen, den Gesellschaftsbegriff gänzlich aufzugeben, bis hin zu Abstufungen hinsichtlich sogenannter stärkeren und schwächeren Konzeptformen von Gesellschaft.

Zur nun folgenden systematischen Erörterung wird hier zunächst ihre Grundfrage dargestellt. Darauf folgt eine ausführliche Besprechung verschiedener Positionen in diesem Feld, insbesondere am Beispiel der Diskussion zwischen Thomas Schwinn und Jens Greve, unterteilt in systemtheoretische und handlungstheoretische Perspektiven und ergänzt durch Mischformen, einschließlich Kritikpunkten. Schließlich erfolgt eine Einschätzung ihrer Leistungen und Defizite im Rahmen unserer grundlegenden Frage nach Gesellschaft.

4.1 Grundfrage: Handlung *oder* System

Wie kommt es zunächst – neben der Nähe zu den Angelpunkten der klassischen Diskussion, wie in Kap. 3 dargestellt – zu einer Verortung des Gesellschaftsbegriffs zwischen diesen beiden Polen? Greve leitet dies in einem Ausschlussverfahren ab. Dazu lehnt er zum einen die Interpretation von „Gesellschaft(lichkeit) als Begriff für das Soziale überhaupt" ab sowie „Gesellschaft als die wirksame Gesamtheit (..) sozialen Handelns" (Greve 2008, S. 175), mit der Begründung, dass erstere tendenziell Gesellschaft auf atomisierte Einzelne und ihre Handlungen etc. reduziere, denen sie einen Gesamtrahmen nur noch über den Namen ‚Soziales' zudefiniere, während in direktem Gegensatz die zweite Variante Gesellschaft in essenzialisierender Weise den Status einer Entität zuschreibe. Beides fasse Gesellschaft nicht in angemessener Weise, denn weder würde Gesellschaft das Individuum gänzlich dominieren, noch sei Gesellschaft vollständig und ausschließlich vom Individuum und seinen Einzelinteressen bestimmt und bestimmbar. Übrig bleiben in dieser Anschauung deshalb nur zwei Varianten, nämlich „Gesellschaft als Summe sozialen Handelns, sozialer Beziehungen etc. (...) (sowie) Gesellschaft als besonderer Typus sozialer Systeme" (Greve 2008, S. 175). Folgerichtig stehen sich in dieser Perspektive Handlung und System als verbleibende Alternativen gegenüber.

Die Frage von Handlung und bzw. oder System kann als ‚neuere klassische' Frage der Soziologie gelten. Ihr Kernpunkt, um den sich letztlich auch die Frage dreht, ob das Konzept Gesellschaft unangemessen und aus der soziologischen Diskussion herauszunehmen sei, ist, bis zu welchem Grad solchen Kollektiven, die meist Gesellschaft genannt werden, ein eigenständiger Einfluss auf soziale Abläufe zwischen Individuen zugeschrieben wird. Hat Gesellschaft ein eigenes Wesen, und muss dieses als ein alles umfassender und dominierender Rahmen gelten? Hier wird bereits klar, dass von entscheidender Bedeutung ist, welche konkreten Anforderungen an den Begriff gestellt werden: Ist der Anspruch eine Erklärung von ‚allem', kann der Begriff der Gesellschaft nur abgelehnt werden. Das kann allerdings kein Begriff leisten. Werden die Anforderungen jedoch anhand von Spezifizierungen abgestuft, lässt sich die Frage nach Gesellschaft zumindest sinnvoll als Ausgangspunkt formulieren.

Dem ursprünglichen *systemtheoretischen* Ansatzpunkt liegt die Vorstellung eines sozialen Gesamten zugrunde, das als solches wirksam ist, also *top-down* wirkt. Dagegen betont die *handlungstheoretische* Position die Wirksamkeit von Handlungen, die *bottom-up,* also von unten nach oben, auf umfassende soziale Rahmen einwirkt. Es geht also um das Verhältnis von Teilen zum Ganzen. Damit handelt es sich um eine Reformulierung und Spezifizierung der klassischen Frage der Soziologie, wie sie hier vor allem in Kap. 3 anhand der Beziehung von Individuum und Kollektiv besprochen wurde. Und genau wie dort sind hier die beiden Positionen von Handlung einerseits und System andererseits als Extreme zu verstehen, wie sich im folgenden Unterkapitel zeigt. Denn Durkheims Interpretation von Gesellschaft als „Wesen sui generis" (siehe König 1978, S. 125) kann zwar durchaus als Prototyp des systemischen Denkens begriffen werden, doch muss die Ablehnung einer eng gefassten Vorstellung von Gesellschaft, wie sie von Tenbruck (1981) als einem der ersten systematisch formuliert wurde, mittlerweile als breiter Konsens gelten, auch innerhalb der systemtheoretischen Diskussion. Diese Ablehnung basiert im Prinzip, wie Schwinn treffend formuliert, auf einer „Umstellung des Differenzierungsverständnisses von einem Paradigma der Arbeitsteilung auf eine Sinn- und Bedeutungstheorie. Nicht eine Einheit wird arbeitsteilig zergliedert, sondern es bilden sich unterschiedliche Perspektiven auf die Welt heraus. Die Idee der Gesellschaft als arbeitsteiliges Kompositum löst sich in der kultursoziologischen Wendung von Differenzierung auf bzw. wird problematisch. Sinnperspektiven lassen sich nicht teilen und zusammensetzen wie Arbeit" (Schwinn 2011b, S. 423). Diese Grundlinie lässt sich nun weiter spezifizieren. Sehen wir uns einige Positionen dazu nun genauer an.

4.2 Systemtheoretische Positionen

Sowohl Talcott Parsons (1902–1979) (z. B. 1961) als auch Niklas Luhmann (z. B. 1978) sind Systemtheoretiker, allerdings bestehen wichtige Unterschiede zwischen ihnen. Auf der einen Seite steht Parsons, der sich noch klar auf ein Gesamtkonzept von Gesellschaft im Sinne einer emergenten Ebene bezieht, einschließlich hierarchischer Verhältnisse von Teilsystemen und umfassender normativer Gesamtbindung (Parsons 1975). Die darin erkennbare essenzialistische Tendenz wird in seinem darauffolgenden, ebenfalls systemtheoretisch orientierten Fassungen von Gesellschaft jedoch gelockert bzw. abgelöst, und zwar charakteristisch durch handlungstheoretische und differenzorientierte Erweiterungen. Luhmann dagegen nimmt an: Die „Einheit der Gesellschaft ist (..) nichts anderes als die [..] Differenz der Funktionssysteme" (Luhmann 1988, S. 216), sodass es für eine eigenständige Gesamtgesellschaft im Sinne eines generellen Referenzpunktes oder einer aktiven Einheit an sich keinen Raum (mehr) gibt. In dieser Einsicht ist Luhmann jedoch nicht völlig konsistent. So schreibt er an anderer Stelle: „Die Beziehungen zwischen den Teilsystemen haben eine Form, wenn das *Gesamtsystem festlegt,* wie sie geordnet sind" (Luhmann 1997, S. 610; Herv. A.S.K.). Damit bietet Luhmann einen nicht ganz klaren Gesellschaftsbegriff, legt sich nicht gänzlich hinsichtlich der Frage fest, ob Gesellschaft im Ganzen wirken kann. Das Konzept der Weltgesellschaft stellt den Kern seiner Analysen dar. Problematisch ist, systemtheoretisch ausgedrückt, genauer: „Da Luhmann (..) weder von ‚a priori' bestimmbaren Funktionserfordernissen ausgeht, noch davon, dass die bestehenden Strukturen von Gesellschaft den Maßstab eines Bestandes definieren (…), stellt sich die Frage, ob angesichts eines immer nur hypothetisch definierbaren Problembezuges der Funktionalismus als Methode noch sinnvoll verwendet werden kann" (Greve 2008, S. 156).

Sowohl bei Parsons als auch bei Luhmann steht also erkennbar das Konzept *System* im Mittelpunkt ihrer Diskussionen auch von Gesellschaft, wobei jedoch strittig ist, von welchem Kohärenzgrad und entsprechendem Wirksamkeitsradius auszugehen ist. Die handlungsbezogene Frage, die innerhalb der Systemtheorie gleichsam stört, lautet: „Können komplexe Sozialsysteme handlungstheoretisch auf der Basis von Handlungen und der funktionalen Bedingungen der Abstimmung von Interaktionen analysiert werden, oder verlangt das Emergenzniveau eines komplexen Systems die Unterordnung des Handlungskonzepts unter das der systemischen Bedingungen der Handlungssteuerungen?" (Willke 1978, S. 380).

Armin Nassehi, ebenfalls Systemtheoretiker mit prinzipiellen Anschlüssen an Luhmann, geht den Gesellschaftsbegriff direkter an, indem er ihn in seiner Funktion verändert. Er wandelt ihn „von einem Kontinuität und ontologische Strukturhaftigkeit spendenden Fokus zu einem *Horizontbegriff*. Empirisch erscheint die moderne Gesellschaft dann in Form von Horizonten" (Nassehi 2006, S. 440; zit. nach Schwinn 2011a, S. 31) und damit von vornherein auch als Pluralität. Dies lässt sich auch als praxisorientierte Wendung deuten: Gesellschaft ist für Nassehi „die Gesamtheit aller möglichen sozialen Kontakte. Doch empirisch lässt sich gesellschaftliche Ordnung bis in konkrete Situationen hinein beobachten" (Nassehi 2008, S. 111). Die faktische Differenziertheit des Sozialen müsse im „eigenen, individuellen Leben zusammen" geführt werden, so Nassehi (2008, S. 115). Damit, so fasst Schwinn den bei Nassehi entstehenden Begriff zusammen, reproduziere Gesellschaft sich über „sich wechselseitig beobachtende Praxisgegenwarten (…) von Moment zu Moment" und wirke als eine „Kontingenzen einschränkende Entität, die sich über die wechselseitig begrenzenden und einregulierenden Praktiken Geltung verschafft" (Schwinn 2011a, S. 31). Damit ist Gesellschaft „nicht mehr ein Positionen zuweisendes System, sondern eine Kontingenzen einschränkende Entität" (ebd., S. 31).

Erreicht wird so ein deutlich flexibleres Konzept von Gesellschaft – das jedoch auch Anlass für Kritik bietet, gerade aus handlungstheoretisch orientierter Richtung:

Der Erklärungswert (…) ist freilich bescheiden. Das Gesellschaftliche schrumpft zu Gegenwarten zusammen (…). Diese radikale Temporalisierung ist das Ergebnis des unbestimmten Horizontbegriffs, der wenig einschränkt und vieles zulässt. Prognosen sind damit nicht möglich (…). ‚Gesellschaftstheorie' kann hier nur noch beschreibend nacherzählen, was jeweils geschehen ist. Zugleich wird aber selbst in dieser momenthaft zusammengeschnurrten Gesellschaft deren Wirken noch vermutet (Schwinn 2011a, S. 31).

Der Vorwurf Schwinns lautet zusammengefasst also, dass das, was Gesellschaft in diesem Sinne bietet, nicht ausreichend substanziell ist, um ein Festhalten am Gesellschaftsbegriff zu rechtfertigen.

4.3 Handlungstheoretische Positionen

Ähnlich wie bei den systemtheoretisch orientierten Positionen ergeben sich auch beim Fokus auf Handeln unterschiedliche Schwerpunkte.

Hartmut Esser ist ein Vertreter eines handlungstheoretisch gefassten Gesellschaftsbegriffs. Ihm gilt Gesellschaft als besonderes soziales System und als weitester „Rahmen des Handelns und seines Sinns sowie des ‚Prozessierens' der vielen von ihr umschlossenen sozialen Systeme" (Esser 2000, S. 51). Damit wird also am Gesellschaftsbegriff prinzipiell festgehalten. Der enthaltene Systembezug mag zunächst verwirrend erscheinen, doch das klärt sich weitgehend, wenn man sich vor Augen hält, dass Esser *soziales System* schlicht definiert als ‚Ketten von Handlungen' (Greve 2008, S. 172): „Solche immer wieder neu reproduzierten Prozessketten des materiell voneinander abhängigen, aufeinander bezogenen, aneinander anschließenden und unter einem bestimmten sozialen ‚Sinn' definierten, symbolisch markierten und damit auch als Kommunikation wirksamen Handelns von Akteuren werden allgemein als soziale Systeme bezeichnet" (Esser 2000, S. 33). Als Beispiele gibt er an „Familien, Haushalte, Behörden, Wochenmärkte, ‚events', Kaffefahrten, Kegelklubs, Szenen und Milieus, Dörfer und Städte, Regionen und Nationen" (ebd.). Es bleibt jedoch eine zu ungenau bestimmte Relation zwischen Handeln und System zu monieren. Ebenfalls bleibt unklar, wie die ‚Untersysteme' bzw. Funktionsbereiche sich differenzieren und verselbstständigen.

Einen handlungstheoretisch motivierten Abwägungsprozess zwischen dem Festhalten am Gesellschaftsbegriff und seinem Aufgeben können wir bei Andreas Balog (1946–2008) verfolgen. Er fordert, dass „die umgangssprachlichen Äußerungen, in denen die Handelnden ihr eigenes Tun artikulieren und ihre Einstellungen formulieren, in den soziologischen Begriffen berücksichtigt werden müssen"

(Balog 1999, S. 67). Am Prinzip der ‚formalen Organisation' macht Balog seine konzeptuelle Grundlage deutlich: „Für die Klassifikation eines Betriebs als einer ‚formalen Organisation' (…) ist es nicht notwendig, dass er vonseiten der Akteure in dieser Weise bezeichnet wird. Wichtig ist, dass sie in ihrem Handeln auf den ‚Betrieb' oder die ‚Firma X' und den mit ihnen zusammenhängenden Regelungen und Sachverhalten Bezug nehmen" (Balog 1999, S. 69). Daraus schließt er für Gesellschaft: „Es geht um die Identifikation jener Handlungen und Handlungszusammenhänge, in denen das Phänomen ‚Gesellschaft' rekonstruiert werden kann" (Balog 1999, S. 70). Methodisch ist dazu eine Verankerung in Alltagspraktiken und -diskursen erforderlich. Zu beantworten ist dann jeweils: „Aufgrund welcher Voraussetzungen und Plausibilitätskriterien werden Aussagen über Einzelphänomene als ‚repräsentativ' für eine ‚Gesellschaft' aufgefasst, und welche Rolle kommt dieser Zuschreibung zu?" (Balog 1999, S. 78). Damit verschiebt Balog die Frage der Gesellschaft vollständig auf eine Wahrnehmungsebene und die aus ihr entstehenden Handlungen und Praktiken. Doch ist das ausreichend, um von Gesellschaft zu sprechen? Für ihn selbst letztlich nicht, denn als unüberwindbares Problem betrachtet er, dass aus dem Alltagswissen von Handelnden Gesellschaft nicht als ausreichend klarer Bezugspunkt gewonnen werden kann (Greve 2008, S. 153). Folglich eigner sich Gesellschaft in diesem Verständnis nicht zur Operationalisierung und kann damit nicht anhand von Empirie konzeptuell-theoretisch fruchtbar gemacht werden.

Ein Hauptakteur der Diskussion aus handlungstheoretischer Perspektive ist Thomas Schwinn. Noch klarer als Balog lehnt er den Gesellschaftsbegriff von vornherein ab. Dazu zieht er dezidiert Max Weber und dessen Gesellschaftsauffassung heran: „Das soziale Ganze ist in Webers Soziologie kein brauchbarer analytischer Bezugspunkt (…), denn die Summe aller Beziehungen ist als solche nicht selbst eine soziale Beziehung: sie kommt als orientierende Adresse oder Bezugspunkt von Handlungen nicht in Frage" (Schwinn 2003, S. 93; mit Bezug auf Tyrell 1994). So gilt: „Nach Weber blockiert die() organizistische Denkweise die soziologische Erkenntnis, da sie das Explanandum – den Zusammenhang der sozialen Erscheinungen – fälschlicherweise zum Explanans macht" (Schwinn 2003, S. 93; mit Bezug auf Burger 1994, S. 79 ff.) – Gesellschaft erkläre aber nicht, sondern müsse erklärt werden. Folglich sei „jede induktive Strategie ab(zulehnen). Das Ganze kann nicht von den Einzelerscheinungen her kausal erklärt werden" (Schwinn 2003, S. 92; mit Bezug auf Weber 1982, 9 ff., 33 ff., 141 ff.). Bestätigend führt Schwinn Webers Vorschlag eines „methodologischen Individualismus (an), der alle Kollektivgebilde auf das Zusammenhandeln der beteiligten Akteure zurückführt" (Schwinn 2003, S. 92), ebenso wie Webers „Kultur- und (..) Werttheorie mit dem Bezugspunkt des sich

4.3 Handlungstheoretische Positionen

am Sinn orientierenden Subjekts" (Schwinn 2011b, S. 427). Somit rücken also Fragen nach Motiven und Sinn in den Vordergrund. Dazu bezieht sich Schwinn auf Webers Entwicklung einer Unterteilung in Wertsphären „als Sinnkriterien, die das Sich-Orientieren-an-Anderen unter spezifische Bedingungen stellen (…). (Sie) formulieren zunächst *spezifische Ansprüche an ein Subjekt*. Die Sphären liefern Orientierungs- und Ordnungskriterien für das Handeln, indem sie dieses an bestimmte Werte, Zwecke und Mittel bindet" (Schwinn 2003, S. 106; Herv. i. O.).

Als Vorbereitung für Schwinns eigene Weiterführungen dieses Gedankens soll zunächst auf einige seiner Abgrenzungen gegenüber anderen Ideen verwiesen werden, die seinen Rahmen abstecken. Grundsätzlich, so nimmt Schwinn an, verliert der Gesellschaftsbegriff unvermeidlich seine Berechtigung, denn „(w)o immer wir von ,Gesellschaft' in einem analytisch brauchbaren Sinne reden, ist es immer ein solcher unter spezifischen Gesichtspunkten, wodurch aber gerade der Begriff selbst seinen Sinn und seine Existenzberechtigung verliert" (Schwinn 2003, S. 93 f.). Das heißt, Schwinn behauptet, dass, sobald Gesellschaft nicht mehr allumfassend und prinzipiell essenzialistisch gefasst wird, wie dies klassisch beispielsweise bei Durkheim oder in der älteren Systemtheorie nach Parsons gesehen wird, das Konzept seinen Sinn verliert und entsprechend aufzugeben ist. Diese Kritik erweitert er in einer Ablehnung auch neuerer systemtheoretischer Ansätze: „Der neueren Systemtheorie (…) fehlt (…) der gemeinsame Bezugspunkt für das, was sich differenziert und wie man ein Teilsystem bestimmt. Man kann nicht das Gesellschaftssystem verabschieden und weiterhin von Teil- oder Funktionssystemen sprechen" (Schwinn 2011b, S. 427). Und: „Ein Gesellschaftssystem, auf das hin sich alle sozialen Teilwirkungen verrechnen lassen, ist erkenntnistheoretisch nicht einholbar" (Schwinn 2003, S. 106). Auch einer Aufweichung der Kriterien von Gesellschaft, die den Begriff unter nicht-essenziellem Vorzeichen weiterführen möchten, steht er sehr kritisch gegenüber, denn wenn Gesellschaft zu „Beschreibungs- und Horizonttheorie" (siehe auch seine Kritik an Nassehi, oben) werde, verliere sie ihren Kern, nämlich „Gesellschaft als Ordnungstheorie" (Schwinn 2011a, S. 30). Noch deutlicher wird seine Kritik im folgenden Unterkapitel anhand einzelner Kompromissvorschläge. Hier sei sie beispielhaft zu Simmel und seiner Bestrebung, Gesellschaft als Prozesse von Wechselwirkung zu begreifen, genannt: „Wer verschiedene Phänomene als gesellschaftliche zusammenfasst und an ihnen das zu bestimmen sucht, was sie eigentlich zu gesellschaftlichen als solchen macht, der muss für den Gesellschaftsbegriff eine *positive Lösung* beibringen. Genau dies vermag aber Simmel nicht. Sein Ausgangspunkt bei den Wechselwirkungen verbietet ihm, Gesellschaft als etwas Objektives zu hypostasieren, eine wirkende Einheit zu unterstellen, die die einzelnen Erscheinungen aus sich entlässt" (Schwinn 2003, S. 87; Herv. A.S.K.).

Von der für ihn zentralen Frage ausgehend, „von welchem Ordnungsrahmen reproduktionsfähige Differenzierungsarrangements abhängen" (Schwinn 2011b, S. 424), entwickelt Schwinn schließlich einen eigenen Vorschlag zur Sozialanalyse, den er – wiederum in enger prinzipieller Anlehnung an Weber – über eine kultursoziologische Wendung vornehmen möchte. Grundlegend nimmt er dazu an, dass ohne einen traditionellen übergreifenden Zusammenhang nur der folgende Zugang zur Sozialanalyse sinnvoll ist: „Eine Konstellation hat keine (…) Grenzen, sondern sie ist über Struktur- und Handlungstheorie zu fassen. In ihr setzen sich die einzelnen Ordnungen wechselseitig strukturelle Rahmenbedingungen, fördernd, restringierend oder indifferent" (Schwinn 2003, S. 107). Den zugrunde liegenden Tatbestand der sozialen Differenzierung fasst er als „innere Ausdifferenzierung von Wertsphären, die wiederum als Freisetzung von deren Binnenrationalität aufzufassen sei" (Greve 2008, S. 168), was er mit dem Emergenzbegriff verbindet: „Emergenz statt Dekomposition soll heißen, dass es nicht um die Zerlegung eines Ganzen in spezialisierte Teile, sondern, in einer Art kultursoziologischer Wendung des Ordnungsproblems ,Gesellschaft', um die Herausbildung universeller Perspektiven und Zugriffsweisen auf die Welt geht" (Schwinn 2011a, S. 30).

Folgerichtig stellt er ein Handlungskonzept in den Mittelpunkt: „Ordnungstauglich ist aber nur eine identifizierte Handlung: Nur sie kann eine Antwort enthalten, eine Reaktion stimulieren und thematisch mit anderen verbunden werden" (Schwinn 2011b, S. 422). Diese konzipiert er dezidiert offen und einschließlich einer Konfliktperspektive: „Die aus einer Ordnungsdifferenzierung sich ergebenden Konstellationswirkungen konvergieren nicht in Richtung auf eine Einheit (…). Statt dieser Homogenitäts- und Interdependenzüberschätzung ist es angemessen, interinstitutionelle Konflikte als typisch für einen hohen Grad sozialer Differenzierung anzunehmen" (Schwinn 2011a, S. 39). Damit formuliert er ein Plädoyer für „eine Kombination aus Struktur- und Akteurtheorie (…). Das Interesse gilt der spezifischen Art und Weise, wie Akteure strukturelle Gegebenheiten, Zwänge, Widersprüche oder Spannungen (Logik der Situation) interpretieren, aktivieren und in Handlungsmuster übersetzen (Logik der Selektion) und wie daraus neue Ordnungsmuster entstehen (Logik der Aggregation)" (Schwinn 2011a, S. 41).

Die methodischen Konsequenzen liegen für ihn auf der Hand: „,Praxis' muss analytisch zerlegt werden in Makro-Mikro-Makro-Schritte und kann der Grundfrage nicht entgehen, welchen Erklärungsstatus dabei Akteure und Strukturen oder Relationen haben (…). Der Praxisbegriff ist nicht selbsterklärend und kann der soziologischen Grundlagenproblematik nicht entgehen" (Schwinn 2011b, S. 425). Ziel sei es, die Varianz von Differenzierungen herauszustellen und damit ein wichtiges empirisches Forschungsdefizit zu beheben: „Das Arbeiten mit einem Modell heißt: Sich-Einlassen auf Empirie und Variation. Damit entstehen analytisch verfeinerte Konzepte. Fragen der Varianz von Differenzierungsverläufen, der Formen des Zusammenspiels von Differenzierung und Integration, von institutionellen Bereichen und sozialer Ungleichheit erzeugen einen Spezifikationsdruck auf die Theorie, dem man nicht mit ständigen Definitionen und Redefinitionen von Grundbegriffen gerecht wird" (Schwinn 2011b, S. 430). Da es sich dann um „aspektspezifische Vergleiche (..) (handelt), die nicht beanspruchen können, dass damit die ‚Gesamtheit des Sozialen' zum Vorschein komme" (Schwinn 2011a, S. 37), mündet diese Herangehensweise in „einer Typologie, keinem System, denkbarer und historisch vorgefundener Möglichkeiten des Sich-Orientierens-Aneinander" (Schwinn 2003, S. 106). Einerseits bedeutet das zwar ein Herunterschrauben der Erwartungen an Sozialanalyse – sie wird gleichsam automatisch kleinräumiger, bescheidener – andererseits, und da liegt der Knackpunkt von Schwinns Anspruch, rückt sie auch die Erwartungen an Sozialanalyse zurecht, die ohne Essenzialismus auskommen will und zunehmend auch ohne ihn auskommen muss.

4.4 Zwischenpositionen

Es gibt mehrere Versuche, tragfähige Positionen zwischen System und Handlung zu finden. Sie haben in der Regel den Anspruch, die Probleme beider Seiten zu umgehen, bilden aber darüber hinaus keinen gemeinsamen eigenen Zugang im eigentlichen Sinne.

Uwe Schimank vertritt eine Handlungstheorie mit systemtheoretischer Erweiterung; beide Aspekte seien „entscheidende Aspekte des Sozialen (..) und (sollten) sich daher wechselseitig ergänzen" (Greve 2008, S. 149). Das impliziert auch eine doppelte Abgrenzungsnotwendigkeit, nämlich einerseits gegen einen Essenzialismus, oder, in Schimanks Worten, gegen einen „auf die Gesellschaft als Ganzes bezogenen Funktionalismus" (Schimank 2005, S. 53, zit. nach Greve 2008, S. 163). Schimank sucht also nicht nach einer in sich geschlossener Metatheorie. Andererseits aber grenzt er sich auch gegen eine Beliebigkeit atomisierter Handlungsfragmente ab. Er will pragmatisch integrieren, und zwar über ‚Funktionssysteme als Akteursfunktionen' und ‚transintentionale Handlungseffekte' (Greve 2008, S. 165). Das bedeutet, Schimank operiert lediglich mit dem *Anschein* von Eigenständigkeit sozialer Systeme, der allerdings, dem

Thomas-Theorem entsprechend, wirksam sei. Funktionale Erfordernisse gesellschaftlicher Reproduktion hält er jedoch für primär: „Diese funktionalen Erfordernisse, die zur Wahrung gesellschaftlicher Systemintegration erfüllt werden müssen, koordinieren gesellschaftliches Handeln im Sinne einer Negativauswahl" (Schimank 2005, S. 109; zit. nach Greve 2008, S. 166), also im Sinne eines gegebenen und begrenzenden äußeren Rahmens. Nicht ganz klar wird dabei jedoch das genaue Verhältnis beider Logiken. Denn zum einen scheinen, wie das vorangehende Zitat zeigt, gewisse funktionale Erfordernisse jedem Handeln vorgeordnet zu sein, zum anderen wird jedoch ein „auf die Gesellschaft als Ganzes bezogene(r) Funktionalismus" (Schimank 2005, S. 53, zit. nach Greve 2008, S. 163) abgelehnt.

Auch Jürgen Habermas verbindet System und Handlung, jedoch auf andere Weise. Gesellschaft wird bei ihm zunächst handlungstheoretisch fundiert. Ausgangspunkt ist dabei ein kollektives Selbstverständnis sozialer Gruppen (Greve 2008, S. 160) – auch hier geht es also wieder um Wahrnehmung und Interpretation –, und Gesellschaft wird begriffen „als Lebenswelt von Angehörigen einer sozialen Gruppe" (Habermas 1987, S. 304; zit. nach Greve 2008, S. 160). Die Besonderheit von Habermas' Ansatz besteht darin, dass er die Perspektiven von System und Handlung aufsplittet und verschiedenen Aspekten zuordnet. So unterscheidet er die Sphären *System* und *Lebenswelt* mit ihren jeweiligen Integrationslogiken, nämlich handlungstheoretisch fassbarer Sozialintegration der Lebenswelt einerseits und systemtheoretisch zu bearbeitender Systemintegration andererseits (siehe dazu Habermas 1981 und 1987). Diese aufgesplitteten Vorgehensweisen stellen für Habermas „lediglich unterschiedliche Perspektiven der Beobachtung sozialer Phänomene" (Greve 2008, S. 161) dar, wirken in ihrer Aufteilung jedoch einigermaßen statisch. Auch ist kritisch anzumerken, dass gerade der Gesellschaftsbegriff, der hier interessiert, mehrdeutig gefasst wird: „Erstens meint Gesellschaft nun aus der Sicht der Teilnehmer die Lebenswelt, zweitens stellt sich die Gesellschaft für den Beobachter als das Gesamt von Lebenswelt und systemisch integrierten Subsystemen dar" (Greve 2008, S. 160).

Schließlich schlägt recht aktuell Jens Greve die Vermittlung über einen, wie er ihn nennt, ‚schwachen' Gesellschaftsbegriff vor. Hintergrund ist der Versuch, systemtheoretische Perspektiven handlungstheoretisch anzureichern. Gemeinsam mit Kroneberg begründet Greve: „[H]andlungstheoretische Herangehensweisen [versprechen] zumindest eine wichtige Ergänzung, da sie die Dynamik von Differenzierungsprozessen durch die Betrachtung von sozialen Trägergruppen, Interessen, Strategien und Hindernissen im zeitlichen Verlauf zu analysieren erlauben" (Greve und Kroneberg 2011). Wenn er also Handlungstheorie ergänzend systematisch in sein Gedankengebäude einbauen möchte, muss er deren

4.4 Zwischenpositionen

Prämisse anerkennen, dass ein essenzialistischer, ‚starker', Gesellschaftsbegriff nicht trägt: „Ein starker Begriff von Gesellschaft als eigenständige, zu spezifischen Operationen fähige Struktur ist aus handlungstheoretischer Perspektive [..] unhaltbar" (ebd. 2011, S. 10).

Stattdessen, also in Form eines Kompromisses, fasst Greve Gesellschaft als „Gesamtheit sozialer Handlungen" (Greve 2008, S. 176). Der Begriff „meint dann nicht mehr als die Gesamtheit sozialen Handelns und keinesfalls eine eigenständige Form des Sozialen. Der Begriff bezeichnet eine Perspektive auf das Soziale, aber keine Struktur mit eigenen Operationen" (Greve 2008, S. 179). Diesen Vorschlag zur Gratwanderung zwischen einem irgendwie gearteten, umfassenden Ganzen (‚Gesellschaft') und ihren Konstituenten (‚Handlungen'), begründet Greve wie folgt: „Von diesem Begriff aus lassen sich erstens Fragen nach der gesamtgesellschaftlichen Integration formulieren (…), (bzw.) das Ensemble der Teilsysteme im Ganzen" (Greve 2008, S. 176) beobachten. Grundlegend sei eine auf ein Ganzes ausgerichtete Fragestellung unverzichtbar, denn „Fragen nach gesellschaftsweit operierenden Mechanismen der Inklusion/Exklusion (…) würden aus der Sicht einer auf die Ebene der Wertsphären beschränkten Perspektive (..) nicht gesehen werden" (Greve 2008, S. 177), und ebenso wenig Fragen nach „Dominanz bestimmter gesellschaftlicher Strukturen, nach gesellschaftlicher Integration und sozialer Evolution" (ebd., S. 197). In seinen Augen gibt es also allgemeine Fragen von Relevanz, die nur über einen entsprechenden Gesamtrahmen überhaupt adressiert werden können. Dabei geht es ihm um eine *grundsätzliche* Perspektive; dagegen sei es empirisch „keineswegs zwingend erforderlich, dass Gesellschaftsgrenzen immer eindeutig sein müssen (sie müssen nur hinreichend bestimmbar sein)" (ebd., S. 179).

Schwinn übt Kritik an diesem ‚schwachen' Gesellschaftsbegriff, „welcher unter Gesellschaft nur noch die Gesamtheit des Sozialen versteht" (Greve und Kroneberg 2011, S. 13; mit Bezug auf Schwinn 2011a). Er kritisiert, bei diesem Vorschlag handele es sich „lediglich um eine Heuristik, nicht aber um ein analytisches Programm" (Schwinn 2011a, S. 36), denn „‚Gesellschaft' löse sich auf in einen Summenbegriff, der gegenüber integrativen, desintegrativen oder indifferenten Effekten und Wechselwirkungen völlig neutral ist" (Schwinn 2011a, S. 37). Er führt aus: „Wo immer kommuniziert, handlungstheoretisch: interagiert wird oder soziale Beziehungen stattfinden, ereignet sich ‚Gesellschaft'. Der Begriff diskriminiert nicht zwischen Zerfall einer Ordnung und ihrer reibungslosen Reproduktion" (Schwinn 2011a, S. 37). Folglich sei ein solcher heuristischer Gesellschaftsbegriff nicht in der Lage, die Leistungen zu erbringen, die ihn Greve zufolge unverzichtbar machen, nämlich einen „Bezugspunkt für Fragen nach gesellschaftlicher Integration, gesellschaftlicher Dominanz und Evolution beizubehalten. Ein reiner Summenbegriff von Gesellschaft biete hierfür keine spezifizierbaren Kriterien mehr" (Greve und Kroneberg 2011, S. 13; mit Bezug auf Schwinn 2011a). Folglich plädiert Schwinn für das Aufgeben des Konzepts Gesellschaft auch in seiner schwachen Variante, insbesondere weil seine „Beibehaltung [...] übertriebenen Homogenitäts- und Ganzheitsfantasien Vorschub" (2011a, S. 39) leiste.

Offenbar ist ihm jedoch bewusst, dass der Verzicht auf den Gesellschaftsbegriff theoretische Folgeprobleme mit sich bringt, die nicht unbedingt einfacher zu lösen sind bzw. deren zugehörige Lösungsansätze nicht ohne Weiteres der Problematik von Essenzialisierung entgehen: „Wie definiert man einen Bereich, sei es als Teilsystem, Sphäre/Ordnung oder Feld? Wie viele Bereiche gibt es? Lassen sich primäre von sekundären unterscheiden [..]?" (Schwinn 2011b, S. 427). Zusammengefasst gilt jedoch: Hätte Schwinn Recht, könnte der ‚schwache' Gesellschaftsbegriff gerade nicht dem von Greve benannten Anspruch gerecht werden, etwas zu Fragen gesamtgesellschaftlicher Integration auszusagen.

4.5 Kapitelfazit

Erkennbar haben ‚beide Seiten' ihre jeweiligen Schwächen. Während die Handlungstheorie das Problem eines fehlenden Gesamtbezugs hat, läuft die Systemtheorie Gefahr, den Gesamtbezug überzubetonen bzw. sich in widersprüchlichen Aussagen dazu zu verwickeln. Genauer werfen Systemtheoretiker Handlungstheoretikern vor, dass Handlungsmotive bereits eine soziale Prägung aufwiesen, die notwendig über das Einzelobjekt verweise: Es gebe kein „gewissermaßen vorsozial schon bestimmte(s) Subjekt" (Greve 2008, S. 151). Die Gegenkritik der Handlungstheorie an der Systemtheorie lautet: „Selbst wenn man sozialen Strukturen eine gewisse Eigenständigkeit zuspreche, so müssten soziale Prozesse und Strukturen letztlich auf die Motive von Individuen bezogen werden, um [umgekehrt, A.S.K.] diese Prozesse und Strukturen erklären zu können" (Greve 2008, S. 152). Obwohl die Handlungstheorie in dieser Frage bedenkenswerte Anregungen gibt, steckt sie in einer Diskussion mit teilweise tendenziösen und nicht unbedingt in der Sache weiterführenden Begrifflichkeiten (‚starker' oder ‚schwacher' Gesellschaftsbegriff) und, so scheint es, führt die Diskussion zum Gesellschaftsbegriff eher auf einen Nebenschauplatz. Doch auch die Kompromissversuche sind kritikwürdig, wie sich gezeigt hat. Oft scheinen sie die traditionellen Probleme der jeweiligen Seite gerade durch den Versuch zu Kombination und Ausgleich sogar zu verdoppeln.

Deutlich wird, dass in dieser Diskussion ‚zwischen System und Handlung' die Erwartungen, und spezifisch die Erwartungen an den Gesellschaftsbegriff,

4.5 Kapitelfazit

zwischen ‚zu viel' (methodologischer Holismus, Durkheim, Parsons, und auch Luhmann) und ‚zu wenig' (methodologischer Individualismus/Rational Choice, Weber, Schwinn, auch Tenbruck) schwanken. Die Diskussionslinien verlaufen dazu entlang bekannter Muster: In der Auseinandersetzung ‚ontologisches Ganzes *versus* strukturierte Handlungen bis atomisierte Einzelne' stehen sich Durkheim und Luhmann auf der einen und Weber, Schwinn und Rational Choice-Ansätze auf der anderen Seite gegenüber. In der Gegenüberstellung ‚System *versus* Handlung' treffen Parsons und Luhmann einerseits auf Weber, Schwinn und Esser andererseits. Zwischenpositionen dazu finden sich bei Schimank und Habermas sowie bei Münch, der sogar argumentiert „dass sich eine Konkurrenz zwischen beiden Ansätzen gar nicht ausmachen lässt" (Greve 2008, S. 149). Schließlich treffen bei der Frage ‚Gesellschaft ja *oder* nein' Nassehi und Greve als systemtheoretisch orientierte Befürworter des Begriffs auf dessen Gegner Weber, Tenbruck, Schwinn und Balog, die sämtlich Handlungstheoretiker sind.

Die Auseinandersetzung auf der begrifflichen Oberfläche verweist auf einen wichtigen, der generellen Diskussion um Gesellschaft ganz fundamental zugrunde liegenden Punkt, der an dieser Stelle jedoch besonders deutlich zutage tritt. Zentral ist die Frage: Welche *Erwartungen* werden an das Konzept Gesellschaft gestellt? Und welche Bedeutsamkeit kann der Begriff dann jeweils entsprechend haben? Wird ein substanzieller Gesamtzusammenhang hergestellt, Gesellschaft dabei zum kausalen Faktor bestimmt, Vorhersagekraft gefordert? Oder wird auf die Unmöglichkeit verwiesen, alles über den Begriff zu verbinden, dann aber direkt gefordert, ihn aufzugeben? Die Gratwanderung, die mit diesem Gedanken verbunden ist, lässt sich recht gut anhand von Schwinns Kritik an verschiedenen Kompromissansätzen nachzeichnen. Schwinn übt grundsätzliche Kritik, beispielsweise am Horizontbegriff Nassehis oder dem ‚schwachen' Gesellschaftsbegriff von Greve. Grundsätzlich lehnt Schwinn jeden ontologischen Gesellschaftsbegriff ab, stellt aber an den Gesellschaftsbegriff prinzipiell solche Anforderungen, die nur auf einer ontologischen Grundlage funktionieren können. Damit greift er auf eine Interpretation von Gesellschaft zurück, die schon seit Beginn soziologischen Denkens lediglich eine von mehreren Möglichkeiten war, stellt sie aber absolut und erhält somit ein waschechtes Totschlagargument: Essenzialismus ist ‚falsch', und wenn nicht essenzialistisch interpretiert wird, gibt es den Begriff (angeblich) gar nicht. Das ist jedoch in erster Linie ein Vorgehen *ex negativo,* das eine eben ganz spezifische Auffassung darstellt – und die Frage provoziert, an welchen Begriff denn überhaupt ein solch totaler Anspruch besteht. Es bleibt letztlich unbegründet, warum Gesellschaft nicht flexibler definiert werden sollte. Und wenn man sich auf einen solchen flexibleren Definitionsprozess einlässt, ist die zu beantwortende Frage, welche Ansprüche an den Begriff gestellt werden sollen.

Ich bin der Meinung, dass es sich lohnt, den Gesellschaftsbegriff zunächst im Sinne eines konzeptuellen Horizontes beizubehalten und ihn auf sein Potenzial als empirisch analysierbare und theoretisch fruchtbare Kategorie hin zu betrachten, und zwar im Sinne einer nicht-essenziellen, prozesshaften, pluralen und auf offene Verläufe angelegten Interpretation. Aus meiner Sicht sind Versuche besonders interessant, die eine mittlere Ebene anstreben und Ansätze verbinden. Typische Probleme der oben besprochenen Ansätze waren eine zu statische Aufteilung unterschiedlicher Logiken auf Bereiche (Habermas/System und Lebenswelt), ein unklares Verhältnis zwischen System und Handlung bzw. Ganzem und Bestandteilen (Schimank, Esser) und das Risiko der Reduzierung von Gesellschaft auf einen Summenbegriff (Nassehi, Greve). Und dennoch geben diese abwägenden Ansätze Denkanstöße für Weiterentwicklungen der Konzeptualisierung von Gesellschaft. Für hervorzuheben halte ich dabei den Versuch der Temporalisierung, wie Nassehi ihn vorschlägt, denn auch Momentaufnahmen sind keine reinen Zufälligkeiten – sonst würde auch ein Handlungsbegriff grundsätzlich hinfällig werden. Sie bilden zeitlich-kulturell spezifische Muster ab, die sich als Typen bearbeiten lassen – wenn auch nicht als Formen im Simmelschen Sinne, aber das scheint nur Schwinns Anspruch an den Begriff zu sein. Das bedeutet auch, dass die Vorstellung, Vorhersagen über Gesellschaft und das Soziale generell machen zu können nur als seltsam eng gefasst und kaum realitätsverbunden betrachtet werden muss. Auch hier scheint es sich in der Argumentation eher um ein rhetorisches Muster zu handeln, nämlich die Erwartungen so hoch zu schrauben, dass gar nichts anderes übrig bleibt, als zu dem Schluss zu kommen, dass der Begriff an sich nicht tauglich ist.

Offenbar können weder systemtheoretische noch handlungstheoretische Perspektiven den Begriff Gesellschaft in einem aus meiner Sicht überzeugenden Sinne – also weder in essenzialistischem noch in einem lediglich fluiden – fassen. Der systemtheoretische Ansatz ist in der Frage nach Gesellschaft entweder zu rigide und zu erwartungsvoll was die potenzielle Leistung des Gesamtkonzepts betrifft (in älteren Ansätzen) oder aber inkonsistent (in neueren Versionen). Auch wenn ich Schwinns Kritik an Nassehis Ansatz (‚bescheidener Erklärungswert') nur begrenzt zustimme – Nassehis Herausstellen von Pluralität, Mehrdimensionalität, Flexibilität sowie die Einbeziehung von Praktiken und die Konstruktion als Horizontbegriff halte ich für völlig richtig –, erwarte ich vom Gesellschaftskonzept noch weitergehende Hinweise in Richtung Strukturen, und zwar flexiblen, aber doch stattfindenden Verdichtungsmustern, die möglicherweise zu Typenbildungen führen können und eben *nicht* in einen „gegenüber integrativen, desintegrativen oder indifferenten Effekten und Wechselwirkungen völlig neutral[en]" (Schwinn 2011a, S. 37) Gesellschaftsbegriff münden.

Homogenität 5

Gesellschaft als eine homogene Einheit, also als aus hochgradig einheitlichen Bestandteilen zusammengesetzt und ein umfassendes Ganzes darstellend, anzunehmen, ist offensichtlich problematisch. Doch was genau sind die Probleme einer übermäßigen Betonung von Homogenität bei der theoretischen Erfassung von Gesellschaft? Die Schwierigkeit ist nicht nur, *Ähnlichkeit* qualitativ zu bestimmen sowie in einem quantitativen Sinne zu messen und zu bewerten, also danach zu fragen, wann ‚ausreichend' Ähnlichkeit besteht um überhaupt sinnvoll von Gesellschaft sprechen zu können. Vor allem ist das Prinzip der Ähnlichkeit als solches problematisch, wenn es als Haupt- oder sogar einziges Merkmal zur Konstitution von Gesellschaft betrachtet wird. Genauer wird diese Problematik nun anhand des Begriffs des Nationalstaats und der Prinzipien des Konzepts der nationalstaatlich verfassten Gesellschaft illustriert.

Genereller Ausgangspunkt ist dabei die Annahme, dass, selbst wenn eine Entwicklung hin zu einer größeren Übereinstimmung sozialer Formen in einer gegebenen Gesellschaft festzustellen wäre, dies nicht besonders aussagekräftig hinsichtlich ihres Zusammenwachsens oder ‚Funktionierens' sein müsste. Mit anderen Worten: Es ist sehr fraglich, ob zunehmende Ähnlichkeit zu ‚mehr' oder ‚besserer' Gesellschaft führt. Also ist wachsende Ähnlichkeit zunächst als neutral in Bezug auf das Entstehen und insbesondere auf ein gewisses Überdauern von Gesellschaften und der entsprechenden Wahrnehmungen von Zugehörigkeit zu bewerten. Entsprechend problematisch ist eine strenge Verengung der Gesellschaftsanalyse im Sinne eines impliziten oder expliziten Anlegens von Kriterien wie beispielsweise Einheit, Konvergenz oder Gleichheit.

Auf dieser Grundlage sollen nun spezifischer das Nationalstaatskonzept und die mit ihm in direkter Weise verbundene Konzeption der Nationalstaatsgesellschaft betrachtet werden. Denn klassisch ist der Nationalstaat als Rahmen für die – eben nationalstaatlich gefasste – Gesellschaft verstanden worden. Dies ist, wie bereits erwähnt, auch in der Gründungszeit der Soziologie prägend gewesen, was zu einer Langlebigkeit des Prinzips sowohl in der Alltagssprache als auch im soziologischen Denken beitrug. Trotz der schrittweisen allgemeinen Anerkennung, dass die Nationalstaatsgesellschaft nicht die einzige und in einem historischen Sinne auch sicher nicht die wichtigste Gesellschaftsform war, ist und sein wird, ist das Prinzip eines relativ klar umgrenzten und sich zunehmend vereinheitlichenden Raumes als Maßstab und auch als normatives Ideal weiterhin beachtlich stabil. Dazu muss nicht unbedingt eine offene Reflexion stattfinden, im Gegenteil: Sehr oft wird auch in der Soziologie das Prinzip eher implizit weitergeführt und damit immer wieder als Denk- und Praxismuster stabilisiert. Entsprechende Forschungspraktiken reflektieren dies, beispielsweise Untersuchungen, denen nationalstaatliche Rahmen unterliegen und auf nationale Vergleiche von Sozialdaten oder Praktiken ausgerichtet sind, oder auch entsprechende Vergleiche zwischen Ländern, z. B. unter dem Stichwort ‚Europäisierung'. Auch zeigen sie sich in Untersuchungen zu ‚Weltgesellschaft'. All diesen Beispielen liegen – implizit oder explizit – die Prinzipien des Nationalstaats zugrunde, was faktisch zumindest ein Mitführen von Homogenität als Ideal und Konvergenz als entsprechende Entwicklungsrichtung bedeutet.

Im folgenden Abschn. 5.1 wird zunächst der klassische Nexus von Gesellschaft und Nationalstaat genauer erläutert. Im anschließenden Abschn. 5.2 wird das Problem der Überbetonung von Homogenität auf den Kontext Europas angewendet, wieder auf der Grundlage des Nationalstaatskonzepts und seiner Implikationen. Europa wird hier als Beispiel herangezogen, weil es von vornherein nicht als Nationalstaat gelten kann und somit diesen starren Rahmen für Gesellschaft *per se* transzendiert. Gleichzeitig lässt sich zeigen, dass auch im Kontext Europas die Ideale von nationalstaatlicher Gesellschaft und Homogenität recht bedeutende Rollen spielen. Zwei unterschiedliche Weisen, den Nationalstaat in Relation zu Europa zu setzen, werden dazu betrachtet. Diese stellen sich als über den Nationalstaatsgesellschaftsbegriff letztlich eng verbunden heraus. Gefragt wird: Welche Probleme stellen sich, wenn man Europa entweder schlicht als aus verschiedenen Nationalstaatsgesellschaften im Sinne von Puzzleteilen zusammengesetzt interpretiert, oder aber Europa in Form einer einzigen, prinzipiell kohärenten Einheit repräsentiert, eben nach dem Modell und dem Ideal einer einzigen großen Nationalstaatsgesellschaft?

Das grundlegende Argument dazu lautet hier: Entgegen der Tatsache, dass Sozialwissenschaftlerinnen und Sozialwissenschaftler häufig dem Forschungsimperativ eines Nationalstaatsgesellschaftsparadigmas implizit oder explizit auch weiterhin zu folgen scheinen, indem sie Gesellschaft oder Gesellschaften auf der

Grundlage von Daten analysieren, die gerade in solchen nationalen oder prinzipiell entsprechenden Rahmen erhoben wurden und verortet werden, ist festzuhalten, dass das Konzept selbst keineswegs eindeutig und präzise ist. Im Gegenteil, Unsicherheit und Diffusität sind dem Konzept der Nationalstaatsgesellschaft inhärent. Der tatsächliche Prozess, in dem Kollektivität auf diese spezifische und exklusive Weise vorgestellt und in die Bezeichnung (nationale) Gesellschaft übersetzt wurde, begann erst, als sowohl die Geschwindigkeit des soziale Austauschs im weiteren Sinne als auch das Bewusstsein von Differenz wuchs und Gesellschaft fraglich wurde – und in dieser spezifischen Form zuerst in Europa.

Auf der Grundlage dieser kritischen Diskussion, einschließlich der Reflexion auf die Anwendungsebene Europa, lässt sich dann auf theoretischer Ebene die zentrale Frage zu formulieren: Was ist, wenn wir einen Bruch dieses Nexus von Gesellschaft und Nationalstaat diagnostizieren, also eine Auflösung der unterstellten Verbindung zwischen beiden? Bleibt dann nichts anderes übrig, als der Forderung zuzustimmen, dass der Gesellschaftsbegriff verloren ist und aufgegeben werden muss, wie beispielsweise Bauman behauptet (2000, S. 8)?

5.1 Der klassische Nexus von Nationalstaat und Gesellschaft

Im Mittelpunkt steht nun die Kritik an der Vermutung, Gesellschaft basiere – ideal oder sogar notwendig – auf Homogenität. Dabei ist es zweitrangig, ob dies über Gleichheit, Ähnlichkeit, Einheit oder Konvergenz in Prozessform ausgedrückt wird, denn alle diese Begriffe sind dem gleichen Prinzip der Homogenität unterstellt. Wie bereits zusammengefasst ist diese Perspektive eng verbunden mit dem Konzept des Nationalstaates

Definitionen des Nationalstaats weisen eine erhebliche Breite auf. Eine Interpretation, die gleichzeitig sehr rigide und recht aussagearm ist, versteht den Nationalstaat als „einen unabhängigen Staat, der von allen Menschen einer Nation, und nur dieser einen Nation, bewohnt ist" (The Free Dictionary 2011, o. S.). Eine weitere Definition, diesmal am entgegengesetzten Ende des Spektrums, also mit weitest gehender Flexibilität, bietet das *Dictionary of Modern Social Thought*, in dem Ernest Gellner vor allem darauf bedacht ist, jedwede essenzialistische Äußerung zu vermeiden, wenn er darauf verweist, dass die „inhärent umstrittene Natur [der Nation] … eine Konsequenz der komplexen und verwickelten Natur des Rohmaterials ist, auf den der Begriff angewendet wird" (Gellner 2006, S. 415). Es gibt jedoch auch Autorinnen und Autoren, die sich der Herausforderung direkter stellen, das Konzept sowohl substanzieller als auch anspruchsvoller zu diskutieren (für eine Übersicht und Diskussion siehe Hedetoft 2006). Für den hier zugrunde liegenden Zweck ist der wichtigste konzeptuelle Aspekt zur Definition des Nationalstaates als Ideal die politische Souveränität eines Staates, der sich aus Menschen zusammensetzt, die eine relativ homogene ethnisch-kulturelle Einheit bilden und dabei ein Bewusstsein im Sinne einer ‚nationalen Identität' teilen. Dabei spielt der Aspekt der Staatlichkeit und seiner formenden Kraft eine entscheidende Rolle, wie Tenbruck anmerkt: „Indem nun jedoch der Staat als Rechtsordnung ‚verfasst', der Mensch als Individuum zum Bürger wurde, wurde die Gesellschaft prinzipiell freigesetzt" (Tenbruck 1981, S. 347). So „wurde in dem Begriff ‚Gesellschaft' eine Zeitlange festgeschrieben, nämlich das Selbstverständnis der auf ihre kulturelle Eigenart und staatliche Selbstständigkeit bedachten Nationen des 19. Jahrhunderts, für die das Selbstbestimmungsrecht der Völker – also die Identität von Volk, Kultur, Nation und Staat – evidente Lehre der Geschichte war" (ebd., S. 348).

Entsprechend gilt das oben angesprochene Prinzip der Nationalstaatsgesellschaft: Homogenität nach Innen und Heterogenität nach Außen. Dies war und ist durch andere Begriffe, die mit ihm in enger Beziehung stehen, ko-repräsentiert, und enthält beispielsweise die Annahme, dass geografischer Ort einerseits und sozial bedeutsamer Raum andererseits (nach Ludger Pries: *place* und *space*) eindeutig im Rahmen der Nationalstaatsgesellschaft überlappen, und dass entsprechende Grenzen sowohl klar definierbar als auch im Prinzip stabil seien. Der übergreifende Begriff, der das zugrunde liegende Prinzip, das Ideal und die Entwicklungsrichtung in einem symbolisiert und gleichsam als Programm zusammenfasst, ist *Integration* – zumindest prospektiv im Sinne einer auf irgendeine Art umfassenden, wenn nicht gar als irgendwie vollständig vorgestellten sozialen Verflechtung, wie im zweiten Kapitel erläutert. Der Integrationsbegriff wiederum steht in enger Verbindung zu dem der *Identität,* einem Terminus, der sowohl auf das Individuum als auch auf Kollektive anwendbar ist. Offensichtlich spielt in diesem Gedankengebäude der Kollektivaspekt von Identität eine hervorgehobene Rolle, vor allem die Vorstellung, dass so etwas wie eine prinzipiell homogene Gruppe als Bezugspunkt überhaupt möglich ist.

Wichtig ist es, wie bereits erwähnt, einzubeziehen, dass die Disziplin der Soziologie selbst ein Kind ihres nationalisierten und nationalisierenden Umfeldes war, sich eben „infolge national-gesellschaftlicher Grenzenerrichtung" (Robertson 1992, S. 30) entwickelt hat. Man könnte sogar so weit gehen, zu sagen, dass der Aufstieg des Nationalstaats sowohl die Notwendigkeit – oder zumindest einen wesentlichen Impuls – als auch die Legitimation der Disziplin Soziologie und ihrer Institutionalisierung geliefert hat. Somit besteht gleichsam eine genuine Verbindung zwischen Nationalstaat und Soziologie auf einer Metaebene.

5.1 Der klassische Nexus von Nationalstaat und Gesellschaft

Entsprechend ist die Entwicklung der Disziplin selbst, einschließlich der Konstruktion und Fortentwicklung ihrer Begriffe und anerkannten Methoden, stark durch Idee und Ideologie des Nationalstaates geprägt. Vor diesem Hintergrund ist es nachvollziehbar, dass *Gesellschaft* traditionell und auch heute nicht selten als Teil des Nationalstaats bzw. als Gegenstück zum ihm interpretiert wurde und wird; oft ist Gesellschaft zumindest auf den ersten Blick traditionell so eng mit dem Nationalstaat verflochten, dass es schwierig erscheint, beide auseinanderzuhalten, um auf Gesellschaft aus einer anderen Perspektive zu blicken.

Genau dies ist jedoch die Aufgabe, die sich uns stellt, gerade auf der Grundlage des Drucks, der durch die Beobachtung von Globalisierungsprozessen in einer Welt entsteht, die sowohl faktisch als auch in der Wahrnehmung die Bedingungen sozialer Koexistenz verschiebt. Dies wird genauer in Kap. 7 betrachtet; hier sei lediglich auf einen interessanten strukturellen Punkt verwiesen: Die Nationalstaatsidee selbst hat globalen Charakter (Robertson 1992, S. 58), sie verbreitet sich bis heute als globale Idee, oft als globales Ideal. Wenn beispielsweise Regionen die Legitimität ihrer Souveränitätsforderungen hervorstellen wollen, nennen sie sich in der Regel ‚Nationen', so z. B. Katalonien oder das Baskenland (Naglo 2007). Im Kontext von Globalisierung muss jedoch zunehmend anerkannt werden, dass der Nationalstaat ein wichtiges Beispiel aus einer ganzen Reihe potenzieller Bezugsrahmen für Gesellschaft und ihre Prozesse ist – jedoch sicher nicht die einzige Form und auch nicht mehr frag- und diskussionslos die wichtigste.

Einen weiteren Grund, warum der Impuls (immer noch) stark ist, Gesellschaft exklusiv im Rahmen des Nationalstaats vorzustellen, fasst Roland Robertson im Begriff *Nostalgie* zusammen: „Meistens haben sich Soziologen auf oft sehr nostalgische Art dafür interessiert, wie diffuse Modernität westliche Gesellschaften erreicht, sowie für die Probleme von Integration und Bedeutung, veranlasst durch den neuen Typus relativ standardisierter nationaler Gesellschaft" (Robertson 1992, S. 156). Mit Bezug auf Turner (1987) sowie auf Stauth und Turner (1988, S. 47) fasst Robertson zusammen: „(E)s bestehen vier Hauptvoraussetzungen des nostalgischen Paradigmas: Die Vorstellung von Geschichte als Niedergang; das Gefühl eines Verlustes von Ganzheit; das Gefühl eines Verlustes von Ausdrucksstärke und Spontanität und der Eindruck eines Verlustes individueller Autonomie" (Robertson 1992, S. 157 f.) Er fügt hinzu: „Nostalgie ist einfach nicht mehr, was sie mal war – sie ist mehr als sie mal war. Sie hat sich doppelt globalisiert. Sie wurde sowohl in globalem Maßstab kollektiv als auch auf Globalität gerichtet" (ebd., S. 161). In der Konsequenz bedeutet das, dass das Konzept des Nationalstaates mit ‚seiner' Gesellschaft den Eindruck bzw. die Illusion eines eindeutig geschnittenen Rahmens vermittelt, einschließlich einer erhofften klaren Zugriffsmöglichkeit für akademische Bearbeitung. Daraus ließe sich dann eine vermeintlich relativ einfache Handhabbarkeit ableiten, die eben genau auf den als eindeutig vermuteten Abgrenzungen beruht, nämlich zwischen einem standardisierten, relevanten Innen einerseits und einem chaotischen, aber sowieso vernachlässigbaren Außen andererseits.

Gerade weil das Konstrukt eines Nationalstaates als Behältnis einer Gesellschaft und einer nationalen Identität ein solch konsistenter Bezugspunkt in der allgemeinen wie in der akademischen Diskussion von Gesellschaft war und ist, wird häufig übersehen, dass es sich bei ihm *schon immer* um einen Idealtypus, und eben nicht um einen Realtypus gehandelt hat. Keine Gesellschaft hat je einen Grad an Uniformität erlangt, wie der Idealtypus ihn vermittelt, also als eine Kombination aus Souveränität, ethno-kultureller Homogenität, einheitlicher kollektiver Identität etc. Aus Sicht des Nationalstaats ist dies jedoch nicht unbedingt (nur) ein Problem. In Bestätigung des Thomas-Theorems (siehe Einleitung) gilt, dass auch lediglich durch Wahrnehmung und Akzeptanz der Idee einer nationalen Einheit diese zu einem gewissen Grad als eigene Realität entsteht. Diese Erkenntnis ist mit dem Begriff *imagined community* von Benedict Anderson beschrieben worden (z. B. 1991). Holton erläutert: „Anderson hat den Begriff zuerst auf Nationen angewendet, er kann aber ebenso auf globale und auf kleinere, sub-nationale Einheiten angewendet werden" (Holton 2002, S. 107), und fährt fort:

> Solche Gemeinschaften sind vorgestellt, aber nicht unwirklich im Sinne eines Erfundenseins ohne Grundlage. Sie sind real, aber ihre Realität basiert nicht primär auf Face-to-face-Kontakt. Sie hängt vielmehr von Kommunikationsformen ab, die ein Gefühl gemeinsamer Mitgliedschaft generieren und konstruieren, mit geteilten Traditionen, Institutionen und kulturellen Eigenschaften […]. Die generelle Tragweite (…) ist, dass es keine einfache und ausgemachte Art gibt, das Globale, Regionale, Nationale und Lokale als voneinander getrennte und gänzlich unterschiedliche Einheiten zu definieren (Holton 2002, S. 108).

Die Vermutung, dass sich Nationalstaatsgesellschaft nicht ohne weiteres als einzige oder wichtigste Gesellschaftsform bestimmen lässt, wird in eher praktischer Hinsicht ebenfalls daran deutlich, dass der Begriff Gesellschaft von Soziologinnen und Soziologen auch auf frühere Sozialkonstellationen angewendet wurde und wird, die Charakteristika aufweisen, die recht stark von denen abweichen, die modernen Nationalstaaten und ihren Gesellschaften typisch zugeschrieben werden. Freitag stellt beispielsweise fest: „(M)an sprach nicht nur von einer modernen Gesellschaft oder kapitalistischen Gesellschaft im Singular, sondern auch von feudaler Gesellschaft und griechischer Gesellschaft oder chinesischer Gesellschaft oder aber von Dogon-Gesellschaft, obwohl klar war, dass diese keine Nationalstaaten waren" (Freitag 2007, S. 270). Auf ähnliche Art werden üblicherweise

5.1 Der klassische Nexus von Nationalstaat und Gesellschaft

auch Gesellschaften der Zukunft als nicht übereinstimmend mit dem Modell der Nationalstaatsgesellschaft vorgestellt und doch als Gesellschaften bezeichnet. Ein noch weitergehendes Beispiel sind *virtuelle Gesellschaften* (siehe Kap. 12). Entsprechend scheint es eigentlich offensichtlich zu sein, dass nicht die *Trennung* von Nationalstaat und Gesellschaft die Ausnahme ist, sondern ihre *Verbindung*.

Gleichzeitig bedeutet dies jedoch nicht, dass wir die Idee einer möglichen Verbindung zwischen Nation und Gesellschaft kurzerhand und vollständig ablehnen sollten. Dies wäre zum einen falsch, weil viele Aspekte unseres (Alltags-)Lebens – auch heute – durch nationalstaatliche Institutionen reguliert oder in ihrem Rahmen ausgeführt werden. Zum anderen wäre es nicht angemessen, weil, wie erläutert, die *Wahrnehmung* der Nation als wesentlicher Basis für individuelle und kollektive Selbst-Definitionen anhaltend stark und entsprechend wirkmächtig ist. Und so lange, wie Nation und Gesellschaft als in einem engen Verhältnis stehend *betrachtet werden*, gilt auch diese Relation als eine Bezugsgröße und ein Maßstab für reale soziale Gebilde und ihre wahrgenommene Legitimität.

Auch im Kontext von Globalisierung und ihrer Interpretationen ist die Bedeutung von Nation und ihre Verbindung mit Gesellschaft nicht kurzerhand abzutun. So blickt Larry Ray auf die sich wandelnde, aber nicht unbedingt an Bedeutung abnehmende Rolle des Nationalstaats in Globalisierungsprozessen:

> Der globale Raum ist mit relativ wenigen Ausnahmen entlang territorial gebundener, bürgerschaftlicher Gemeinschaften, politischer Parteien, Definitionen von Staatsangehörigkeit, Grenzen, Institutionen, offizieller Sprache bzw. Sprachen, politischer, Erziehungs- und kultureller Systeme etc. organisiert. Der *Nationalstaat* als ethnisch homogener Bereich ist relativ neu und hat in der Zeit der Moderne mit anderen Formen staatlicher Organisation koexistiert. Doch aus der Tatsache, dass Bevölkerungen nun divers und wirtschaftliches, kulturelles und politisches Leben komplex sind, folgt nicht, dass der Staat und Territorialität nicht mehr bedeutsam sind. Im Gegenteil ist der Staat wohl als Akteur in der globalen Arena wichtiger geworden (Ray 2007, S. 102; siehe auch S. 25 f.).

Ähnlich verweist Holton auf die anhaltende strukturelle Bedeutsamkeit des Nationalstaats (Holton 2002, S. 91), und auch Pries hält fest, dass „Transnationalismus Nationalstaaten nicht ersetzen, sondern sich in einer dialektischen Relation mit staatlicher Politik und manchmal sogar mit einem verstärkten Nationalismus entwickeln wird" (2001, S. 20). So lässt sich generell ableiten: „Das bedeutet nicht, dass Territorium und Ort irrelevant werden, sondern eher, dass sie unter Bedingungen gegenwärtiger Globalisierung wiedererfunden und umgebaut, also zunehmend in einen globalen Kontext gegossen werden" (Held und McGrew 2003, S. 8).

Wenn wir diesen Aussagen im Prinzip zustimmen können, und das ist sicher möglich, bedeutet dies jedoch nicht, dass die bisher gemachten konzeptuellen Ableitungen für das Gesellschaftskonzept infrage zu stellen sind. Denn es ist zwischen dem Nationalstaat auf der einen Seite und der entsprechenden Form von Gesellschaft auf der anderen Seite zu differenzieren. Entsprechend ist ein gewisses Maß politischer Homogenität, also staatsspezifische Bürgerrechte im Kontext partikularer politischer Kulturen im weiteren Sinne, abzugrenzen von dem sehr viel enger gefassten Ideal einer homogenen Nationalstaatsgesellschaft. Während sich also problemlos anerkennen lässt, dass Nationalstaaten gegenwärtig wichtige, wenn auch sich unumgänglich wandelnde Rollen auch im globalen Kontext spielen, müssen wir uns bewusst machen, dass kein direkter Zusammenhang mit der idealisierten Gesellschaftsform des Nationalstaats besteht. Im Gegenteil, es lässt sich annehmen, dass der funktional-politische Rahmen, den der Staat repräsentiert, auch gut, und möglicherweise sogar besser, mit einem nicht-homogenen Gesellschaftstypus verbindbar ist.

Auf der anderen Seite ist anzumerken, dass eine Reihe von wichtigen Konzepten, die im Kontext von Transnationalisierungs- oder Globalisierungsvorstellungen im weiteren Sinne entwickelt worden sind und die wichtige Impulse zur kritischen Betrachtung der oben besprochenen Ideen gegeben haben, nicht unbedingt auf dem Spannungsverhältnis von Differenz und Ähnlichkeit basieren. Sie mögen den Nationalstaat herausfordern, aber nicht unbedingt die ihm zugrunde liegende und hier vorrangig kritisierte Rigidität. Dies gilt insbesondere dann, wenn Globalisierung vor allem als Standardisierung bzw. Homogenisierung interpretiert wird, beispielsweise als Amerikanisierung, Multikulturalismus im Sinne von parallel bestehenden, klar trennbaren ‚Kultur-Containern' (siehe dazu auch Kap. 7), oder aber auch für Interpretationen von Europäisierung, die sich an einem eng gefassten Verständnis des Nationalstaates orientieren, wie im folgenden Abschnitt erörtert wird.

Mit anderen Worten: Was hier als erforderlich erachtet wird, ist nicht, sich von der Vorstellung und den Realitäten des Nationalstaates an sich zu lösen, sondern die fundamentale Rigidität aufzugeben, die das Konzept der nationalstaatlich gefassten Gesellschaften repräsentiert. Im folgenden Abschnitt soll dieses theoretische Problem durch die Anwendung auf den Rahmen *Europa* geschärft werden.

5.2 Homogenes Europa: Eine Anwendung des Konzepts der Nationalstaatsgesellschaft

Immer wieder wird es als naheliegend betrachtet, europäische Gesellschaft analog zum traditionellen Modell zu interpretieren (siehe auch Blokker 2006), also dem üblichen Nexus von Nationalstaat und Gesellschaft entsprechend, wie er gerade ausführlich vorgestellt wurde. Dies geschieht vor allem in zwei Ausprägungen. Entweder werden europäische Nationalstaatsgesellschaften miteinander verglichen, oder europäische Gesellschaft wird als Ganzes, einer einzigen Nationalstaatsgesellschaft entsprechend interpretiert. Beide Vorgehensweisen treten häufig gemeinsam auf, was vermutlich am übereinstimmenden Fokus auf Konvergenz (zunächst zwischen den europäischen Einzelgesellschaften) und Integration (dann zu einer Einheit) liegt. Versuche dieser Art, das Konzept der Nationalstaatsgesellschaft auf den europäischen Fall anzuwenden, weisen jedoch erhebliche Schwierigkeiten auf.

Dem ersten Ansatz liegt die Annahme zugrunde, es sei nur möglich, von europäischen Gesellschaften im Plural zu sprechen – also von der französischen Gesellschaft, der deutschen Gesellschaft usw. –, da jede Gesellschaft strikt von einem formalen nationalstaatlichen Rahmen abhängig sei. Entsprechend der oben gemachten allgemeineren theoretischen Ausführungen würde dies bedeuten, dass beispielsweise eine französische Gesellschaft durch ein spezifisches französisches Volk konstituiert wäre, welches sich von seinem Außen durch bestimmte, kulturell französische Kriterien sowie eine eindeutige französische Identität unterschiede und abgrenzte usw. Generell wird dabei der Fokus auf Homogenität nach Innen sowie das Unterstreichen von Heterogenität nach Außen deutlich – und damit ein *essenzielles* Verständnis der europäischen Staaten und ihrer Gesellschaften. In diesem Sinne wären sich beispielsweise die französische Gesellschaft und die belgische Gesellschaft grundlegend fremd. Natürlich legt das Beispiel der belgischen Gesellschaft – als Zusammensetzung von flämischen, wallonischen und weiteren ‚Gruppen' – direkt den konstruierten Charakter des Konzepts der Nationalstaatsgesellschaft offen, und mit ihm die potenziellen Folgeprobleme, die sich aus dem Homogenitätsimperativ ergeben. Das wird auch besonders deutlich an den Beispielen ‚der' spanischen oder ‚der' schweizerischen Gesellschaft, weil dort interne Unterschiede besonders groß scheinen, seien sie interpretiert als multilinguale oder kulturelle und letztlich ‚nationale' Differenzen.

Im Mittelpunkt dieser Perspektive steht jedenfalls die Frage nach innerer Integration einer spezifischen nationalen Gesellschaft, und dies wird methodisch über das Prinzip des *Vergleichs* transportiert. Eine typische Frage, die mit einem solchen Ansatz verbunden ist, ist, ob die Bevölkerung einer spezifischen

Nationalstaatsgesellschaft intern ähnlich ist, zumindest konvergiert, und sich entsprechend grundlegend von allen anderen Gesellschaften abgrenzen lässt. Falls ja, wäre das als Beweis zu interpretieren, dass ein Integrationsprozess besteht bzw. im normativen Sinne erfolgreich ist.

Die zweite Weise, europäische Gesellschaft mit dem Nationalstaatsmodell zu verbinden, ist, alle Europäer als eine große, gleichsam umfassend nationale Gesellschaft zu interpretieren. In dieser Perspektive kann die Existenz und der Erfolg einer europäischen Gesellschaft daran gemessen werden, ob sie das Nationalstaatsmodell auf einer höheren Ebene verwirklicht. Auch in diesem Fall ist ‚national' natürlich als ein Prinzip zu verstehen, nicht als Kombination sämtlicher Elemente, die einen idealtypischen Nationalstaat kennzeichnen mögen. Doch ist auch hier Homogenität das wichtigste Ziel sowie der Maßstab für das Innere dieser Gesellschaftsform. Dies wird komplementiert durch die Annahme einer vermeintlich eindeutigen und unzweifelhaften Abgrenzung von einem prinzipiell als grundlegend anders angenommenen Außen Europas. Insbesondere im Kontext der europäischen Gesellschaft lassen Autorinnen und Autoren meist einen gewissen Toleranzbereich hinsichtlich eines Grades an interner Abweichung zu, allerdings bleibt der Blick in der Regel durchaus generell bestimmt durch das Ideal der Einheit. Die typische forschungsleitende Frage ist dabei, ob europäische Nationalstaatsgesellschaften sich zunehmend ähnlich werden, beispielsweise weil ihre erwerbstätigen Bevölkerungen zunehmend übereinstimmend über die verschiedenen Sektoren verteilt sind oder weil ihre Bildungssysteme sich angleichen. Ein paradigmatisches Beispiel ist das Denken, das dem sogenannten Bologna-Prozess zugrunde liegt, genauer: der Herstellung einer „European Higher Education Area (EHEA), die auf internationaler Kooperation und akademischem Austausch basiert und sowohl für Studierende als auch für Lehrende aus Europa und anderen Teilen der Welt attraktiv ist", und zwar über Homogenisierung von Lehr- und Lernformen im Bereich der Universitätsbildung (siehe Ond Vlanderen 2012). Vereinheitlichungen – oder politisch-normativ ausgedrückt: Harmonisierungen – werden in dieser Perspektive als Erfolg bewertet.

Wenn wir uns diese beiden Modelle nun in ihrer Kombination ansehen, wird erkennbar, dass sie sich konzeptuell relativ ähnlich sind, obwohl sie zu Beginn der europäischen politischen Integration in der Mitte des 20. Jahrhunderts als direkte Gegensätze angesehen wurden. Auch heute sind die Grundlinien dieser Streittradition virulent, in der Intergouvernementalisten auf der einen Seite für das erste Modell – unter der Devise *Europa der Nationalstaaten* – kämpften, während das zweite Modell der Supranationalität von den Anhängern des Föderalismus und des (Neo-)Funktionalismus verfochten wurde – als *Nationalstaat Europa*. Übereinstimmend halten beide Modelle also eine essenzielle Bedeutung des Nationalstaates auch für den politischen und sozialen Kontext Europa aufrecht und teilen in diesem Sinne sehr ähnliche Prämissen in ihren Annahmen zu Gesellschaft – obwohl die Opponenten diese Ähnlichkeit wohl nicht als solche wahrnehmen.

Die beiden Perspektiven können als zwei Seiten derselben gedanklichen Medaille gesehen werden. Beide basieren auf einer Einheitsideologie, beide fokussieren auf diese Art eine gewünschte Handhabbarkeit in Bezug auf Europa. Beide beziehen Differenz lediglich in einer sehr selektiven und diskriminierenden Form ein, indem sie Homogenität und Heterogenität nur als Extreme heranziehen. Damit werden Innen und Außen separiert, nicht aber, wie eigentlich interessant und für das Soziale generell erforderlich, systematisch in Relation gesetzt. Schließlich operieren beide Versionen mit starken normativen Forderungen, ohne diese aber letztlich auf etwas anderes gründen zu können als auf subjektive politische Präferenzen im Sinne der Frage, was allgemein für richtig und was für falsch gehalten wird.

In Folge ihrer grundsätzlichen Ähnlichkeit teilen beide Ansätze auch ähnliche Probleme, mit dem Hauptunterschied, dass das zweite Modell diese auf eine höhere Ebene – die europäische – verlagert. Die wichtigsten Fragen, die sich daraus ergeben, sind: Existieren Nationalstaaten (noch) auf eine Weise, die sie fraglos die besten Analyseeinheiten für Gesellschaft und soziale Prozesse generell sein lässt? Oder lässt sich berechtigt behaupten, dass niedrigere Ebenen, wie das Lokale oder Regionale, sowie höhere Ebenen, wie der jeweilige Kontinent oder das Globale, diese Vorstellungen herausgefordert haben und weiter herausfordern, sodass auch konzeptuell offener und variantenreicher gedacht werden muss? Ein weiteres Problem, das beide Perspektiven gleichermaßen betrifft, ist die von ihnen vermutete, zugrunde liegende Verbindung zwischen Homogenität und Integration. Ist tatsächlich zunehmende Ähnlichkeit der Maßstab für eine ‚funktionierende' Gesellschaft und damit politisch-normativ eine sinnvolle Ausrichtung für Europa? Wird nicht gerade am Beispiel Europas besonders deutlich, dass wir in unseren Reflexionen dem Aspekt fortlaufender, prinzipiell beständiger Differenz den Vorrang geben müssen vor dem hochgradig simplifizierenden Ideal immer weiter zunehmender Konvergenz? Ist es außerdem tatsächlich weiterhin sinnvoll, geografische Kriterien als die primär relevanten anzunehmen und Gesellschaft entsprechend statisch auf das Modell des territorialen Nationalstaats zu gründen?

Diese beiden Perspektiven auf den Nexus von Nationalstaat und Gesellschaft in Europa sind erkennbar eng mit anderen Begriffen des im ersten Kapitel erstellten Begriffsraumes verbunden. In ihrem Kontext wird Integration entweder relativ eng gefasst verstanden als eine stabile und umfassende Einfügung des Individuums in ‚seine' Gesellschaft, mit einer recht klaren Differenzierung zwischen

Innen und Außen, Zugehörigkeit und Fremdheit. Oder sie wird interpretiert als europäische Integration im Sinne des beschriebenen Zusammenwachsens zu einer europäischen Gesellschaft einschließlich einer entsprechenden europäischen Identität. Diese Vorstellung einer europäischen Identität (und kollektiver Identität an sich) ist jedoch mit einem erheblichen konzeptuellen Balanceakt belastet. Und da ihr Fokus auf Einheit liegt, werden auch in ihr die Probleme fortgeführt, die dadurch entstehen, dass Differenz und Flexibilität nicht systematisch einbezogen werden. Allerdings scheint europäische Identität paradoxerweise gerade als mögliches Instrument zur Überwindung von Risiken angesehen zu werden, die als charakteristisch für Nationalstaaten gelten. Die typische Annahme lautet: Wenn wir eine europäische Identität ‚hätten' – also an eine solche glaubten – würden wir die unangenehmen nationalistischen und separatistischen Gefühle und Forderung los, also all die Probleme, die Teil von Nationalismen sind. Dies ist beispielsweise in Schriften von Jürgen Habermas (2009) erkennbar. Obwohl dies in einem sehr begrenzten Sinne zutreffend sein könnte, ist es von großer Bedeutung, sich vor Augen zu halten, dass es sich in beiden Fällen – also sowohl bei nationaler als auch bei europäischer Identität – um grundsätzlich rigide kollektive Identitäten handelt, die darauf ausgerichtet sind, bedeutsame Grenzen, die dem *Prinzip* des Nationalstaats entsprechen, zu errichten und aufrecht zu erhalten, um so eindeutig wie möglich ein Innen von einem Außen zu trennen. Und genau dieser Prozess beinhaltet – zumindest prinzipiell und latent – eine fortlaufende Abwertung eines Anderen, wie oben diskutiert.

Dieser Ansatzes impliziert also eine Fortführung, genauer: eine Aufdauerstellung, des Prinzips potenziell problematischer Exklusion – entweder also in Form kleinräumiger Nationalismen oder als Eurozentrismus auf höherer, europäischer Ebene, jedoch in beiden Fällen übereinstimmend auf der Grundlage der Konstruktion eines möglichst differenten Außen, was mit den entsprechenden Problemen belastet ist. Empirische Forschungen illustrieren ein weiteres Problem der mit europäischer Identität verbundenen, hochfliegenden Hoffnungen. Einstellungen zur Entwicklung (bzw. Nicht-Entwicklung) von europäischer Identität werden regelmäßig vom *Eurobarometer* abgefragt. Dabei ist ein Ergebnis besonders stabil: Dort, wo viele der Befragten eine starke nationale Identität angeben, gibt es viele, die ebenfalls ein Zugehörigkeitsgefühl zu Europa äußern. Das scheint darauf zu verweisen, dass es nicht unbedingt um nationale *versus* europäische Identität an sich geht, sondern vielmehr um Unterschiede zwischen individuellen und kollektiven Selbstverortungen. Aus diesem Grund müssen wir, solange wir innerhalb dieses spezifischen Theorierahmens manövrieren, erwarten, dass die strukturellen Probleme bestehen bleiben und lediglich gegebenenfalls auf verschiedenen Ebenen liegen – Regionalismus, Nationalismus, europäischer Nationalismus bzw.

5.2 Homogenes Europa: Eine Anwendung des Konzepts ...

Eurozentrismus – ähnlich Parasiten, die nur ihren Wirt wechseln (siehe Krossa 2009). Entsprechend erscheinen Ansätze, die einseitig Homogenität betonen und im Prinzip am Nationalstaatsgesellschaftsmodell festhalten, unangemessen für eine Konzeptualisierung von jeder Form von Gesellschaft.

Die Frage ist nun: Können Vorschläge, die das direkte Gegenteil, also die Heterogenität des Sozialen, zu ihrem Fokus machen, ein besseres, theoretisch angemesseneres und gleichzeitig praktisch anwendbares Modell von Gesellschaft bieten?

Heterogenität 6

Heute erscheint das im vorigen Kapitel diskutierte, eng gefasste Homogenitätsmodell immer weniger überzeugend, und dies wird auch zunehmend in akademischen Texten reflektiert. Im Gegenzug ist *Differenz* als konzeptuelles Kernelement des Sozialen in den Vordergrund gerückt. Bietet also ein klarer Fokus auf Heterogenität eine Lösung für die Konzipierung von Gesellschaft?

Im Gegensatz zum Homogenitätsansatz ist die dann zugrunde liegende Annahme zunächst, dass Ort und Raum immer weniger oder sogar gar nicht mehr deckungsgleich sind. Pries beispielsweise diagnostiziert einen entsprechenden Wandel – weg von Einheiten, in denen das Räumliche und das Soziale selbstverständlich überlappen, wie es das Modell des Nationalstaats und das seiner Gesellschaft repräsentieren: „Jahrhundertelang hat die gegenseitige Einbettung sozialer Praktiken, Symbole und Artefakte in uni-lokalen geografischen ‚Containern' vorgeherrscht. Heute ist diese vollständige Überlappung des Sozialen und des Räumlichen fraglich" (Pries 2001, S. 3). Nach Pries resultiert dies in neuartigen Kombinationen von geografischem Ort und sozialem Raum: „‚Gestapelte' soziale Räume können an einem einzigen geografischen Ort existieren, und soziale Räume können sich über mehr als einen der kohärenten geografischen Containerorte verschiedener nationaler Gesellschaften erstrecken, wobei Letzteres in der Emergenz pluri-lokal gespannter, transnationaler Sozialräume als sozialen Realitäten resultiert" (Pries 2001. S. 3). Im ersten Fall bedeutet dies, dass sich an einem Ort, beispielsweise in einer Stadt, mehrere soziale Welten gleichzeitig und parallel befinden können, ohne dass zwischen ihnen Kontakt oder Austausch bestehen müsste; und im zweiten Fall, dass sich die sozial relevanten Kontakte eines Individuums nicht unbedingt an seinem aktuellen oder überhaupt an einem einzigen Ort befinden. Diese Verschiebungen zeigen an, dass Kollektive generell flexibler werden, und das gilt auch für die Forschung zu ihnen.

Ein entsprechender Fokus auf Differenz wird oft besonders gut in Arbeiten sichtbar, die sich Themen auf Mikro- und Mesoebenen zuwenden. Bevorzugte Gebiete vergleichsweise kleinteiliger Sozialanalysen, in denen Differenzkonzepte eine zentrale Rolle spielen, beziehen sich beispielsweise auf Aspekte von Migration, Transnationalisierung, Mobilität, Netzwerke oder (neue) Medien. Während solche empiriebasierten Studien oft erfolgreich einen klaren Rahmen für ihre spezifische Forschungsfrage entwickeln können und dabei interessante, wenn auch unvermeidlich auf den konkreten Gegenstand begrenzte Ergebnisse erzielen, erscheint das Problem, Differenz zu analysieren, schwerwiegender, wenn Begriffe auf Makroebene theoretisiert werden sollen, wie dies beispielsweise der Fall bei der Frage von Gesellschaft ist. Generell zeigt die Betrachtung gegenwärtiger Trends in der Soziologie, dass sich der Schwerpunkt der Balance (oder eher: des Ungleichgewichts) zwischen Homogenität und Heterogenität verschiebt, und zwar in Richtung der Vermutung, dass die Problematik der Heterogenität heute die wichtigere, dringendere ist.

Häufig wird dabei jedoch die bereits im Homogenitätskontext beschriebene Simplifizierungstendenz fortgeschrieben, da schlicht das Gegenteil betrachtet wird, statt Homogenität und Heterogenität genuin miteinander zu verbinden. Eine solche verkürzende Konzentration auf Heterogenität legt dann allerdings Wahrnehmungen einer vermeintlich überwältigend wirksamen Differenz nahe, und dies führt nur zu leicht zu pessimistischen Einschätzungen, zu Resignation – was interessanterweise oft in einer Reversion resultiert, also wiederum in einer Überbetonung von Homogenität, die gegen das ‚Zuviel' an Heterogenität gesetzt wird. Dies wird beispielsweise immer wieder in Zuwanderungs- und Integrationsdebatten deutlich. Aus theoretischer Sicht stellen sich damit also erneut die Probleme einer einseitigen Perspektive, wie sie in Kap. 5 am Fokus *Homogenität* dargestellt wurden. Somit scheint das Kernproblem nicht nur fortzubestehen, sondern potenziell sogar gesteigert zu werden: Extreme Auffassungen von Homogenität und Heterogenität werden nebeneinandergestellt und resultieren in Interpretationen, die letztlich keine Balancen herstellen können, welche für die Entwicklung eines sinnvollen und bearbeitbaren Prinzips von Gesellschaft erforderlich wären. Dieses Problem wird weiter dadurch verschärft, dass die Schwierigkeiten, die aus der Kombination beider Extreme resultieren, einen Rückzug auf vereinfachende normative Aussagen nahezulegen scheinen.

Im Folgenden werden nun einige grundlegende Aspekte des Konzeptes Differenz erörtert, beginnend mit einer Diskussion der theoretischen Folgen einer Überbetonung des Heterogenitätsprinzips. Das Argument wird dann anhand eines recht aktuellen und prominenten Beispiels fortentwickelt, nämlich an Zygmunt Baumans Vorschlag, Gesellschaft analog zu den von ihm aufgestellten Kriterien einer ‚flüchtigen Moderne' zu begreifen. Schließlich werden Konsequenzen für das Gesellschaftskonzept aus diesen Betrachtungen zusammengefasst.

6.1 Das Prinzip Differenz

Im allgemeinsten Sinne bezeichnet Differenz eine Variation zwischen zwei oder mehr Fällen jedweder Art. Sie steht dem Konzept der *Gleichheit* gegenüber, doch auch andere Gegenbegriffe können in etwas weiterem Sinne genannt werden, so beispielsweise *Ähnlichkeit* oder – als Prozessbegriff – *Konvergenz*. Die Funktion des Begriffes Differenz liegt vor allem in seinem Potenzial für Abgrenzung und Spezifizierung – und somit in seiner unterstützenden Wirkung bei Definitionen und Erklärungen im Allgemeinen. Seine Anwendungsbereiche sind entsprechend zahlreich. Hier ist besonders die Relation von Differenz und Konflikt von Interesse.

Differenz steht im Mittelpunkt von Existenz schlechthin, explizit von menschlicher Existenz und der damit verbundenen sozialen Kooperation. In diesem Sinne ist Tarde zuzustimmen, der bereits am Ende des neunzehnten Jahrhunderts feststellt: „Existieren heißt differieren. Die Differenz ist in gewissem Sinn das Wesen der Dinge, das, was ihnen zugleich völlig eigen und gemeinsam ist […]. Die Differenz ist das Alpha und das Omega des Universums" (Tarde 2009, S. 71 f.). Eine Möglichkeit, dies weiterzuführen, ist, anzunehmen, dass „im Niedergang der Moderne […] [das Soziale] schlicht Differenz selbst und ihre Akkumulation ist" (Friedman 1999, S. 241). Ansätze, die so stark den Heterogenitätsaspekt des Sozialen betonen, lassen sich auch mit Baudrillards Ideen und Terminologien zu Postmodernität verbinden, der „den statischen Begriff der Gesellschaft oder des Sozialen mit einer dynamischeren, flüssigen und symbolisch vermittelten Vorstellung von Gesellschaftlichkeit" (Outhwaite 2006, S. 36) kontrastiert. Dieser Startpunkt mag einigermaßen spektakulär sein, führt aber letztlich zu einer ‚Alles gleich'-Interpretation, die unterkomplex ist und das Argument lediglich rhetorisch radikalisiert. So mögen wir uns an diesem Punkt schon in eine solche gedankliche Sackgasse manövriert haben, dass man beinahe geneigt ist, Tarde recht zu geben, wenn er warnt, dass, obwohl Differenz der Startpunkt jeder Analyse sei, es angeraten sei, Abstand davon zu nehmen, es erklären zu wollen (siehe Latour 2005, S. 16; mit Verweis auf Tarde 1999).

Diese Position ist allerdings problematisch, weil sie der gesamten Diskussion eine völlig einseitige *Deklaration* von Heterogenität zugrunde legt. Das lässt Differenz letztlich so überwältigend erscheinen, dass sich vermeintlich nicht einmal der Versuch einer Definition des Sozialen, geschweige denn von Gesellschaft, lohnt. In normativer Hinsicht ist die Wahrnehmung von ‚ausschließlich Differenz' eng verbunden mit der Erwartung, dass Differenz gleichsam als ein Gegenmittel zu einer empfundenen Rigidität in allgemeiner Diskussion sowie in der soziologischen Theorie wirken kann. Latour und andere, wie beispielsweise Urry oder Beck, scheinen jedoch auf diese Weise eine Art ‚statischen Feindes' zu generieren, der ihnen eine Folie bietet, auf der sie jeweils ihr eigenes, teilweise hyperflexibles Gegenmodell des Sozialen entwerfen. Latour nimmt beispielsweise an, dass Probleme entstehen, „wenn 'sozial' einen Typus von Material bedeuten soll, als ob das Adjektiv auch nur entfernt mit anderen Begriffen vergleichbar wäre, wie ‚hölzern', ‚stählern', ‚biologisch', ‚ökonomisch', ‚organisatorisch' oder ‚linguistisch'" (Latour 2005, S. 1). Obwohl diese Perspektive die Rigidität des traditionellen Homogenitätsfokus natürlich zunächst durchbricht, basiert sie auf einer erheblichen Übertreibung und somit auf einem zumindest teilweise künstlich erstellten Kontrast.

Die prinzipielle Vorgehensweise, Konzepte zu flexibilisieren, scheint jedoch Teil eines Trends der soziologischen Diskussion zu sein. Das Konzept *Identität* zum Beispiel hat in dieser Richtung ebenfalls wichtige Modifikationen erfahren. Seine theoretischen Bearbeitungen sowie seine empirischen Anwendungen stellen zunehmend auf Aspekte wie Multiplizität, Varietät, Prozess und Wandel ab. Auch wird es nun auf potenziell mehrere Ebenen – auch gleichzeitig – bezogen, beispielsweise auf das Lokale, das Regionale, das Nationale und/oder das Globale. Wie bereits erwähnt, sind die Begriffe *Integration* und *Desintegration* durch *Inklusion* und *Exklusion* zumindest ergänzt, wenn nicht sogar teilweise ersetzt worden. Auch *Grenzen* werden zunehmend flexibel im Sinne bewusst gemachter Gestaltbarkeit interpretiert, was in z. T. kreativen Konzepten resultiert, wie beispielsweise dem der *Grenzländer* (*borderlands*, Saskia Sassen; hier dazu genauer Kap. 9). Als einer der grundlegendsten Ausgangspunkte für diese konzeptuellen Entwicklungen fungiert *Mobilität* und ihr radikaler historischer Wandel. Indem sie eine große Bandbreite von Formen annimmt, so beispielsweise in den Bereichen Kommunikation, Reisen oder Infrastruktur im Allgemeinen, unterstreicht sie die Bedeutung von Beschleunigung und Variation für das Soziale (dazu genauer in Kap. 11).

Prinzipiell sind diese theoretisch-konzeptuellen Entwicklungen zu begrüßen. Problematisch wird es erst, wenn Differenz zum übermäßig dominanten oder sogar exklusiven Element und Maßstab des Sozialen wird, wie oben bereits zusammenfassend erläutert. Dies kann weitreichende Konsequenzen für das Verständnis des Sozialen, und genauer: für die Konzeptualisierung von Gesellschaft haben. Als konkretes Beispiel wird dazu nun die Perspektive der *flüchtigen Moderne* betrachtet.

6.2 Heterogenität und Flüchtige Moderne

Das Konzept der flüchtigen Moderne, das Zygmunt Bauman zur Theoretisierung von Gesellschaft vorschlägt, bietet sich an dieser Stelle zur genaueren Betrachtung an, weil es ein spezifischer, klar umrissener und relativ aktueller Ansatz ist, an dem sich die anspruchsvolle Relation von Homogenität und Heterogenität sowie die Schwierigkeiten illustrieren lassen, die aus einseitiger Betonung letzterer entstehen können. Ähnliches gilt für die problematische, weil halb verdeckte Normativität, die dabei zum Tragen kommt. Die folgende Diskussion ist in drei Abschnitte unterteilt. Erstens wird der Heterogenitätsaspekt, den Bauman als Ausgangspunkt setzt, erläutert, und zwar mit einem Schwerpunkt bei Elementen, die spezifisch nützlich für die Erarbeitung eines allgemeinen Ansatzes der Gesellschaftstheorie sind. Zweitens stelle ich Baumans Vorschlag dar, ein Homogenitätselement zurück in die Diskussion zu bringen. Die zugrunde liegende These dazu ist: Während es fraglos sinnvoll ist, Gesellschaft als Kombination von Homogenität und Heterogenität vorzustellen, leidet Baumans Ansatz unter mehreren Problemen. Erstens ist die von ihm vorgenommene Prozedur – vor dem Hintergrund einer als übermäßig wahrgenommenen Heterogenität dann Homogenität ‚wieder hineinzubringen' – problematisch, weil sie beide Aspekte nicht genuin verbindet, sondern ihre vorgestellte jeweilige Isolation fortführt. Zweitens, und damit in direktem Zusammenhang stehend, ist Baumans Strategie kritisch zu diskutieren, beide Extreme überzubetonen und sie dann gleichsam über einen normativen Kleber wieder zu verbinden. Genauer: Sein Vorschlag, Republikanismus in dieser Funktion (wieder) einzuführen, verweist auf eine sehr spezifische und entsprechend recht begrenzte Herangehensweise an Heterogenität. Dieser Argumentationsverlauf wird punktuell durch Ideen weiterer Autoren komplementiert.

6.2.1 Heterogenität

Bauman entwickelt seine Vorstellung einer vermuteten Flüchtigkeit und Heterogenität gegenwärtiger Sozialformen auf der Basis einiger genereller Annahmen. Eine besonders bedeutsame ist dabei die Beobachtung einer fundamental gewandelten Beziehung zwischen Zeit und Raum, die er *Kompression* im Sinne von Verdichtung nennt: „In der Bezwingung von Raum muss Zeit nachgiebig und formbar sein, vor allem aber schrumpfbar" (Bauman 2000, S. 115; zu detaillierteren Ausführungen zu diesem Begriff siehe Harvey 1993). Anschließend an das, was zu Anfang dieses Kapitels in Bezug auf die sich wandelnde Beziehung zwischen Ort und Raum erläutert wurde, nimmt Bauman an, dass das Individuum örtlich immer weniger verwurzelt ist, da seine sozialen Zugehörigkeiten zunehmend fluktuieren. Dies werde von neuen Formen der Mobilität sowohl reflektiert als auch ihnen teilweise kausal zugeschrieben. Solche Vermutungen haben eine Gratwanderung zu bestehen, nämlich die zwischen der Annahme eines nur quantitativen Wandels der Bedingungen des Sozialen einerseits – also einer lediglich größeren Anzahl von sich schneller wandelnden sozialen Kontakten und Austauschbeziehungen – und andererseits der Vermutung, dass ein qualitativer Wandel vorliegt, der auch das grundlegende Wesen des Sozialen betrifft – dass wir uns heute also aufgrund von stark veränderten Bedingungen fundamental anders über wesentlich neue soziale Formen aufeinander beziehen. Es gibt interessante Argumente auf beiden Seiten dieser Diskussion, und Bauman scheint besonders zur letzteren zu tendieren.

Die dabei zugrunde liegenden prinzipiellen Annahmen, also eine abnehmende Verwurzelung des Individuums sowie entsprechende Folgewirkungen für Gruppen, werden von Bauman potenziert, indem er aktuelle soziale Formen aus dem metaphorischen Blickwinkel der ‚Flüchtigkeit' bzw. des ‚Flüssigen' betrachtet. Im Englischen wird der Begriff ‚*liquid* modernity', also ‚flüssige Moderne' benutzt – in der deutschen Übersetzung scheint mit ‚flüchtig' noch eine Steigerung an Flexibilität, die ja durchaus ausgedrückt werden soll, vorgenommen worden zu sein. Bauman stellt besonders die Flexibilität oder sogar Nichtgreifbarkeit in den Vordergrund, wenn er schreibt: „Flüssigkeiten können im Gegensatz zu Festem nicht ohne weiteres ihre Form halten. Flüssigkeiten fixieren sozusagen weder Raum, noch binden sie Zeit" (Bauman 2000, S. 2). Dieses Denkmuster überträgt er direkt auf soziale Formen, wenn er annimmt, dass „die gegenwärtige Situation aus dem radikalen Schmelzen von Fesseln und Handschellen entstand" (Bauman 2000, S. 11 f.), sodass „heute Muster und Konfigurationen nicht länger vorgegeben sind, schon gar nicht selbstverständlich; es gibt einfach zu viele von ihnen, die miteinander kollidieren und die Vorschriften des je anderen konterkarieren, so dass allen ein guter Teil ihrer [...] über Zwang begrenzenden Macht entzogen wurde" (Bauman 2000, S. 14). Dies hat einen unmittelbaren Einfluss sowohl auf die individuelle als auch auf die kollektive Ebene, genauer: es führt zu einer Verlagerung von Aufmerksamkeit, Relevanz und Bedeutsamkeit vom Kollektiven hin zum Individuellen. Erkennbar wird dabei eine Fortführung der Tradition einer prinzipiellen Differenzierung zwischen Gesellschaft und Gemeinschaft, einschließlich der bereits bekannten, mit ihnen jeweils korrespondierenden Bewertungen (siehe Kap. 2), aber auch Grundgedanken von Durkheim lassen sich wiederfinden.

Vor allem, und in einem unzweifelhaft positiven Sinn, öffnet Bauman mit diesem ersten Schritt seiner theoretischen Evaluation der Gegenwart das Soziale und Gesellschaft für eine grundlegende Neubearbeitung, und zwar über einen hoch-

6.2 Heterogenität und Flüchtige Moderne

gradig flexiblen Blick auf soziale Koexistenz. Der Verdienst dieses Vorschlags liegt in erster Linie in den folgenden Aspekten. Erstens distanziert Bauman das Soziale vom traditionellen Rahmen des Nationalstaates, wodurch seine Vorschläge direkt mit Globalisierung und Gesellschaft im offeneren Sinne verknüpfbar werden. Zweitens, und noch wichtiger, nimmt er eine Anerkennung von Differenz im Prinzip vor, indem er die Metapher von Flüssigem bzw. Flüchtigem heranzieht. In stärker normativen Begriffen ausgedrückt, verschiebt Bauman die Aufmerksamkeit von Einheit auf Vielfalt und legt dabei einen Fokus auf das Individuum. Indem er also die Grenzen-transzendierenden Eigenschaften gegenwärtiger Formen von Zugehörigkeit hervorhebt, berücksichtigt er die Möglichkeit hochgradig wandelbarer und gleichzeitig auftretender Zuordnungen zu mehrfachen sozialen Gruppen als Prinzip. In diesem Sinne nimmt er einen wichtigen Schritt der Distanzierung von der Interpretation sozialer Strukturen als eher statischen vor und entwickelt eine sehr sinnvolle Grundrichtung der Beschreibung und der potenziellen Analyse komplexer und sich ständig wandelnder Muster sozialer Formen. Genau dieser Aspekt ist es, den Bauman aus der Perspektive dieses Buches zentral zum soziologischen Denken zu Gesellschaft beiträgt. Damit folgt er natürlich sehr viel früheren Autoren, insbesondere Georg Simmel, beispielsweise hinsichtlich dessen Diskussion von Modernität oder der des Stadtbewohners.

An dieser Stelle erreicht Bauman eine wichtige Entscheidungssituation, bei der es um die Anwendung und die weitere Entwicklung seiner Hauptidee – der Flüchtigkeit des Sozialen – geht: Er muss entscheiden, ob er entweder seine beschriebenen eigenen Vorarbeiten direkt nutzen und eine Erklärung von Gesellschaft erarbeiten will, die er auf der Grundlage einer eindeutig de-nationalisierten Konzeption des Sozialen entwickelt und von Individuen und ihren Relationen her analytisch entwirft – oder ob er seinen ausgeprägten normativen Standpunkt in den Mittelpunkt stellt und primär beschreibt, wie die diagnostizierte soziale Flüchtigkeit zu einer moralisch verwerflichen Situation führt, für die er dann folgerichtig eine normative Lösung vorschlagen kann. Bauman entscheidet sich – aus meiner Perspektive: leider – für die zweite Option. Dies ist insofern nachvollziehbar, als dass sein hauptsächlicher Impetus das Angehen des Problems zu sein scheint, das er ‚in der Realität' sieht. Das heißt, er interessiert sich dafür, eine konkrete Lösung für einen Zustand des Sozialen anzubieten, den er offenbar als nahezu dysfunktional wahrnimmt, sicher aber als ‚falsch' – und sein Lösungsvorschlag lautet *Republikanismus*. Dadurch limitiert er jedoch das Potenzial seiner prinzipiell weiterführenden Idee der Flüchtigkeit des Sozialen für eine weitere, stärker analytische Theoretisierung – zumindest für seine eigene Arbeit.

Mit dieser Entscheidung hinsichtlich seiner Weiternutzung des Konzepts der Flüchtigkeit führt Bauman seine Idee von Differenz gezielt weiter, indem er postuliert, alles sei *Shopping*. Dies ist ein Wendepunkt in seiner Argumentation, hin zu einer expliziten und grundlegenden Kritik an der Moral der Gegenwartsgesellschaft, denn er interpretiert Shopping nicht beispielsweise als eine allgemeine kulturelle Form, die sich – vielfach modifiziert – eben auch in Sozialbeziehungen als übliches Muster finden lässt, sondern als eine prinzipiell *unmoralische* Aktivität. Er schreibt: „Wir shoppen außerhalb von Geschäften ebenso wie innerhalb; wir shoppen auf der Straße und zuhause, bei der Arbeit und in der Freizeit, im Wachen und in Träumen. Was auch immer wir tun und welchen Namen wir dem auch immer geben, unsere Aktivität ist eine Art von Shopping, eine Aktivität, die nach dem Abbild des Shopping geformt ist" (Bauman 2000, S. 73). Das hat unvermeidlich einen erheblichen Einfluss auf den Charakter sozialer Beziehungen, die dadurch kühl und unverbindlich würden: „,Cool' bedeutet ,Flucht vor Gefühl', vor der Unordnung wirklicher Intimität, hinein in die Welt des schnellen Sex, der leichtfertigen Scheidung und nicht besitzergreifenden Beziehungen" (Bauman 2008, S. 52, mit Bezug auf Pountain und Robins 2000). Zusammengefasst: „Wir leben in Zeiten des Losgelöstseins" (Bauman 2008, S. 127), und entsprechend gilt: „Die meisten der beständigen und solide verankerten Orientierungspunkte, die einen haltbareren, sichereren und verlässlicheren sozialen Rahmen als die Spanne eines individuellen Lebens suggeriert haben, gibt es nicht mehr" (Bauman 2008, S. 47). Bauman sieht in einem neuen Typus von Elite die Vorboten dieser allgemeinen Entwicklung: „Die Welt, die von der neuen Elite bewohnt wird, ist (..) nicht mehr über ihre permanente Adresse definiert (im altmodischen physischen oder topografischen Sinne). Ihre Welt hat keine ,permanente Adresse', außer der von Emails und der Mobiltelefonnummer. Die neue Elite ist nicht durch irgendeine Lokalität definiert: Sie ist tatsächlich und vollständig exterritorial" (Bauman 2008, S. 54). Wieder werden darin eine enge Verbindung zum nun bereits geläufigen Nexus von Gesellschaft und Gemeinschaft sowie seine vermeintlichen normativen Implikationen erkennbar, ebenso wie die Relevanz des bereits mehrfach erwähnten Raum-Ort-Zeit-Themas.

Wir kehren nun zu einer breiter angelegten Diskussion zurück, die den Einfluss von Baumans akademischem Denken mit Bezug auf die beiden Aspekte des Individuellen und des Kollektiven sowie ihre Relation thematisiert. Hinsichtlich des Individuums ist seine generelle Annahme also offensichtlich eine Entwicklung hin zu Oberflächlichkeit. Bosshart beispielsweise nimmt einen Aspekt individueller Identität in diesem Kontext in den Blick, den er ,Identitätssimulation' nennt. Er vermutet, dass ,persönliche Fitness' immer weniger bedeuten wird, „ein starkes Ich zu entwickeln, sondern in virtuellen Beziehungen zu leben und multiple Identitäten zu pflegen", sich also ,breit aufzustellen' statt ,tief zu verankern', vor allem also der Designer der eigenen Oberfläche zu werden (Niethammer 2000, S. 32; mit Referenz zum Schweizer Management Consultant David Bosshart). Auch nach Bauman ist das Ziel dann, „nicht die Identität festzulegen – sondern Festlegung zu vermeiden" (Bauman 1997, S. 89).

Wenn man diesem Bild bzw. dieser Konstruktion des Individuums zustimmt, muss man auch das Soziale und Gesellschaft entsprechend darauf abstimmen. Für Bauman ist die Konsequenz den Begriff der Gesellschaft vollständig fallen zu lassen. Er hält es für sinnvoll, stattdessen die mutmaßlich nicht nur quantitativ sondern auch qualitativ neuartigen Konstellationen des Sozialen unter dem Begriff der *Vergesellschaftung* zu fassen, was ihren hochgradig flexiblen und prozessualen Charakter widerspiegeln soll. Dies ist, wie in Kap. 3 ausgeführt, ein Simmelscher Begriff, allerdings von Bauman deutlich abweichend inhaltlich belegt. Der prinzipielle Vorschlag eines Verzichts auf den Gesellschaftsbegriff entspricht bereits erwähnten Positionen, so beispielsweise denen von John Urry oder Ulrich Beck, und wird im abschließenden Abschnitt dieses Kapitels noch einmal ausführlicher aufgegriffen. Für den Moment gilt als Hauptfrage, warum Bauman und andere sich für eine solch weitreichende Nicht-Konzeptualisierung von Gesellschaft entscheiden, die auf einer offensichtlich überkonstruierten Rolle von Heterogenität und entsprechend überzeichneten menschlichen Beziehungen basiert. Zumindest in Baumans Fall (aber auch hinsichtlich Becks Diskussion eines europäischen Kosmopolitismus, wie er in Kap. 10 detailliert besprochen wird) ist anzunehmen, dass die Entscheidung durch einen sehr spezifischen Fokus begründet ist. Dieser liegt eben nicht unbedingt und dezidiert bei der Entwicklung eines Bausteins für die Sozialtheorie. Obwohl Bauman dies auch anbieten möchte, liegt seine Priorität eindeutig bei einem politischen Statement. Mit dieser Blickrichtung führt er gleichzeitig eine besondere Homogenitätsidee in sein Denkgebäude zum Sozialen ein.

6.2.2 Wiedereinführung von Homogenität

Die spezifische Wahrnehmung bzw. Konstruktion einer irgendwie überwältigenden Heterogenität, die Bauman bietet, und die in Prinzipien von extremer Volatilität des Sozialen resultiert, zwingt ihn nahezu, explizit einen Aspekt von Homogenität in seine Gesamtkonstruktion zu (re-)integrieren. Denn wenn die soziale Welt tatsächlich so ist, wie er sie beschreibt, also wurzellos, konfus und letzten Endes willkürlich, dann muss er dem Publikum geradezu eine Art Gegengewicht anbieten, also eine Lösung des von ihm konstatierten und so dringend gemachten Problems. In diesem Sinn könnte man annehmen, dass der Grund für die offensichtliche Überkonstruktion von Differenz – vor allem, wenn sie mit einer umfassenden moralischen Kritik versehen wird – vor allem in der Funktion einer regelrecht produzierten Folie liegt, die als Grundlage zur dann folgenden Ausarbeitung der eigentlichen, normativen Ziele dient.

Wie bereits erwähnt, lässt sich Baumans Argument relativ direkt auf die bekannte Diskussion von Gemeinschaft *versus* Gesellschaft zurückführen, in der Gesellschaft traditionell Kritik hinsichtlich einer vermuteten Wurzellosigkeit des Menschen und entsprechender Anonymität erfährt, was nun im Bild der Flüchtigkeit aufgegriffen und potenziert wurde. Mit der deutlichen Kritik, die Bauman daran übt, scheint dieser Aspekt erledigt, und einem bereits bekannten Muster folgend bleibt damit für ihn nur noch die Aufgabe, den Gemeinschaftsaspekt zu entwickeln. Und tatsächlich nimmt er eine wachsende Suche nach Gemeinschaft wahr, was er als eine Art der sozialen Neurahmung des Individuums durch eine Form von Gruppenzugehörigkeit versteht, die so umfassend wie möglich sein sollte. Bauman geht davon aus, dass heute die Verbindung zwischen dem Individuum und Kollektiven nur extrem ambivalent sein kann: „Gesellschaft ist heute in erster Linie die Bedingung, derer Individuen stark bedürfen, die sie aber schmerzlich vermissen – in ihrem vergeblichen und frustrierenden Ringen darum, ihren De-jure-Status wieder in eine genuine Autonomie und Kapazität für Selbstbehauptung zu wandeln" (Bauman 2000, S. 41). Was kann für Bauman dann die Verbindung sein, die das Individuum genuin zurückbindet an das Kollektive? Interessanterweise, jedoch sicherlich seinem generellen moralischen Ansatz entsprechend, bietet er der Leserin und dem Leser zwei Optionen von Kollektivität im Zeitalter der flüchtigen Moderne. Es überrascht nicht, dass diese beiden Optionen stark antithetisch sind. Nach Bauman kann Gemeinschaft entweder über oberflächliche Zugehörigkeitsgefühle konstruiert werden, die schlicht auf Konsum beruhen – genannt *Gemeinschaft der Konsumenten* – oder aber als moralisch hoch zu schätzende politische Form, genannt *Republikanismus*.

Für das erste Szenario, die Gemeinschaft der Konsumenten, skizziert er kritische „den Traum der ‚Gemeinschaft der Ähnlichkeit' als einer Projektion der Selbstliebe. Das ist auch ein krampfhafter Versuch, die Konfrontation mit irritierenden Fragen ohne gute Antworten zu vermeiden" (Bauman 2000, S. 181). Diese dezidiert oberflächliche Bindungsform kann, nach Bauman, jedoch nur sehr kurzfristige Gefühle, oder besser: Illusionen, der Zusammengehörigkeit generieren, die weitgehend künstlich hervorgerufen werden (siehe Bauman 2000, S. 200). Derartige Erfahrungen von Kollektivität und ihre Ausdrucksform *Spektakel* erleben Menschen, wie Bauman schreibt, ‚in ihren Tempeln', genauer: in Shopping-Malls (Bauman 2000, S. 98 ff.). Die Merkmale der Oberflächlichkeit und Flüchtigkeit charakterisieren diesen Typus der Kollektivität also ausgesprochen umfassend. Auf individueller

6.2 Heterogenität und Flüchtige Moderne

Ebene repräsentiert er entsprechend den generellen Charakter der Einzelnen. Die Shopping-Mall entspricht aufgrund der weitgehenden Austauschbarkeit des konkreten Standortes sowie der dort angebotenen, industriell hergestellten Waren eher dem Modell des Raumes denn dem des Ortes. In der Zeitdimension wird das Bild verstärkt durch die charakteristische Kurzlebigkeit – des Spektakels, des Konsums und der Warendauer. All dies fließt zusammen in Baumans Annahme, dass das typische soziale Muster der (Konsum-)Gemeinschaftserfahrung heute ist wie „die Attraktionen eines Themenparks [:] die Bindungen ästhetischer Gemeinschaften sind zu ‚erfahren', und zwar an Ort und Stelle – nicht mit nach Hause zu nehmen und in der alltäglichen Routine zu konsumieren. Man könnte sagen, sie sind ‚Karnevalbindungen', und die Gemeinschaften, die sie rahmen, sind ‚Karnevalgemeinschaften'" (Bauman 2008, S. 71 f.). Dies erinnert an Gerhard Schulzes Konzept der *Erlebnisgesellschaft* (1992). Schulze ist jedoch explizit nicht an moralischen Beurteilungen interessiert, sondern bietet eher unterhaltsame Beschreibungen verschiedener sozialer Milieus und ihrer soziologisch-konzeptuellen Verdichtung zu Erlebnismustern. Bauman dagegen verschiebt damit seine Beschreibung von Oberflächlichkeit und Bedeutungslosigkeit, die er mit Bezug auf eine Mikroebene und für kleinformatige Sozialbeziehungen beschrieben hat, akkurat auf die Mesoebene von Gruppenerfahrungen. Dadurch intensiviert er jedoch lediglich das geschilderte Problem, ohne der Leserin und dem Leser die immer stärker herbeigewünschte Lösung für diese ‚Sodom und Gomorrha'-Perspektive auf die Welt anzubieten. Das bedeutet: Mit der Skizzierung dieser ersten Gemeinschaftsinterpretation bereitet er sich vor allem den Weg zur Darstellung der für ihn eigentlich legitimen und darin einzigen Lösung: Republikanismus.

In Baumans Wahrnehmung basiert Republikanismus – sein zweites Szenario – auf Zivilität bzw. Verbindlichkeit, was er definiert als die Fähigkeit, „mit Fremden zu interagieren, ohne ihnen ihre Fremdheit anzulasten und ohne sie dazu zu drängen, sie aufzugeben oder manche oder alle Eigenschaften, die sie überhaupt erst zu Fremden gemacht haben, zu verleugnen" (Bauman 2000, S. 104 f.). Damit drückt er aus, dass Differenz in einem positiven Sinne berücksichtigt werden sollte, wenn republikanische zivile Einheit konzeptualisiert wird – was allerdings lediglich eine normative Forderung ist, die ohne theoretisch-konzeptuelle Substanziierung verbleibt.

Gleichzeitig, und das ist von besonderer Bedeutung für die Perspektive dieses Buches, nennt Bauman seine Vorstellung ein republikanisches Modell der *Einheit,* womit er letztlich einen Homogenitätsaspekt in den Mittelpunkt rückt. Seiner Meinung nach ist die Aufgabe, eine „Kunst des Verhandelns von *gemeinsamen* Interessen und *geteiltem* Schicksal" (Bauman 2000, S. 106; Herv. A. S. K.) zu entwickeln. Auf dieser Grundlage sieht er eine Möglichkeit für die Entstehung einer „emergenten Einheit, die eine gemeinsame Errungenschaft der Akteure ist […], eine Einheit, die ein Ergebnis gemeinsamen Lebens ist, keine von vornherein gegebene Bedingung, eine Einheit, die durch Verhandlung und Versöhnung entsteht, nicht durch ein Verleugnen, Erdrücken oder Ersticken von Differenzen" (Bauman 2000, S. 178). Indem er dies auf seine Idee des Republikanismus bezieht, schlussfolgert Bauman: „Ich möchte vorschlagen, dass sie die einzige Variante von Einheit (die einzige Formel von Zusammensein) ist, die die Bedingungen der flüchtigen Moderne […] plausibel und realistisch machen" (Bauman 2000, S. 178).

6.2.3 Eine normative Verbindung von Homogenität und Heterogenität

Baumans Vorgehensweise ist es also, verschiedenartige Elemente kontrastiv nebeneinanderzustellen, und zwar solche, die entweder durch extreme Heterogenität oder durch ausgeprägte Homogenität gekennzeichnet sind. Diese Exzessivität in beide Richtungen ist auffallend, jedoch kein Alleinstellungsmerkmal seiner Arbeit. Um die Kritik zusammenzufassen: Baumans Position ist durch seinen Rückzug auf die Extreme zu statisch. Einerseits sind soziale Beziehungen nicht in dem Ausmaß flüchtig, wie Bauman es beschreibt. Andererseits sind soziale Gruppen weder schlicht beliebig und prinzipiell kurzlebig, wie in der von ihm vorgeschlagenen Gemeinschaft der Konsumenten, noch nehmen sie notwendig die Form der von Bauman präferierten Einheit über Republikanismus an. Indem Bauman sich so auf Extreme ausrichtet, riskiert seine Perspektive, andere, nicht unbedingt rigide, aber dennoch potenziell relativ robuste Typen und Fälle sozialer Bindung zu vernachlässigen. Auch werden weitere Arten von Kollektivität aus dem Blick verloren, indem Bauman ausschließlich seine Idee des Republikanismus als legitime – und, seiner Meinung nach, auch als einzig realistische! – Art ‚guter Kollektivität' anerkennt. Zu diesen übersehen Kollektivtypen gehören beispielsweise solche, die auf politischen Überzeugungen und/oder starkem Glauben an etwas basieren, die manchmal eher in zugeschriebenen denn in erworbenen Eigenschaften gründen, und die ein Potenzial für erheblich stärkere politische Konsequenzen haben, als das normalerweise auf Konsumgemeinschaften zutrifft, beispielsweise sich ethnisch begründende Gruppierungen. Auch in diesem Sinne ist es unzureichend, Gruppen, die auf (der Wahrnehmung von) irgendwelchen Ähnlichkeiten aufbauen, prinzipiell abzulehnen, denn es ist unverkennbar, dass sie eine Bandbreite von durchaus effektiven Formen annehmen können und ganz offensichtlich immer wieder als relevante Rahmen angesehen und zur Kollektivbildung herangezogen werden.

So macht Baumans eigentlich politischer Ansatz gerade das zentrale politische Element des Sozialen unsichtbar. Statt Dissens und Konflikt als anhaltend konstitutive Elemente des Sozialen und spezifischer: des Politischen, zu unterstreichen und zu analysieren, und statt systematisch die notwendig offene Entwicklungsrichtung solcher sozialen Prozesse einzubeziehen, nennt er Anerkennung von Differenz nur als normativen Imperativ und strebt von vornherein einen Kurs an, der auf ‚gemeinsames, geteiltes Schicksal' und letztlich auf Harmonie angelegt ist sowie auf einer sehr spezifischen, sicherlich kritikwürdigen Kombination von Differenz und Rationalität basiert. In einem ganz grundlegenden Sinne bringt uns dies zurück zum Thema der Kombination von Homogenität und Heterogenität: Wie kann Baumans Forderung nach dieser spezifischen, notwendig ortsgebundenen Form eines Republikanismus kompatibel gemacht werden mit der von ihm gesetzten, unantastbaren, vermeintlich universellen normativen Basis? Allgemeiner formuliert: Ist in einem Gedankengebäude, das so stark mit Extremen operiert, überhaupt Raum für eine – theoretische und empirische – Verbindung der beiden? Das scheint nicht der Fall zu sein. Entsprechend zieht sich Bauman zunächst scheinbar bewusst auf eine normative Aussage zurück, die er in einer politischen Idee statt in einer soziologischen Form rahmt. Für seine primär normativen Ziele konstruiert Bauman also zunächst explizit eine breite Kluft zwischen seinen beiden Grundtypen ‚Konsumgemeinschaft' und ‚Republikanismus'. Insgesamt ist sein Text durchzogen mit normativen Anmerkungen, wie beispielsweise die folgende Charakterisierung der Gegenwartsgesellschaft zeigt: „Der Ort mag physisch überfüllt sein, aber dennoch wegen seiner moralischen Leere angsteinflößend und abstoßend sein" (Bauman 2008, S 46). Durch die konzeptuelle Erstellung dieser Kluft und ihre Kulmination erhält der normative Kommentar jedoch eine andere Qualität: Er wird zum Dreh- und Angelpunkt der gesamten Perspektive.

Dies ist völlig legitim, wenn das Hauptziel, wie hier angenommen, ist, ein normatives politisches Statement abzugeben, also auszudrücken, wie die Welt sein *sollte*. In diesem Sinne verlangt Bauman von seiner Leserin und seinem Leser, an seinen Republikanismus *zu glauben*. Aus meiner Sicht verlangt er damit jedoch zu viel von seinem Publikum, während er andererseits zu wenig von seinem Konzept – der Flüchtigkeit des Sozialen – erwartet. Indem Bauman seine Ausgangsidee der Flüchtigkeit bzw. Verflüchtigung von Gesellschaft nicht systematisch in die Weiterentwicklung seines Ansatzes integriert, wird die grundsätzlich sehr wertvolle Flexibilitätssteigerung, die er in seinem ersten Schritt vorgenommen hatte, konzeptuell verschenkt. Die zentrale Idee von Differenz und ihre potenziell umfassende Rolle für Gesellschaft bleiben analytisch ungenutzt.

Dies ruft schließlich den Eindruck hervor, dass vor allem eine ausgeprägt konservative Kritik angeboten wird. Noch einmal: Dies mag sehr wohl Baumans persönlichem Anspruch der Entwicklung einer Sozialkritik der Gegenwartsgesellschaft entsprechen – und wenn das der Fall wäre, würde er, wenn auch stark zugespitzt, einer etablierten Tradition von Soziologen folgen, die ihre eigene Rolle *auch* im Sinne einer Verantwortung zur Warnung vor Risiken und Problemen der eigenen Zeit interpretiert haben. Beispiele dafür sind vor allem der bereits mehrfach erwähnte Ferdinand Tönnies mit seiner Unterscheidung von Gemeinschaft und Gesellschaft, Émile Durkheims Studie zum Selbstmord als Folge sozialer Anomie, oder Max Webers eiserner Käfig der Bürokratie. Dabei hat sich allerdings niemand so explizit wie Max Weber von politisch-ideologischer Lehre abgegrenzt (Weber 1988).

6.3 Zwischenfazit: Theoretische Konsequenzen der Überbetonung von Heterogenität

Wie in Kap. 5 gezeigt, ist es ganz offensichtlich immer weniger angemessen, Gesellschaft auf der Grundlage einer vermuteten Gleichheit oder einer eindimensional verlaufenden Konvergenzbewegung zu konzipieren – oder spezifischer ausschließlich der Form einer Nationalstaatsgesellschaft entsprechend. Die Erkenntnis, dass der Homogenitätsaspekt nicht (mehr) der einzig gültige ist, trägt jedoch ein beträchtliches Risiko. Viele Autoren übertreiben diesen Aspekt nun, indem sie Heterogenität zum dominanten, wenn nicht gar einzig relevanten Charakteristikum des gegenwärtigen Sozialen erklären. Das kann weitreichende Konsequenzen haben.

Beim hier im Mittelpunkt stehenden Begriff Gesellschaft ist dies beispielsweise zu beobachten, wenn Akademikerinnen und Akademiker vermuten, dass der Gesellschaftsbegriff angesichts einer zunehmend machtvollen Herausforderung durch Differenz überholt sei. Schon 1981 schrieb Tenbruck: „Das zentrale Problem einer Wissenschaft von der Gesellschaft ist heute gerade die Tatsache, dass sich die großen gesellschaftlichen Mächte der Gegenwart nicht mehr in der ‚Gesellschaft' unterbringen lassen [...]. Wir haben uns heute zu fragen, ob es die Gesellschaft, von der die Soziologie mehrheitlich redet, überhaupt gibt" (Tenbruck 1981, S. 348). Neueren Datums ist Latours Anmerkung: „Es ist nicht mehr klar, ob Beziehungen existieren, die spezifisch genug sind, um ‚sozial' genannt zu werden, und die gruppiert werden könnten zu einer speziellen Domäne, die als ‚eine Gesellschaft' funktionieren könnte. Das Soziale scheint sich nach Überall und Nirgendwo aufgelöst zu haben" (Latour 2005, S. 2). Daraus leitet er ab, man müsse akzeptieren, dass „es nichts Besonderes an sozialer Ordnung gibt; dass es keine soziale Dimension irgendeiner Art gibt, keinen 'sozialen Kontext', keinen

6.3 Zwischenfazit: Theoretische Konsequenzen der Überbetonung ...

eigenständigen Bereich der Realität, dem das Label 'sozial' oder; ‚Gesellschaft' zugeordnet werden könnte; dass keine ‚soziale Kraft' vorhanden ist [...], dass ‚Gesellschaft', weit entfernt davon, der Kontext zu sein, ‚in dem' alles gerahmt ist, eher konstruiert werden sollte als eins der vielen verbindenden Elemente, die in winzigen Verbindungen zirkulieren" (Latour 2005, S. 4 f.).

Bei einer Reihe von Autorinnen und Autoren kulminiert dies in einer unumwundenen Ablehnung des Begriffs Gesellschaft. Bauman glaubt zum Beispiel: „eine Leere gähnt an dem Punkt, der früher von ‚Gesellschaft' besetzt war" (Bauman 2008, S. 112) und plädiert für eine Abschaffung des Begriffs. Und Ulrich Beck (1944–2015) stimmt mit ihm darin überein, dass Gesellschaft ein überholtes Konzept sei, eine ‚Zombiekategorie': „Beck schreibt von einem 'epochalen Bruch' des Gesellschaft-Staat-Konzeptes, in dem Sinne, dass Konzepte wie Nation und Klasse ‚Zombiekategorien' seien, weil sie zwar tot sind, aber dennoch irgendwie weiterleben und uns blind machen für die Realitäten unserer Leben" (Ray 2007, S. 50 f.; mit Bezug auf Beck 2000). Ein weiteres Beispiel ist, wie bereits erwähnt, Urry, der dafür plädiert, den Begriff durch *Mobilität* zu ersetzen (dazu Genaueres in Kap. 11). Aus einem thematisch etwas anders gelagerten Blickwinkel, aber sehr ähnlich motiviert, geht Freitag von einer Aufhebung der Unterscheidung zwischen dem Öffentlichen und dem Privaten aus. Er nimmt an, dass „die klassischen Unterscheidungen zwischen Staat und Zivilgesellschaft [...] ausgelöscht (sind); [dass] die Unterscheidung zwischen politischem Imperium und privater Gewalt Platz macht für die rein kontingenten und pragmatischen Hierarchien, die durch 'Machtbeziehungen' konstituiert werden; [dass] die politische 'öffentliche Sphäre' zu einem 'Medienraum' wird; [dass] Macht zu 'Einfluss' wird; [und dass] Legitimität mit der Mobilisierung von ‚Motivationen' identifiziert wird" (Freitag 2002, S. 188). Das habe dazu geführt, dass „Gesellschaft (verstanden als eine im Vorhinein gegebene Totalität, die einen Subjektcharakter, transzendentalen Wert und eine eigene Identität hat) in ein rein empirisches ‚soziales System' transformiert wurde, dessen Einheit nun nur im Nachhinein existiert. Dann wird Gesellschaft durch das Soziale ersetzt, verstanden als empirisch-statistisches Set aller ‚existierender sozialer Beziehungen', und ausschließlich aus der Perspektive sozialer ‚Akteure', ‚Handelnder', ‚Partner' oder ‚Bewegungen'" (Freitag 2002, S. 188).

Ohne Zweifel werden all diese Ableitungen auf der Wahrnehmung einer irgendwie überwältigenden Differenz gegründet, was als substanzielles Problem interpretiert wird. Dies führt zu letztlich defensiven Positionen, auch im theoretischen Denken über das Soziale und Gesellschaft. So ist es kein Zufall, dass sämtliche der genannten Autoren auf das Konzept des Nationalstaates zurückgreifen – um es dann als Gegenstück für ihre konzeptuellen Vorschläge zu nutzen.

Urry schreibt beispielsweise, dass „das Konzept der Gesellschaft überhaupt nur sinnvoll ist, wenn solche Gesellschaften in die Analyse des Systems von Nationalstaatsgesellschaften eingebettet sind" (Urry 2000, S. 11). Nur dann könne Gesellschaft „lose definiert werden als der Komplex von Beziehungen zwischen den wichtigsten sozialen Institutionen innerhalb eines spezifischen, staatlich gefassten Territoriums. Gesellschaft korrespondiert mit dem Nationalstaat" (Urry 2004a/1995, S. 128). Einerseits ist es ein wenig überraschend, dass Urry auf einer solch statischen Interpretation von Gesellschaft besteht, ihn also ausschließlich mit dem Rahmen des Nationalstaates und seinen Institutionen verbindet. Andererseits ist dies jedoch nur ein Beispiel von vielen, die anzeigen, dass Autoren sehr oft bereit sind, den Gegenpart zu ihren eigenen Ideen sehr weitgehend selbst herzustellen, um letztere möglichst klar profilieren zu können. In Urrys Fall resultiert das in einer relativ künstlichen Steigerung der Differenz zwischen altmodischem Nationalstaat und gegenwärtigen Ideen von primär auf Individuen basierender Komplexität und Mobilität als Substituten von Gesellschaft. Im Fall von Becks Vorschlägen wird auf diese Weise – grob gesprochen – ein Instrument generiert, das die Relevanz seiner eigenen Konzepte *Individualisierung* und *Risiko* steigern soll, während Bauman es benutzt, um die Bedeutsamkeit seiner normativen Lösung, des *Republikanismus,* zu unterstreichen.

Das Problem solcher Positionen ist, dass sie das Konzept von Gesellschaft lediglich zurückweisen und vor allem herausarbeiten, was ihrer Meinung nach mit dem Konzept *nicht* geleistet werden kann – und somit bleibt nur der Vorschlag, es zu deklassieren. Damit geht in solchen Ansätzen das Element der Analyse des Konzeptes an sich weitgehend verloren. Dabei sind sie – das sei ihnen unbenommen – in der Regel ästhetisch ansprechend, weil einfach alles letztlich variabel, flüchtig und damit auf diese eigene Art wiederum stark regelhaft erscheint. Dies kann die gewünschte Aussage sein, gegen die an sich nichts spricht. Doch das darin enthaltene Element des Zufälligen bedeutet, dass über ein entsprechendes Statement hinaus keine Theoretisierung möglich ist. Das hieße also, dass wir uns selbst die Gelegenheit nähmen, jedwede bedeutsame theoretische Analyse jenseits einer einfachen Beschreibung von Ereignissen, die scheinbar zufällig stattfänden, durchzuführen. So ist beispielsweise Latours Maximalvorstellung eines sozialen Musters das einer „Spur von Assoziierungen zwischen heterogenen Elementen", was ihn dazu bringt, Soziologie (um-) zu definieren als „nicht die ‚Wissenschaft des Sozialen', sondern als Aufzeichnen von Spuren von Assoziationen" (Latour 2005, S. 5).

Doch stellt die Frage nach der Theoretisierung natürlich keinen Selbstzweck dar. Im Kern ist kritisch zu fragen, ob die Idee völliger Flüchtigkeit *empirisch* zutreffend ist. Das ist zu bezweifeln, denn tatsächlich können wir Muster und

6.3 Zwischenfazit: Theoretische Konsequenzen der Überbetonung ...

spezifische Strukturen im sozialen Leben erkennen – auch jenseits von ‚winzigen Verbindungen'. Entsprechend halte ich das Hinzufügen einer gleichsam minimalen Dosis des Gegenkonzepts Homogenität im Sinne von Ähnlichkeit, die sich in jeweils mehr oder weniger beständigen Musterbildungen ausdrückt, für fundamental wichtig, gerade um die erklärende Kraft von Differenz maximal herausarbeiten zu können. Vor diesem Hintergrund ist Latour sicher recht zu geben, wenn er – allerdings auf die Ebene des Individuums beschränkt – auf die zwei Seiten *Rigidität* und *Flexibilität* des Sozialen im Sinne zweier Aspekte von Homogenität und Heterogenität verweist: „Das gleiche Repertoire, das dich so gut ausrüstet, deinen Weg durch die Gesellschaft zu finden, paralysiert dich in Krisenzeiten" (Latour 2005, S. 248) – und doch sind beide Elemente vonnöten. Zusammengefasst: Trotz der Tatsache, dass diese Beispiele auf der Basis verschiedenartiger Begrifflichkeiten operieren, handelt es sich übereinstimmend um eine scharfe Wendung hin zum Heterogenitätsprinzip, also eine recht einheitliche Argumentationsrichtung, die durch konzeptuelle Eindimensionalität und ein erstaunliches Maß an Uniformität charakterisiert ist.

Kritik an diesem einseitigen Fokus auf Heterogenität findet sich vereinzelt, so beispielsweise bei Outhwaite, der mit Bezug auf Urry schreibt, dass „die Verschiebung zu einer globalen Ontologie von Mobilitäten, Strömen [...] der anhaltenden Realität gesellschaftlicher Institutionen auf nationalen, sub-nationalen und supranationalen Ebenen nicht gerecht" (2006, S. 48) werde. Ein Argument von Shaw weist in eine ähnliche Richtung: „[W]ir könnten solche Konzepte [wie Gesellschaft] vollständig ablehnen. Wir könnten argumentieren, dass es nur soziale und kulturelle Beziehungen und vielfache Netzwerke solcher Beziehungen gibt. Wir könnten auch behaupten, dass es ideologisch und illusorisch sei, diese als Relationen innerhalb und zwischen spezifischen Einheiten zu konzeptualisieren, denn dies reifiziere Grenzen. Das ginge aber zu weit: Soziales Leben war immer schon und ist anhaltend geprägt durch partikularistische Konzepte. Grenzen sind zwar relativ, aber real. Entsprechend ist es teilweise sinnvoll, von beispielsweise britischer, kurdischer oder Zulu-Gesellschaft sowie von vielen anderen Netzwerken und Subkulturen subnationaler und transnationaler Arten zu sprechen" (Shaw 2000, S. 175 f.). Diese Kommentare machen deutlich, dass es zweckmäßig ist, Herstellung und Wahrnehmung von Spezifität sowie Abgrenzungsprozesse auch weiterhin als Bestandteile des Sozialen generell zu berücksichtigen und offen zu bearbeiten. Definitionsprozesse zu Regeln und Mustern von Ein- und Ausgrenzung finden fortlaufend statt, ebenso wie Bedeutungsherstellungen zu vielfältigen dazugehörenden konzeptuellen Elementen, wie *das Individuum,* oder Rahmungen, wie *Menschheit,* im Sinne von Komponenten, die das Soziale und Gesellschaft konstituieren. Solche Definitionsprozesse können jedoch fraglos auch weniger strikt und eindimensional sein als sie mit Bezug auf den Nationalstaat weiterhin konzipiert werden. Darüber hinaus werden multiple Zugehörigkeiten zu verschiedenen Gruppen oder Kollektiven im allgemeineren Sinne zunehmend alltäglich und als ‚normal' anerkannt.

Obwohl das Element der Differenz heute offensichtlicher wird, ist festzuhalten, dass die Vorstellung einer idealtypischen Nationalstaatsgesellschaft zu keinem Zeitpunkt eine eindeutige empirische Grundlage gehabt hat. Das reduziert dieses Modell auf einen von mehreren Vorschlägen, Formen von Gesellschaft in der Welt zu verstehen – und öffnet Gesellschaft generell als Objekt soziologischer Analyse. Damit bleibt die Aufgabe bestehen, ein konsistentes theoretisches Modell von Gesellschaft im Raum zwischen Homogenität und Heterogenität zu entwerfen, genauer: am Punkt, an dem sich beide Aspekte genuin vermischen.

Globalisierung 7

Ist gerade unter Globalisierungsbedingungen Gesellschaft überhaupt noch denkbar? Diese Frage wird immer wieder gestellt. Skeptisch hat sich beispielsweise Tenbruck dazu geäußert. Er konstatiert Entwicklungen wie Internationalisierungsprozesse, Kulturdiffusionen, internationale und globale Verbindungen und Organisationsformen sowie multiple Zugehörigkeiten und argumentiert: „Hier liegen doch die soziologisch entscheidenden Tatsachen, die großen Veränderungen und Fraglichkeiten, für die uns der Begriff der Gesellschaft die Augen versperrt. An diese neuen Orientierungen, Mächte, Prozesse, Vorgänge, Zentren kann eine Soziologie, die sich an ‚Gesellschaften' orientiert, gar nicht herankommen" (Tenbruck 1981, S. 349), im Kern: weil sie zu unflexibel zu sein scheint.

Von Globalisierung besteht eine enorme Zahl an Verständnissen und entsprechenden Konzeptualisierungen. Dies kann einerseits zu einer gewissen Verwirrung beitragen, doch andererseits verweist gerade die Tatsache, dass es so viele Interpretationen und Definitionen gibt, darauf, dass Globalisierung aktuell ein Thema von sehr großem Interesse ist, das als unmittelbar relevant eingeschätzt wird. Mit Bezug auf den Begriff *Kultur* kommentiert Robertson im Sinne einer Beobachtung zweiter Ordnung: „Die Tatsache, dass so viele Definitionen von Kultur bestehen, verweist darauf, dass es eher notwendig ist, 'das Problem der Kultur' zu diskutieren als Kultur 'selbst'" (Robertson 1992, S. 33). Das gleiche ließe sich von Globalisierung sagen. Trotz der Vielfalt und oft auch der Komplexität von Ansätzen zur Globalisierungsforschung lassen sich einige Grundlinien der Diskussion herausarbeiten, die im Folgenden vorgestellt werden.

In zahlreichen Texten zum Thema Globalisierung, sind diverse der traditionellen soziologischen Theorien und Denkmodelle wiederzuerkennen. Ein anhaltend recht verbreiteter Ansatz ist, Globalisierung als Fortführung von *Modernisierung* zu verstehen. Obwohl die klassische Modernisierungstheorie substanzielle Kritik erfahren hat und mehrfach grundlegend neu ausgerichtet wurde – prominent durch Shmuel Eisenstadt und seinen Vorschlag zu *multiplen Modernen (multiple modernities)* – führt eine Reihe von Autoren die Grundgedanken dieses Ansatzes fort, im Sinne einer Vorstellung von Globalisierung als fortlaufender Verbreitung eines evolutionären Prozesses, der ‚vom Westen' angeführt wird, wobei der Fokus eher vom traditionellen Ausgangspunkt *Europa* weg und hin zu *Amerika* und *Amerikanisierung* verschoben wird. In diesem Ansatz zeigen sich einige bereits altbekannte Probleme deutlich, z. B. die Erwartung einer weitgehend reibungslosen evolutionären Entwicklung oder auch die West-Zentrierung, vor allem aber eine prinzipielle Eindimensionalität. Dies wird ausführlicher unter Punkt 7.1 betrachtet.

Gerade weil dieser Ansatz so stark simplifiziert, lädt er nahezu dazu ein, mit normativen Vorstellungen von ‚guter' bzw. ‚schlechter' Globalisierung belegt zu werden. Darüber wiederum können holzschnittartige Diskussionen zum Gesellschafts-Gemeinschaftsthema wiederbelebt werden (siehe z. B. McLuhan 1960 sowie Kap. 2). Unterscheidungen dieser Art sind jedoch stark von scharfen Kontrastierungen und sehr eindeutigen normativen Positionierungen abhängig, um aussagekräftig zu sein – und dafür muss ein Preis gezahlt werden, der bereits aus vorangehenden Kapiteln im Prinzip bekannt ist: Konzepte, die auf Extremen basieren, sind oft schillernd und auch faszinierend, doch entgeht ihnen vermutlich gerade deshalb der wesentliche Punkt, nämlich dass nur eine Kombination von Angleichung und Abgrenzung, von Homogenität und Heterogenität in der Lage ist, eine Grundlage für eine fundamentale Analyse von Sozialem und Gesellschaft zu bieten. In diesem Sinne erscheint die Frage, ob es Globalisierung überhaupt gibt, als eher ablenkend, während die nach der normativen Bewertung von Globalisierung allenfalls als übermäßig eng gefasst angesehen werden kann und in solcher Allgemeinheit letztlich an Belanglosigkeit grenzt (dazu genauer unter Abschn. 7.2).

Eine etwas spezifischere Perspektive bieten Versuche, Globalisierung historisch zu fassen. Ein Beispiel, das über reine Beschreibung hinausgeht, ist Bob Holtons Herangehensweise, zu beschreiben, wie Globalisierung im Verlauf der Zeit diskutiert wurde. Damit nimmt er eine Perspektive zweiter Ordnung ein und differenziert zwischen drei Phasen und den ihnen entsprechenden Typen des Globalisierungs*verständnisses*. Das erste nennt er ein *Denken der ersten Welle*, das durch die simplifizierende Vorstellung charakterisiert sei, dass das Lokale nach und nach vom Globalen unterdrückt und abgelöst werde. Im *Denken der zweiten Welle* werde angenommen, dass das Nationale, Regionale und Lokale beständig seien, dass also Globalisierung weniger relevant sei, als die Denker der ersten Welle annahmen. Das *Denken der dritten Welle* schließlich versuche, eine Balance zwischen den beiden vorherigen Positionen zu finden, wodurch für eine multidimensionale Analyse von Globalisierung beträchtliche Flexibilität gewonnen werde. Dies ist sicher lohnender als eine eindimensionale, kumulative Beschreibung einer ‚Globalisierungsgeschichte'. Doch handelt es sich wohl eher um eine ergänzende Perspektive, nicht um eine vollwertige theoretische Aufarbeitung von Globalisierung selbst

Andere Autorinnen und Autoren differenzieren Globalisierung, indem sie unterschiedliche strukturelle Muster anlegen oder einzelne Aspekte in den Vordergrund stellen. Dies führt jedoch nicht immer zu einer deutlichen Anerkennung der Komplexität des Gegenstandes, sondern oft zu einseitigen Überbetonungen. Beispielsweise ist die Fortführung einer Anwendungslinie soziologischer Diskussion die Frage von (eher starker) Struktur gegenüber (tendenziell schwacher) Handlung (im Sinne von *agency*) durch Akteure in der Globalisierung. Eine Reihe von Autoren, darunter besonders prominent Bob Holton, arbeitet gegenwärtig daran, die Akteursseite stärker zu machen. Dies ist ein deutlich interessanterer und gehaltvollerer Ansatz als die bisher genannten, doch auch er ist mit gewissen Problemen belastet. Obwohl eine Stärkung des Agency-Aspektes die bislang Struktur-fokussierte Debatte potenziell ausbalancieren kann, verengt sie die Perspektive auch. Ihr Ausgangspunkt ist eine Vorstellung von Globalisierung als Entbettungsprozess: „Globalisierung kann, besonders in ihren ökonomischen Formen, als eine Art des Entbettens betrachtet werden, wahrscheinlich als die radikalste [...]. Die Formen, die Globalisierung annimmt, sei es Freihandel, Massenmigration oder grenzübergreifende Bewegungen von Ideen und Verbindung, stellen typisch neue Herausforderungen an soziale Stabilität und Integration dar" (Holton 2002, S. 32) – Herausforderungen der ‚Wiedereinbettung', nun in neuen Formen wie Netzwerken mit loseren Bindungen. Dies unterteilt Globalisierung allerdings in zwei, eher künstlich separierte Prozesse: den einen, der vermeintlich Strukturen entbettet, und den anderen, der über Handeln vermeintlich wieder einbettet. Letztlich ist ein solcher Fokus jedoch unausgewogen und bietet somit nicht den umfassenden Ansatz, nach dem hier gesucht wird.

Sämtliche der hier beispielartig aufgelisteten Ansätze – und zahlreiche andere – leisten spezifische Beiträge zur umfassenden Globalisierungsdebatte. Aus ihren verschiedenen Blickwinkeln bringen sie jeweils Eigenes ein und tragen im Zusammenwirken auch zur Entwicklung eines umfassenderen Blicks auf das Phänomen sowie im besten Fall zu seinem facettenreichen Verständnis bei. Einzeln bieten sie jedoch keine ausreichend generische Vorstellung des Globalen an – sodass sie letztlich das Thema auf je ihre Weise immer auch limitieren.

Hier sind die Anforderungen anders. Das Ziel ist es, ein Konzept von Globalisierung zu skizzieren, das als umfassender Rahmen für die Arbeit am eigentlichen Zentralbegriff Gesellschaft fungieren kann. Da, wie bereits erörtert, der konventionelle Rahmen der Nationalstaatsgesellschaft kein Monopol („mehr") zur Rahmung von Gesellschaft hält, andererseits aber territorial gebundener *Ort* nicht gänzlich irrelevant wird, muss Gesellschaft ein neuer, auch räumlich anschlussfähiger Rahmen gegeben werden. Mit Bezug auf O'Riain (2000, S. 198) schreibt Holton: „Globalisierung [..] bedeutet für Ort nicht das Ende (...). Die globale Ökonomie operiert eher durch Netzwerke, die spezifische Orte mit ‚Mobilitätsmustern [...]' verbinden" (Holton 2002, S. 19; siehe dazu auch Kap. 11). Die Aufmerksamkeitsverschiebung hin zu Globalisierung hat grundlegende theoretische Konsequenzen für unseren Kernbegriff. Obwohl es sich dabei primär um quantitative Aspekte handelt, gibt es auch diskussionswürdige qualitative Gesichtspunkte. Dies wird näher unter Punkt 7.3 behandelt.

Grundlegend wird hier angenommen, dass Globalisierung generell existiert und relevant ist, sowohl in statistischer Perspektive als auch in reflexivem Sinn. Ihre konkrete Erforschung bedarf der Einbeziehung von Komplexität und Nuancen, keiner schnellen und vermeintlich einfachen Lösungen. Globalisierung ist weder ‚gut' noch ‚schlecht'. Manche Einzelaspekte mögen sich in einem begrenzten Sinne so bewerten lassen, doch das Phänomen im Ganzen ist so nicht sinnvoll zu betrachten.

Außerdem ist der Fokus zu verschieben, weg von der typisch kontrastiven Perspektive, die nach der Richtung von Globalisierung fragt und entweder Homogenität oder Heterogenität unterlegt bzw. entweder Konvergenz oder Divergenz annimmt. Stattdessen ist der Ausgangspunkt hier, dass Globalisierung durch vielfältige und oft auch paradoxe Prozesse gleichzeitig charakterisiert ist. Clifford Geertz beobachtet, dass die Welt „gleichzeitig globaler und gespaltener wird, mehr grundlegend verbunden und komplizierter unterteilt" (Geertz 1998, S. 107). Besondere Aufmerksamkeit liegt bei der Frage, welche Beziehung es zwischen dem Allgemeinen und dem Besonderen gibt (siehe auch Robertson 1992 zum Verhältnis von Universellem und Partikularem). So ist damit auch im Kontext des Globalisierungsbegriffs die Kernfrage: Wie kann Globalisierung als Rahmen zwischen den Extremen konzeptualisiert werden, ohne das eine oder das andere überzubetonen?

Im ersten Abschn. 7.1 *Interpretationen von Globalisierung* werden dazu einige ausgewählte Ansätze genauer angesehen und kritisch diskutiert. Kann Globalisierung als Fortführung von Modernisierung interpretiert werden, also als sich fortlaufend steigernde Homogenisierung? Welche Beiträge leisten Robertsons Begriff der *Glokalisierung* und Ritzers der *Grobalisierung* dazu potenziell? Im zweiten Abschn. 7.2 *Globalisierung und Normativität* wird der kritische Aspekt der Bewertung von Globalisierung im Detail besprochen, speziell hinsichtlich der diesem Buch zugrunde liegenden Fragen. Im dritten Abschn. 7.3 *Ein Globalisierungskonzept* wird zunächst eine Arbeitsdefinition zu Globalisierung vorgeschlagen, die als Rahmen für den zu entwickelnden Gesellschaftsbegriff dienen soll. Dies wird schließlich mit der Diskussion verbunden, ob Globalisierung auch qualitativ neuartig ist und welche möglichen Folgen dies für die Konzeptualisierung von Gesellschaft haben könnte.

7.1 Interpretationen von Globalisierung

Wie funktioniert Globalisierung? Oder, um es etwas tendenziöser zu fassen: Wirkt Globalisierung eindimensional homogenisierend? Es gibt Indikatoren, die eine solche Interpretation zu stützen scheinen, sowohl in ‚objektiv'-statistischer Hinsicht als auch in subjektiven Wahrnehmungen. Als Beispiele dafür können weitverbreitete materielle Objekte, Waren und Konsumformen herangezogen werden, oder auch Formen von Kommunikation und Mobilität. Doch weist all dies eindeutig auf einen Homogenisierungsprozess hin? Übernimmt ‚das Globale' ‚das Lokale'? Rechtfertigen solche Indikatoren ein Verständnis von Globalisierung als fortlaufende Verwestlichung, Europäisierung, Amerikanisierung, Modernisierung? Der direkte Gegenpol zu einer solchen Annahme gradliniger Homogenisierung ist die Annahme einer dominierenden Zunahme von Differenz, die zu mehr und mehr Heterogenität führt. Beide Ansätze sind eindimensional und somit problematisch. Nederveen Pieterses kritisches Kontrastieren von ‚Globalisierung-als-Homogenisierung' und ‚Globalisierung-als-Hybridisierung' (2009, Kap. 4 und besonders Tab. 4.4., S. 86) ist sehr hilfreich, um am Beispiel zu verstehen, wie stark eindimensionale Erklärungsmuster generell an Tautologien grenzen.

Natürlich gibt es eine Reihe von Optionen, Globalisierung zwischen diesen Extremen zu interpretieren. Dabei stehen Vorstellungen im Mittelpunkt, nach denen Relationen zwischen dem Globalen und dem Lokalen als sich wandelnd angenommen werden, und diese erfordern grundlegende konzeptuelle Überlegungen, um oft komplexe Verschiebungen überhaupt fassen zu können: Auf welche Weisen und in welchen Formen emergieren neue Verbindungen des Globalen und des Lokalen? Lassen sich Balancen erkennen? Und wie werden diese Fragen in sozialwissenschaftlichen Perspektiven aufgegriffen, gefasst und diskutiert? Robertsons Konzept der *Glokalisierung* und Ritzers der *Grobalisierung* stellen zwei Versuche dar, eine Balance zwischen den Extremen zu finden. Nach einem genaueren Blick auf die konzeptuelle Fortführung von Globalisierung als Modernisierung und in mehr oder weniger expliziter Abgrenzung dazu werden sie vorgestellt und diskutiert.

7.1.1 Globalisierung als Fortführung von Modernisierung

Obwohl Modernisierungstheorie in ihren Grundzügen als prominente soziologische Erklärungsfigur bereits vor über hundert Jahren entwickelt und seitdem auch grundlegend kritisiert wurde (zu etwas neueren Ausführungen siehe verschiedene Arbeiten von Talcott Parsons oder Shmuel Eisenstadt; zu einem allgemeinen Überblick siehe Jaffee 1998), erlebt sie gegenwärtig in einigen Globalisierungskonzeptionen ein erneuertes Wiederaufleben. Manche Vorschläge gehen so weit, Globalisierung als eine mehr oder weniger direkte Fortführung klassischer Modernisierung zu betrachten. Holton stellt fest, dass „viele globale Analysten heute mit Modernisierungstheorien als einer ihrer hauptsächlichen intellektuellen Ressourcen operieren […]. Dabei wird Globalisierung entweder als eine Form von Modernität oder als ein Prozess, der Modernisierung antreibt, behandelt" (Holton 2002, S. 80; mit Bezug auf Giddens 1994 und Beck 2000).

Ausgehend von der Vorstellung eines fortgeschrittenen bzw. fortschrittlichen Westens nimmt die klassische Modernisierungstheorie an, dass eine idealtypisch konzeptualisierte traditionelle Gesellschaft – die in der Regel idealtypische Gemeinschaftszüge aufweist – schwindet, schließlich wegfällt und nach und nach überall durch eine moderne Gesellschaft ersetzt wird. Letztere ist unter anderem charakterisiert durch Individualisierung, Beschleunigung, Rationalisierung und Domestizierung und ist typisch durch einen Nationalstaat gerahmt. Das wohl wichtigste Kennzeichen sich modernisierender Gesellschaften ist Differenzierung, durch die Menschen eine Reihe von Funktionen und Rollen annehmen, sich individuell spezialisieren und deshalb zunehmend aufeinander angewiesen sind. Sowohl diese traditionellen Ansätzen als auch aktuellere, die auf modernisierungstheoretischen Grundannahmen beruhen, basieren auf dem Kernbegriff *Entbettung,* also einem Herauslösen Einzelner und ihrer sozialen Relationen aus vormals bestehenden, sozialen Kontexten – was wiederum die Notwendigkeit einer ‚Neueinbettung' mit sich bringt, nun aber, so die übliche Annahme, in andersartigen, räumlich übergreifenden, netzwerkartigen Strukturen (Guillén 2001, S. 251; mit Bezug auf Giddens 1990, siehe auch Giddens 1991). Giddens beispielsweise konzeptualisiert Globalisierung als „die Intensivierung weltweiter sozialer Beziehungen, die entfernte Orte so verbindet, dass lokale Geschehnisse durch Vorkommnisse geformt werden, die viele Meilen entfernt stattfinden, und umgekehrt" (Giddens 1990, S. 64).

Obwohl er sich bei seiner Diskussion von Globalisierung recht eng an der Modernisierungstheorie orientiert, strebt Giddens nach einer gewissen Flexibilität, indem er annimmt, dass Globalisierung multidirektional ist (siehe z. B. Giddens 1999). Und obwohl er ganz offensichtlich davon ausgeht, dass die Bedeutung des Lokalen abnimmt, glaubt er nicht, dass dies eindimensional verläuft, sondern erwartet eine *runaway world*. Diese entstehe in einer „anarchischen, beliebigen Weise, getragen von einer Mischung aus ökonomischen, technologischen und kulturellen Imperativen" (ebd., S. 19). Dazu passend interpretiert er Globalisierung als ein „komplexes Set von Prozessen [...] [die] auf eine widersprüchliche oder gegensätzliche Weise operieren" (Giddens 1999, S. 241). Allerdings besteht die Problematik einer evolutionären Erwartung weitgehend fort, wie Pries herausstellt: „Aus Giddens' Perspektive ist die Geschichte des Menschen ein mehr oder weniger kontinuierlicher Evolutionsprozess, der durch die räumliche Expansion sozialer Beziehungen gekennzeichnet ist [...], von den kleinen Gruppen der ,primitiven Gesellschaften', zu den mittelalterlichen Städten und feudalen Fürstentümern, zu den modernen Nationalstaaten, zu Makroregionen wie der Europäischen Gemeinschaft, und sie beinhalten schließlich die Welt als ganze" (Pries 2001, S. 13).

Daran lässt sich u. a. zeigen, dass die Kritik, die die traditionelle Modernisierungstheorie erfahren hat, auch im Kontext der Globalisierungsdiskussion angebracht ist. In beiden Fällen sind die wichtigsten Probleme ein analytisches und ein normatives. Das erste, analytische, Problem besteht in der stark vereinfachenden evolutionären Annahme, dass moderne Formen sich schrittweise weltweit ausbreiten werden, so, dass „Lokales – sogar Geschichte – ausgelöscht werden" (Robertson 1995, S. 25). Die Konsequenz wäre, dass Individuen und Gesellschaften letztlich immer uniformer werden, als Ergebnis eines Konvergenzprozesses, in dem sich beispielsweise Konsumpraktiken, Denk- und Glaubensmuster sowie politische Formen angleichen und damit zu schließlich homogenisierten Bedingungen und Interpretationen des Lebens führen. Mit anderen Worten wird eine eindimensionale Entwicklung angenommen, ohne Raum für gegenläufige oder ungleichartige Prozesse zu lassen. Holton attestiert diesem Ansatz dann auch zutreffend „das Problem von Teleologie, besonders der Idee, dass Globalisierung irgendwie der der Geschichte zugrunde liegende Sinn sein. Das setzt voraus, dass Geschichte auf irgendeine Art eine innere Entwicklungslogik besäße, die unvermeidlich von früheren Ursprüngen zur globalisierten Gegenwart und zu einer Art zukünftigen globalisierten Endzustand leiten würde" (Holton 2002, S. 37). Dieser Globalisierungsansatz ist also nicht ausreichend differenziert, um die Prozesse, die wir beobachten, zu erfassen: „Das Argument, Globalisierung sei bestmöglich als ein System mit einer einzigen, einheitlichen Logik zu betrachten, ist nicht abzulehnen, weil es keine systemischen Elemente gäbe oder weil die Macht einer globalen kapitalistischen Wirtschaft infrage stünde. Das Argument ist vielmehr, dass der Schwerpunkt auf einer einzigen, übergeordneten Systemlogik inkonsistent ist mit den Anzeichen von Komplexität und dem multidimensionalen Charakter globaler Prozesse" (Holton 2002, S. 186).

Das zweite Problem, das der Normativität, ist direkt mit dem analytischen verbunden und lässt sich anhand der Idee „bigger is better" (Robertson 1995, S. 25) und der des ‚Westens als Vorbild' fassen. Seinen Kern bildet ein Eurozentrismus, basierend auf der Annahme „Globalisierung beginnt in und geht aus von Europa und dem Westen" (Nederveen Pieterse 2009, S. 67). Dies gilt unabhängig davon, dass die gegenwärtig (noch) weitestgehende Form der Vereinheitlichungsperspektive modernisierungstheoretischer Prägung die *Amerikanisierung* ist. Nederveen Pieterse hat recht, wenn er behauptet, das seine solche Globalisierungsinterpretation „in Wirklichkeit eine [..] Theorie der Westernisierung mit einem anderen Namen ist, der aller Probleme, die mit Eurozentrismus assoziiert sind, repliziert: ein enges Fenster zur Welt, historisch und kulturell" (Nederveen Pieterse 2009, S. 67; siehe auch Krossa 2012a).

Diese Diskussion lässt sich sinnvoll durch einen kurzen Bezug auf die direkt entgegengesetzte Position komplementieren, also diejenige, nach der die Modernisierungstheorie völlig unzureichend für die Analyse von Globalisierung ist. Martin Albrow ist einer der prominentesten Autoren, die so argumentieren: „Globalisierung [...] ist das Ende moderner Art, das Leben zu organisieren [...]. Die globale Verschiebung ist eine Transformation, keine Kulminierung" (Albrow 1996, S. 100), und deshalb, so fordert er, sollten wir die Modalitäten der Modernisierungskommunikation ablehnen: „Modernität hält ihre Anhänger in Doppelbindung [bzw. einer Zwickmühle, A.S.K.]: sie verspricht neue Zukünfte und lehnt gleichzeitig jede Möglichkeit einer Alternative zu ihr selbst ab. Wie wir aus zwischenmenschlichen Beziehungen wissen, sind Doppelbindungen darauf ausgelegt, Menschen einzuschließen, indem man sie in eine unlösbare Auseinandersetzung verwickelt. Ein Entkommen ist möglich, indem man die Bedingungen der Diskussion ablehnt" (Albrow 1996, S. 1). Guillén kommentiert: „Martin Albrow [...] schlägt eine starke Unterscheidung vor, zwischen Modernität als dem Aufzwingen praktischer Rationalität auf den Rest der Welt durch die wirkende Kraft des Staates und des Marktmechanismus, der Generierung universeller Ideen zum Umschließen der Diversität der Welt [einerseits] und Globalität [andererseits], die eher die Grenzenlosigkeit von Kultur und die endlose Erneuerbarkeit und Diversifizierung kulturellen Ausdruck wiederherstellt, als Homogenisierung oder Hybridisierung herzustellen" (Guillén 2001, S. 14; mit Bezug auf Albrow 1996). Nederveen Pieterse schlägt wiederum eine andere, weitere Form dieser Beziehung vor, indem er das erste Argument umdreht und annimmt, Globalisierung konstituiere „eine der Bedingungen von Modernisierung" (2009, S. 68).

Weniger monozentrisch ist der Vorschlag *multipler Modernen* – und er wird allgemein entsprechend weniger skeptisch beurteilt. Dabei werden sowohl die eindimensionale Fortschrittsperspektive aufgegeben als auch die normative Ausrichtung

7.1 Interpretationen von Globalisierung

auf europäische bzw. westliche Grundmuster. Auf Globalisierung übertragen lässt sich dann beispielsweise formulieren: „die Welt ist nach dem 11. September nicht so sehr mit dem Ende der Globalisierung konfrontiert, als vielmehr mit einem wachsenden ‚clash von Globalisierungen'" (Held und McGrew 2003, S. 1; mit Bezug auf Hoffmann 2002). Eine solche flexibilisierte Sichtweise löst nicht sämtliche Probleme des Modernisierungsansatzes, fügt ihm gar noch weitere hinzu – so wird dem ursprünglichen Argument viel von seiner Substanz und Erklärungskraft genommen –, aber in jedem Fall wird seine klassische Rigidität gelockert (siehe z. B. Eisenstadt 2002; Nederveen Pieterse 2009).

Natürlich haben Dürrschmidt und Taylor recht, die behaupten, dass beide Ansätze – das Argument für ein Verständnis von Globalisierung als Fortführung von Modernisierung und das Argument dagegen – letztlich unausgewogen sind, weil sie nur entweder Kontinuität oder radikalen Wandel fokussieren. Stattdessen sollte „die grundlegende Ambiguität gegenwärtigen sozialen Wandels" (Dürrschmidt und Taylor 2007, S. 5) anerkannt werden. Mit diesem Ziel vor Augen werden nun stärker abwägende Vorschläge zu Globalisierung betrachtet – nicht-evolutionär, nicht Europa- oder West-zentristisch, im Sinne eines Versuchs, eine Balance zwischen dem Globalen und dem Lokalen, dem Allgemeinen und dem Besonderen zu finden.

7.1.2 Glokalisierung

Roland Robertson, der den Begriff *Glokalisierung* für die Sozialwissenschaften geprägt hat (1992, 1995, 2003, 2013), ist der Vorstellung von Globalisierung als Homogenisierung gegenüber ausgesprochen skeptisch und lehnt die Idee von Globalisierung als kontinuierlicher Ausbreitung westlicher Modernität ab. Stattdessen konstatiert er „einen massiven, zweifachen Prozess der Durchdringung der Universalisierung von Partikularismus und der Partikularisierung von Universalismus" (1992, S. 100; o. Herv. d. O.), den er Glokalisierung nennt. Er nimmt an, dass Universalismus und Partikularismus genuin „als Teile eines weltweiten Nexus verbunden sind" (1992, S. 102). Glokalisierung umfasst also zwei Prozesselemente, „die globale Institutionalisierung der Lebenswelt und die Lokalisierung von Globalität" (Robertson 1992, S. 53). Dies bedeutet, „dass man Lokales oder einen Ort nicht ‚vorstellen' kann, ohne einen Kontext vorzustellen, in dem das Lokale oder der Ort situiert ist" (Robertson 2011, S. 1339). Umgekehrt müssten wir „allgemeine Angelegenheiten mit einem lokalen Kontext in Beziehung setzen" (Holton 2002, S. 66). Daraus leitet Robertson ab: „Das globale Handeln (und Denken) ist zunehmend notwendig, um den Begriff des Lokalen [überhaupt,

A.S.K.] brauchbar zu machen. Vereinfacht gesagt ist das Lokale global institutionalisiert" (Robertson 1992, S. 172; o. Herv. d. O.). Damit „demythologisiert [Globalisierung] das Lokale als eine unabhängige Wertsphäre und unterminiert die klassische Tönniessche Antithese gutartiger Kultur gegenüber schädlicher Zivilisation" (Thornton 2010, S. 360).

Auf dieser generellen Grundlage definiert Robertson Glokalisierung als Prozess, „durch den Ideen und Praktiken in der ganzen Welt ausbreiten, indem sie sich an lokale oder spezifische Bedingungen anpassen und ‚dort einen Platz finden'" (Robertson 2003, S. 583; siehe auch Robertson 1992, S. 173 f.). Damit das funktioniert, müssen sie gleichsam eine Anknüpfungsmöglichkeit vorfinden.

Auf diese Weise rahmt Glokalisierung Differenz (oder normativ ausgedrückt: Diversität) und Ähnlichkeit (bzw. Einheit) gemeinsam in ein Gedankengebäude. Das bedeutet auch, dass das Globale und das Lokale nicht mehr einfach kontrastiert werden können, weder prinzipiell noch mit moralisch-nostalgischen Untertönen. Es ist wichtig, dass Robertson dabei nicht einfach einen Aspekt zum anderen schlicht addiert, also ‚das Lokale plus das Globale' annimmt, sondern eine Logik generiert, die beide genuin als interdependent interpretiert und sie so untrennbar verbindet, dass Dynamiken abgeleitet werden können.

Glokalisierung hat zwei Hauptkomponenten, nämlich „die Kompression der Welt und die Intensivierung eines Bewusstseins der Welt als ganzer" (Robertson 1992, S. 8), allerdings nicht in totalisierendem Sinne: „Selbstverständlich gibt es Millionen von Menschen, die relativ unbeeinflusst von diesen Umständen bleiben, obwohl sie sicherlich mit der Weltwirtschaft verbunden sind" (1992, S. 184). Dieses Abzielen auf diese zwei Ebenen ist wichtig. Es berücksichtigt einerseits ‚Fakten – Mobilität, Kommunikation etc. – sowie andererseits Wahrnehmungen und ihre Interpretationen. Zu letzteren stellt Guillén fest: „Es ist vielleicht ironisch, zu beobachten, dass das schnellste Wachstum der Indikatoren [...] sich nicht auf Globalisierung selbst bezieht, sondern auf die Literatur zu Globalisierung" (2001, S. 7). Und ausdrücklich wird kein Automatismus zu immer größerer Homogenität angenommen: „Während die ganze Welt stärker verdichtet und singulär [i. S. von ‚zu einer ganzen', A.S.K.] wird, werden die Grundlagen der Identitätsherstellung *[doing identity]* zunehmend, aber problematisch ‚geteilt', obwohl sie gleichzeitig kollidieren mögen [...]. [Sie funktionieren als] eine vorkonfliktive Basis von Konflikt" (Robertson 1992, S. 99). Damit ist Konflikt als Struktur von vornherein in Robertsons Ansatz angelegt, denn aus dem Prinzip der Verdichtung leitet er die Konsequenz „einer Verschlimmerung von Kollisionen zwischen zivilisatorischen, gesellschaftlichen und gemeinschaftlichen Narrativen" (Robertson 1992, S. 141) ab, die in entsprechenden Diskursen reflektiert werden.

Auf der Grundlage dieser Interpretation von Globalisierung als Glokalisierung sind auch andere Begriffe zum Thema der sozialen Bindung neu zu betrachten, beispielsweise *Integration*. Robertson verweist auf das „Problem der *Form*, in der die Welt ‚geeint‘, aber keinesfalls in einem naiven, funktionalistischen Modus integriert wird" (1992, S. 51; Hervorhebung im Original). Er fordert einen „konzeptuellen Zugang zum Problem der ‚Weltordnung‘ im allgemeinsten Sinne" (1992, S. 51), allerdings einer „Weltordnung, die die ‚Struktur‘ von ‚Unordnung‘ einbezieht" (1992, S. 55). Entsprechend ist er der Idee von Einheit gegenüber skeptisch und bevorzugt den Begriff *Einzigkeit [unicity]*, der, so Robertson, „neutral ist hinsichtlich Risiken, Kosten, Nutzen und Gefahren rapide wachsender Interdependenz, Durchdringung, globalem Bewusstsein etc., während ‚Einheit‘ *[unity]* [...] Sozialintegration in einem recht starken Sinne implizieren" (Robertson 1992, S. 6). Dabei hält er (zu diesem Zeitpunkt jedenfalls) jedoch den Planeten Erde für den umfassenden und bislang ultimativen Rahmen für soziale Koexistenz. Folglich sei für Soziologie der letzte Bezugspunkt ebenfalls die Erde, denn „der Trend zu Einzigkeit *[unicity]* der Welt ist letztlich unaufhaltsam" (Robertson 1992, S. 26). Mit anderen Worten: Obwohl das Globale und das Lokale immer in dynamischer Relation stehen, es entsprechend Prozesse von Konvergenz *und* Divergenz gibt, und selbst wenn divergierende Trends dominierten – letztlich ist das Globale der Referenzrahmen, sowohl faktisch als auch reflexiv, jedoch ohne eine Perspektive der Einheitlichkeit.

Damit verschiebt sich das Interesse auf Wege zur Analyse dieser Varietät. Dafür schlägt Robertson ein Konzept des *globalen Feldes* bzw. *der globalhumanen Kondition* vor. Dieses besteht aus den Elementen *Selbste [Selves], Menschheit [Humankind], Nationalstaatsgesellschaften [National Societies]* und *Weltsystem von Gesellschaften [World System of Societies]* und deren Beziehungen (Robertson 1992, S. 27). Somit ist er also nicht auf eine scharfe Abgrenzung gegenüber dem Nationalstaatskonzept angewiesen, und hält diesbezüglich fest, dass „wir anerkennen müssen [...], dass die Vorherrschaft der Nationalstaatsgesellschaft im zwanzigsten Jahrhundert [selbst] ein Aspekt von Globalisierung ist [...] – dass die Ausbreitung der *Idee von* Nationalstaatsgesellschaft als eine Form institutionalisierter Gesellschaftlichkeit *[societalism]* [...] von zentraler Bedeutung für die sich verschnellernde Globalisierung war" (1992, S. 58; mit Bezug auf Lechner 1989).

Verschiedene Autoren haben diesen Glokalisierungsansatz kommentiert und auch aufgegriffen, so beispielsweise Bob Holton. Er kommentiert: „Die Glokalisierungsidee bedeutet eine sehr beachtliche und produktive Art, die Debatte von [...] Theorien wegzuleiten, die das Globale gegen das Nationale und das Lokale als alternative, kontrastive und konfliktive Formen sozialer Organisation und kulturellen Lebens ausspielen" (2002, S. 22). Ein Trend aktueller Literatur zu Globalisierung ist, dass die Autorinnen und Autoren zwar den Begriff *Globalisierung* benutzen, ihn aber mit der Bedeutung von *Glokalisierung* ausstatten (siehe z. B. Held und McGrew 2003, insbes. 3). So verfährt im übrigen auch Robertson selbst.

7.1.3 Grobalisierung

Einerseits hätte dieser Abschnitt zu *Grobalisierung* direkt dem zu Globalisierung als Fortführung von Modernisierung (Abschn. 7.1.1) folgen müssen, denn dieser Begriff ist stark auf Homogenisierung ausgerichtet – zweifellos sehr viel stärker als Glokalisierung. Andererseits aber, und das führt zu seiner Positionierung hier, bezieht sich George Ritzer, der den Begriff geprägt hat, direkt auf das Glokalisierungskonzept, setzt es also voraus. Grobalisierung ist hier als ein Versuch herausgegriffen, vorgestellte Verhältnisse von Anteilen des Globalen und des Lokalen zu konkretisieren, sie vielleicht sogar quantifizieren zu können.

Dazu versteht Ritzer *Grobalisierung* grundlegend als homogenisierenden Prozess, der auf der Grundlage einer globalen Verbreitung von Formen und Praktiken verläuft. Dieser sei aus drei Elementen zusammengesetzt: *Kapitalismus, Amerikanisierung* und *McDonaldisierung*. Sein schlagkräftiges Konzept *McDonaldisierung* ist definiert als „der Prozess, durch den die Prinzipien des Fast-Food-Restaurants mehr und mehr Bereiche der amerikanischen Welt dominieren, ebenso wie des Rests der Welt" (Ritzer 1993, S. 1). Das beinhaltet auch die Annahme, dass die Relevanz lokaler Formen zugunsten homogenisierender globaler abnimmt. Der Begriff Glokalisierung wird dabei in einer ganz anderen Bedeutung als bei Robertson verwendet, nämlich als Teil einer dualen und kontrastiven Interpretation, die eindimensional heterogenisierende Glokalisierung direkt eindimensionale homogenisierender Grobalisierung gegenüberstellt. Damit beggenen wir hier wieder Elementen und Mustern, die bereits aus der Modernisierungstheorie bekannt sind: „McDonaldisierung ist eine Variation des Themas: des klassischen Themas von Universalismus und seinen modernene Formen von Modernisierung und der globalen Verbreitung kapitalistischer Relationen" (Nederveen Pieterse 2009, S. 51).

Prinzipiell ähnlich wie Bauman kombiniert Ritzer seinen Ansatz mit einer moralischen Kritik an vermeintlicher Inhaltslosigkeit globaler Ströme, beispielsweise dem Internet als „perfektem Beispiel von Entmenschlichung, die mit Nichts [...] assoziiert werden" (Ritzer 2003, S. 127 f.). Dazu gehöre „alles Massenproduzierte, Fertigware", was er kontrastiert mit Glokalem, also „allem

Einzigartigen (sei es ein Produkt oder ein Angestellter), das [folglich, A.S.K.] ‚beseelt' und authentisch ist" (Hylland Eriksen 2007, S. 59). Auch dies führt uns auf direktem Wege zurück zur Kritik, wie sie (in Kap. 2) am Beispiel *Gemeinschaft versus Gesellschaft* festgemacht wurde. Doch basiert die Kritik am ‚Nichts', wie Ray richtig anmerkt, letztlich nur auf „persönlichen Präferenzen, die sozialen Kontext und Bedeutungen praktisch nicht einbeziehen" (Ray 2007, S. 121). Dennoch findet der Ansatz durchaus Anklang – er ist fraglos eingängig. So schreibt z. B. Hylland Eriksen, dass „viele Autoren, die zum Globalisierungsthema schreiben, geneigt sind, Ritzers Analyse als simplifizierend zu betrachten" (2007, S. 59), doch gleichzeitig räumt er ein, dass „Ritzer eindeutig nicht ganz Unrecht hat, wenn er argumentiert, dass die transnationale Standardisierung von Waren und Dienstleistungen eine wichtige Dimension von Globalisierung ist, selbst wenn die *Bedeutung* von Produkten und Dienstleistungen, die sich so verbreiten, lokal variieren" (2007, S. 59).

Neben der Kombination einseitiger Elemente ist hier ein zentraler Kritikpunkt, dass die wichtigste Bereicherung, die die Globalisierungsdiskussion durch den Begriff Glokalisierung erfahren hat, im Grobalisierungsansatz einfach wegfällt, nämlich die genuine Kombination von Globalem und Lokalem, des Heterogenen und des Homogenen sowie die daraus entstehenden Dynamiken. Dies mag durch die Hoffnung motiviert sein, dass eine saubere Unterscheidung zwischen ‚den beiden' Elementen ermöglicht, diese zu quantifizieren, sie möglichst auch zu qualifizieren und ihre Einflüsse entsprechend klar zu benennen. Das kann aber nicht funktionieren – nicht auf diesem Abstraktionsniveau, und in detaillierteren Betrachtungen nur auf Kosten der unverzichtbaren Komplexität.

7.2 Globalisierung und Normativität

Ist Globalisierung ‚leer' und letztlich bedeutungslos, wenn Normativität weitgehend ausgeklammert wird, oder kann der Begriff im Gegenteil nur dann seinen analytischen Aufgaben gerecht werden, wenn nicht dauernd Wertvorstellungen gegeneinander abgewogen werden?

Eine Möglichkeit nicht-normativer Herangehensweise ist, Globalisierung auf ein rein mechanisches Prinzip zu begrenzen, in diesem Fall als die Verbreitung von ‚Etwas' (oder von ‚Nichts') über die Erde: „Räumlichkeit hat den zweidimensionalen Charakter von Fläche, einer Oberfläche. Sie trägt keine der Bürden wie Substanz, Tiefe, Konflikt oder Widerspruch, in anderen Worten: Dialektik. Aus diesem Grund eignet sich ‚Globalisierung' so mühelos für sowohl Kritik als auch Verherrlichung" (Therborn 2011, S. 51 f.). Ungeachtet der Tatsache, dass auch der nur vermeintlich simple Prozess der Ausbreitung differenziert betrachtet werden kann, wie oben mit Glokalisierung gezeigt, gibt es mindestens zwei Möglichkeiten, auf diese Behauptung zu reagieren. Zum einen ließe sich bedauern, dass Globalisierung sich anscheinend nicht für ‚substantiellen Inhalt' anbietet. Delanty beispielsweise kritisiert den Mangel an Normativität: „Globalisierungstheorien bieten keine Interpretation der sozialen Welt, die den methodologischen Horizont von Sozialanalyse jenseits einer Kritik einiger der vorherrschenden Annahmen der Sozialwissenschaften erweitert. Manuel Castells […] hat explizit die Entwicklung eines normativen theoretischen Rahmens vermieden und ist auf einem empirischen Analyselevel verblieben" (Delanty 2009, S. 1). In seinen Augen sollte Normativität dagegen also explizit Teil eines Globalisierungskonzepts sein. So nimmt er mit Castoriadis an: „(A)lle Gesellschaften besitzen eine imaginäre Dimension, da sie gewisse symbolische Fragen zu ihrer grundlegenden Identität, ihren Zielen und ihren Grenzen beantworten müssen" (Delanty 2009, S. 15; mit Bezug auf Castoriadis 1987). Konkreter behauptet er: „die normative Bedeutsamkeit von Globalisierung stellt eine andere Art der Realität dar, jenseits der Bedingung von Globalisierung als solcher, und sie erfordert eine neue Art der Imagination, die kosmopolitische Imagination genannt werden kann" (Delanty 2009, S. 2). Diese kosmopolitische Imagination (die in Kap. 10 detailliert diskutiert wird) soll erreicht werden, indem „die Welt auf die ihr immanenten Möglichkeiten zu Selbsttransformation hin betrachtet wird [..], was nur realisiert werden kann, wenn die kosmopolitische Perspektive des anderen eingenommen sowie sich auf globale Gerechtigkeitsprinzipien bezogen wird" (Delanty 2009, S. 3). Diese Debatte spiegelt wiederum Grundzüge der Gemeinschaft-Gesellschaft-Dichotomie wider, und lässt sich auch als Teil einer „neuen Phase beschleunigten, Nostalgie-produzierenden Globalisierung" (Robertson 1992, S. 158) verstehen.

Ein weiterer hier nennenswerter Normativitätsaspekt ist die spezifische Interpretation von Lokalisierung als Konsequenz von Globalisierung. In solchen Ansätzen wird das Lokale teilweise recht konkret als *Protestkultur* vereinseitigt, oder als *Tradition* (zu) real konzipiert, beispielsweise indem das Lokale als direkte Antwort auf das Globale verstanden wird. Solche Ansätze sind typisch mit Vereinfachungen der eigentlich vielschichtigen Globalisierungsprobleme verbunden, denn es ist ja gerade die Attraktivität normativer Antworten, dass sie klare Richtungsangaben zu Denken und Handeln bieten. Daraus wird dann beispielsweise abgeleitet: Wir brauchen und wollen mehr Lokales, denn das ist ‚gut', ‚authentisch' usw., und wir wollen weniger Globalisierung, oder zumindest ‚gute' Formen wie Kosmopolitismus. Aus analytischer Perspektive ist das nicht nur nicht ausreichend, es verstellt sogar den Blick auf wichtige Probleme und ihre

Strukturen, die gerade aus der Gleichzeitigkeit des Globalen und des Lokalen entstehen.

Somit ist die zweite mögliche Reaktion auf die vermutete ‚Flachheit' von Globalisierung – im Sinne einer nicht von vornherein bestehenden ‚normativen Tiefe' –, diese prinzipiell zu begrüßen, weil sie die Aufmerksamkeit vor allem auf analytische Aspekte lenkt. Bereits der Aspekt der Fläche des Raumes prinzipiell kann jedoch analytisch differenziert werden in „Globalisierung als die räumliche Erweiterung von sozialem Raum und Globalisierung als Vernichtung *[annihilation]* des Raums" (Pries 2001, S. 14). Das verweist wiederum auf die beiden von Robertson vorgeschlagenen Aspekte des Zusammenwachsens der Welt sowie dessen Bewusstwerdung. Bereits damit ist ein erheblicher analytischer Spielraum geöffnet – für Fragen der Ausbreitung und Nicht-Ausbreitung (sozialer) Formen und Muster, ihrem Bewusstwerden, der Konsequenzen für soziales Zusammenleben im Allgemeinen und für Gesellschaft im Besonderen usw.

Diese Kommentare sprechen primär normativen Interpretationen von Globalisierung jedoch nicht ihre Gründe und Erkenntnisse ab. Sie verorten sie allerdings als spezifisch innerhalb der umfassenderen Globalisierungsdiskussion. In diesem Sinne werden normative Kommentare hier als komplementär verstanden, die stärker analytisch orientierte soziologische Theorie zu Globalisierung und Gesellschaft nicht ersetzten können.

7.3 Ein Globalisierungskonzept

Im Vergleich der verschiedenen Globalisierungsinterpretationen – als Fortführung von Modernisierung, als Glokalisierung und als Grobalisierung – erscheint der Glokalisierungsansatz hier als der fruchtbarste. Erstens vermeidet er eine Reihe von Problemen, die sowohl in der Modernisierungsperspektive als auch in der Herangehensweise von Grobalisierung auftreten: Europa- und Westzentrismus; die normative Ablehnung vermeintlich ‚leerer' Praktiken und Produkte in direktem Kontrast zu positiv bewerteter ‚Authentizität'; eine evolutionäre Perspektive sowie die Gegenüberstellung von oft künstlichen Extremen. Glokalisierung dagegen wird als Prozess ohne spezifischen Endpunkt gedacht, als eine Art des Wandels also, die mehrdirektional sowie ‚ergebnis' offen ist und fortlaufend in einer Vielzahl von Formen resultiert. Dies gründet vor allem auf der Varietät bereits existierender Substrukturen – sowohl sozialen als auch materialen –, die sehr unterschiedliche Grundlagen bieten, an die Ströme von Standardisierung anschließen (können), so beispielsweise in Form von Produkten, von Konsum oder Verhaltensweisen allgemein.

Zweitens lässt das Glokalisierungskonzept nicht nur Raum, in dem sehr unterschiedliche und teilweise sogar gegensätzliche Prozesse koexistieren können, sondern eröffnet die Möglichkeit, sie genuin zusammenzudenken: Homogenität und Heterogenität, globale und lokale und andere Ebenen, das Universale und das Partikulare, Ordnung und Nicht-Ordnung usw. Das wiederum ermöglicht verschiedene Interpretationen, z. B.: „Seit [Globalisierung] Gesellschaften in verschiedene Richtungen drückt und zieht, erzeugt sie gleichzeitig Kooperation und Konflikt, Integration und Fragmentierung, Exklusion und Inklusion, Konvergenz und Divergenz, Ordnung und Unordnung" (Held und McGrew 2003, S. 7) – ohne dass dies unmittelbar Quantifizierungen erforderlich machte. Auch im folgenden Zitat wird der Aspekt der Gleichzeitigkeit ganz unterschiedlicher Prozesse deutlich: „Zunehmende kulturübergreifende Kommunikation, Mobilität, Migration, Handel, Investition, Tourismus generieren übereinstimmend das Bewusstsein kultureller Differenz. Die andere Seite der Politik der Differenz ist, dass gerade das Streben nach Anerkennung eine Forderung nach Gleichheit, gleichen Rechten, gleicher Behandlung impliziert: in anderen Worten, *ein gemeinsames Universum der Differenz*" (Nederveen Pieterse 2009, S. 59 f.; Herv. i. O.). Genauer schreibt Hylland Eriksen: „Identitätspolitik ist ein rechtmäßiges Kind der Globalisierung. Je ähnlicher wir uns werden, desto unterschiedlicher versuchen wir zu sein. Paradoxerweise gilt jedoch, je unterschiedlicher wir versuchen zu sein, desto ähnlicher werden wir uns – da die meisten von uns auf Arten versuchen, unterschiedlich zu sein, die in etwa die gleichen weltweit sind" (2007, S. 146). In diesem Sinne „zieht Globalisierung nicht die Produktion einer globalen Uniformität oder Homogenität nach sich, sondern ist eher als ein Weg der Organisation von Heterogenität zu betrachten" (Hylland Eriksen 2007, S. 10; ohne Herv. d. O.), und dabei entsteht potenziell „eine gemeinsame Grammatik, um über Unterschiede und Ungleichheiten zu sprechen" (Hylland Eriksen 2007, S. 14).

Damit wird die hier interessierende Frage ‚Gesellschaft?' auf spezifische Weise angegangen, indem gezeigt wird, dass es nicht ausreicht, nur eine sich zunehmend integrierende und homogenisierende vermutete (Welt-)Gesellschaft zu untersuchen (zu diesem Konzept genauer Kap. 10). Wir müssen grundsätzlich das Prinzip fortlaufender Differenz in unsere Überlegungen einbeziehen, ohne ‚nur Differenz' zu denken und wiederum in eine rein normative Falle zu gehen (siehe Kap. 6, insbesondere zu Bauman). Dieser Aspekt ist ein roter Faden dieses Buchs und wird besonders systematisch im Kap. 12 zu Konflikt besprochen.

Vorläufig lässt sich festhalten, dass es sinnvoll ist, globale Gesellschaft in einer Vielheit von Formen vorzustellen, die auf traditionellen und neueren Kategorien der Zusammengehörigkeit basieren. Denn obwohl neuere Formen sozialen Lebens wachsen und an Bedeutung zunehmen – wie das Internet, seine Kom-

7.3 Ein Globalisierungskonzept

munikationsformen, Diskurse und Gruppen – verlieren ältere Konzepte der Wir-Gruppen-Definition nicht unbedingt ihre Anwendbarkeit und ihr Gewicht – so beispielsweise Familie, Religion und Nationalität. Im Gegenteil, so ließe sich vermuten, sie können neben neueren Formen durchaus wichtiger oder auch anders wichtig werden. Alle diese unterschiedlichen Formen stehen jedenfalls im gemeinsamen Rahmen des Globalen.

Eine wichtige Frage bleibt an dieser Stelle noch zu klären: Ist Globalisierung etwas Neues im qualitativen Sinne? Falls ja, wäre es dann immer noch möglich, Gesellschaft in einem weitgehend generischen Sinne zu konzeptualisieren, also prinzipiell unabhängig von ihrem aktuellen Globalisierungskontext? Allgemeiner stellt Ray fest, dass die Frage nach der Neuartigkeit von Globalisierung „wichtige theoretische Implikationen hat, denn daran entscheidet sich die Frage, ob Globalisierung sich innerhalb des existierenden soziologischen Rahmens erklären lässt oder ob sie ein vollständiges Überdenken der Soziologie erfordert" (2007, S. 28). Dazu nimmt er an: „Globalisierung ist das Ergebnis jüngeren sozialen und kulturellen Wandels, der *qualitativ andere* Formen des Sozialen hervorbringt als die der Vergangenheit" (Ray 2007, S. 29; Herv. A.S.K.). Ähnlich nimmt Urry an: „Da das Globale wie nichts anderes ist, müssen die Sozialwissenschaften mehr oder weniger von vorn anfangen" (Urry 2003, S. 95 f.).

Hier wird eine andere Position zu dieser grundlegenden Frage vorgeschlagen. Zunächst: Wie lassen sich quantitative und qualitative Dimensionen von Globalisierung unterscheiden? Es wird kaum bezweifelt, dass der historische Globalisierungsprozess sich in den letzten Jahrzehnten hinsichtlich seiner quantitativen Dimension gewandelt hat: Mehr und mehr Menschen sind immer stärker von Globalisierung betroffen bzw. nehmen an ihr teil; sei es über Ereignisse und ihre Auswirkungen, Praktiken oder Produkte. Es gibt aber begründeten Zweifel daran, dass Globalisierung etwas *qualitativ Neues* darstellt. Hylland Eriksen beispielsweise nennt drei strukturell wichtige Entwicklungen der letzten Dekaden: das Ende des Kalten Krieges, den Aufstieg des Internets und ein Anwachsen von Identitätspolitik. Daraus leitet er drei Dimensionen von Globalisierung ab: „zunehmender Handel und transnationale ökonomische Aktivität, schnellere und dichtere Kommunikationsnetzwerke, zunehmende Spannungen zwischen (und innerhalb von) kulturellen Gruppen aufgrund von intensiviertem gegenseitigen Ausgesetztsein *[exposure]* weisen nicht darauf hin, dass die Welt sich nach den späten 1980er Jahren grundlegend transformiert hätte, sondern darauf, dass die Antriebskräfte von ökonomischen, politischen und kulturellen Dynamiken transnational sind – und dass das nun weithin anerkannt ist" (Hylland Eriksen 2007, S. 4). Und ohne Zweifel prägte dieser strukturelle Wandel soziales Leben sehr weitgehend historisch als Prinzip – auch weit vor der expliziten Fassung als ‚transnational'.

Der zweite konstitutive Aspekt des Glokalisierungskonzeptes – das zunehmende Bewusstsein, Teil eines globalen Rahmens zu sein – lässt sich dann im Anschluss an das bereits erwähnte Thomas-Theorem als entweder quantitativer oder als qualitativer Aspekt des Wandels fassen. Dieses Theorem, das besagt: „Wenn Menschen Situationen als real definieren, haben diese reale Konsequenzen" (Thomas und Thomas 1928, S. 571 f.; siehe Kap. 2), bedeutet: Menschen haben Wahrnehmungen von Globalisierung, die möglicherweise zu Gefühlen wie verstärkter Zusammengehörigkeit führen – oder aber auch zu Entfremdung, die ihre je eigenen Realitäten und Auswirkungen produzieren. Manche mögen fühlen, dass vermeintlich übermächtige Kräfte walten, die potenziell vieles von dem, was sie über ‚ihren Ort' bislang wussten, ändern. In Verbindung mit einer Wahrnehmung abnehmenden Einflusses und sich verringernder Selbstbestimmtheit kann dies zu Interpretationen wie ‚schlechte Globalisierung *versus* gutes altes lokales Leben' führen. Hylland Eriksen nimmt zwar an, dass die Fakten sich nicht so stark gewandelt haben, dass sie ein Verständnis von Globalisierung als etwas genuin Neuem rechtfertigten, doch hinsichtlich der Bewusstseinsdimension bleibt er zu Recht unbestimmter: „(I)m Sinne einer Bewusstseinsform ist Globalisierung als Massenphänomen neu" (Hylland Eriksen 2007, S. 5).

Hier lautet der Vorschlag zur Frage, ob Globalisierung etwas Neues ist, wie folgt: Ja, in einem quantitativen Sinne, ja auch hinsichtlich dem Ausmaß ihrer Reflexion – aber nein mit Bezug auf die entscheidende qualitative Dimension. Globalisierung hat einen konzeptuellen Kern von Verwebung, Vernetzung und gegenseitigem Bezug, der sich in seinem Wesen nicht ändert. Unbenommen bleibt jedoch, wie Simmel erläutert, dass auch quantitativer Wandel qualitative Folgen haben kann, nämlich wenn „bei gewachsener Quantität spezifisch neue Gesamterscheinungen auf(treten), die bei niedriger nicht einmal pro rata vorhanden erscheinen: eine politische Partei hat qualitativ andere Bedeutung als eine Clique, einige zusammenstehende Neugierige zeigen andre Züge als ein Auflauf usw." (1992, S. 93 f.). Davon bleibt das hier zentral interessierende, von vornherein auf ‚große' Dimensionen des Sozialen bezogene Gesellschaftskonzept aber zunächst weitgehend unberührt.

Integrationskonzepte 8

Nun wenden wir uns einer Perspektive der mittleren Ebene zu. In Kap 2 zum Begriffsraum ist das Konzept *Integration* bereits in seinen Grundzügen erläutert und zusammenfassend kritisch diskutiert worden.

Wie lässt sich Differenz so zusammenführen, dass Gesellschaft funktionieren kann? In diesem sehr allgemeinen Sinne ist Integration ist ein prinzipielles Problem, das *immer* gleichsam zwischen Individuum und Gesellschaft besteht. Ist Einheitlichkeit Voraussetzung oder Ziel von Integration im Sinne eines generellen sozialen Zusammenhalts – oder beides, oder aber keins von beidem? Denn es sei an dieser Stelle noch einmal an die generelle, kritisch ausgerichtete Grundlage auch der nun folgenden Überlegungen erinnert: Eine größere Homogenität bringt nicht automatisch eine engere Integration hervor. Und eine dichtere Struktur des Sozialen, eine eng integrierte Gesellschaft, bedeutet keinesfalls automatisch ein friedlicheres, ‚erfolgreicheres' Zusammenleben.

Als weiterer Baustein der sich nun anschließenden Diskussion sei hier *Kultur* gefasst, Nederveen Pieterse folgend, als Bezug zu

> Verhalten und Überzeugungen, die erlernt sind und geteilt werden: erlernt, also nicht instinktiv, und geteilt, also nicht individuell. Das Teilen bezieht sich auf soziales Teilen, aber es gibt keine Einschränkung hinsichtlich der Grenzen dieser Sozialität. Diese Definition impliziert keine territorialen oder historischen Grenzen. Dieses Verständnis von Kultur ist (ergebnis)offen. Lernen ist immer fortlaufend Funktion sich wandelnder Gegebenheiten, und deshalb ist Kultur immer offen. Für das Teilen gibt es keine festgelegten Grenzen außer denen allgemeiner und sozialer Erfahrung, deshalb gibt es keine territorialen Begrenzungen der Kultur. Entsprechend bezieht sich Kultur genauso stark auf Gemeinsamkeit wie auf Diversität (Nederveen Pieterse 2009, S. 311).

Und ergänzend sei angemerkt: „Während Kultur heute hauptsächlich als ein Sitz von Konflikt gilt, war Kultur in einer prä-multikulturellen Ära klassischer Anthropologie und Soziologie eine stabilisierende und integrierende Kraft, ähnlich der Tradition" (Delanty 2003, S. 35).

Dazu werden im ersten Abschnitt, leicht simplifizierend unter dem Stichwort *Strukturfunktionalismus* einige ausgewählte Positionen zusammengefasst. Welche Problematik entsteht durch eine Orientierung an einem vermeintlich stabilen System – ‚Gesellschaft' in einem homogenisierenden, totalisierenden Sinne – mit Selbsterhaltungsziel und entsprechenden vermuteten Strukturen?

Im Sinne eines generellen Aufbrechens dieser hier als begrenzend eingeschätzten Perspektive folgt im zweiten Abschnitt die Besprechung eines wissenssoziologischen Blicks auf Integration. Unter Abschn. 8.3 werden einige Begriffe dieses Diskursraums noch einmal gezielt herausgegriffen und detailliert besprochen, bevor sie unter Abschn. 8.4 in einen Globalisierungskontext eingeordnet werden. Das Kapitelfazit setzt die verschiedenen Konzepte abschließend in Relationen zueinander.

8.1 Struktur- bzw. System-orientierte Ansätze

Den im Folgenden besprochenen Ansätzen ist gemeinsam, dass sie prinzipiell von einem bestehenden ‚System Gesellschaft' ausgehen, das durch eine je spezifische Struktur gekennzeichnet ist, die als Orientierungsmaßstab zu gelten hat und deren Erhalt das prinzipielle Ziel darstellt.

Wilhelm Heitmeyer ist ein Vertreter einer strukturfunktionalistischen Integrationsidee (z. B. Heitmeyer 1997a, b). Seine viel beachteten Studien kreisen um Integration und Desintegration, allerdings stets mit einer klar umrissenen Grundlage als Maßstab, wie Zifonun und Cindark kritisch anmerken: Gesellschaft werde in dieser Perspektive „als Gesamtsystem verstanden [...], Abweichungen von diesem hypostasierten Ordnungszusammenhang stehen unter Anomieverdacht" (Zifonun und Cindark 2004, S. 270), gelten also als potenziell desintegrativ und damit als problematisch für so verstandene Gesellschaft.

Dagegen geht beispielsweise Hartmut Esser zunächst vom Individuum und seinem Eigeninteresse aus, verfolgt also im Prinzip eine am *rational choice*-Gedanken orientierte Herangehensweise (Esser 2000, 2004a, b). Jedoch – und auch hier ist der Kritik von Zifonun und Cindark zuzustimmen – legt auch Esser ein stabiles ‚System Gesellschaft' zugrunde, wenn er eine Typologie der „(Sozial-)Integration von Migranten" vorschlägt, die – nach „Sozialintegration in Herkunftsgesellschaft/ethnische Gemeinde" einerseits und „Sozialintegration

8.1 Struktur- bzw. System-orientierte Ansätze

in Aufnahmegesellschaft" unterscheidend – schließlich in den Kategorien *Mehrfachintegration, Segmentation, Assimilation* und *Marginalität* mündet (Esser 2000, S. 287). Tatsächlich ist die Schlussfolgerung kritisch zu bewerten, „allein Assimilation sei letztlich gesellschaftlich wünschenswert und in Einklang mit den Bedingungen und Erfordernissen moderner, sozial differenzierter Gesellschaften" (Zifonun und Cindark 2004, S. 270). Allerdings lässt Esser einen gewissen Raum für Heterogenität und auch für Konflikt, wenn er schreibt, „dass die Integration der sozialen Systeme keineswegs mit ‚Harmonie' und ‚Zustimmung' verbunden sein muss: Es gibt eine Integration auch im Konflikt, gelegentlich sogar *durch* den Konflikt" (Esser 2000, S. 266). Damit wird Differenz zumindest ein prinzipieller Platz in der Struktur des Sozialen zugewiesen.

Die diesen (und anderen) Beispielen zugrunde liegende generelle Assimilierungsperspektive steht für eine Seite einer kontrastiven Diskussionslinie, die charakteristisch für den Integrationsdiskurs ist: Assimilierung *oder* Transnationalisierung, interpretiert als: Aufgabe des ‚Eigenen' *oder* eine prinzipiell anhaltende Parallelführung verschiedener ethnisch-sprachlich-kultureller Stränge. Als zentrale Vertreter dieser Positionen gelten Alba zur ersten Interpretation (1985 und 1990; Alba und Nee 2003) und Portes und Rumbaut (2001) zur zweiten. Genauer vertritt Alba die Vorstellung eines weitgehend linearen Assimilierungsprozesses über Generationen mit familiärer Migrationsgeschichte hinweg. Durch soziale Mobilität, interkulturelle Ehen usw. nehme die familiäre ethnisch-kulturelle Prägung einen immer unwichtigeren Stellenwert für die persönliche Identität ein, sodass die traditionellen Zugehörigkeitsgefühle „in die Dämmerung der Ethnizität hinein" verblassten (Alba 1985, Buchtitel). Portes und Rumbaut gehen dagegen davon aus, dass Gruppen von Migrantinnen und Migranten sich auch bzw. sogar insbesondere in zweiter oder dritter Generation auf ethnische Spezifität besinnen und sich auf sie politisch fordernd berufen. Auslöser seien dabei typisch gerade Assimilierungsmaßnahmen, durch die beispielsweise Exilkubaner in den USA sich gewandelt hätten von „einer Gemeinschaft, die sich vormals hauptsächlich mit Ereignissen in Kuba beschäftigt hat, in eine sich ihrer selbst bewussten ethnische Gruppe, die sich dann effektiv für lokalen (also US-amerikanischen, A.S.K.) politischen Wettbewerb organisierten" (Portes und Rumbaut 2001, S. 149). Diese Diskussion hat ihren Zenit jedoch bereits überschritten (siehe auch Soeffner und Zifonun 2008, S. 17) – wohl auch, weil der ihr zugrunde liegende Kontrast faktisch zu scharf formuliert ist: Beide Positionen lassen sich durchaus differenzieren, somit flexibilisieren und schließlich kombinieren. Die den beiden Perspektiven letztlich zugrunde liegende strukturfunktionalistische Interpretationsstruktur einschließlich der Vorstellung von containerartigen Kulturen soll nun aufgebrochen werden.

8.2 Grundlagen von Integration aus wissenssoziologischer Perspektive

Soeffner und Zifonun (2008, ebenso wie Zifonun und Cindark 2004) lehnen eine strukturfunktionalistische Engführung des Integrationskonzeptes und seiner Diskussion ab. Zunächst weisen sie darauf hin, dass an diesem Thema gut die nur begrenzte Fruchtbarkeit eng gefasster Mikro-Makro-Unterscheidungen erkennbar wird. Sie verstehen Integration sinnvoll als *Prozess* und sind an *Institutionalisierungsverläufen* interessiert. Generell, so ihr Startpunkt, findet Integration im Verlauf der Sozialisation anhand „kollektiver Bestände (statt), die in Interaktion produziert und reproduziert werden" (Soeffner und Zifonun 2008, S. 5). Als wichtigster Bezugspunkt gelten dabei *Lebenswelten,* also „Referenzgruppen, an denen der Einzelne teilhat, auf die er sein Handeln richtet und an denen er sein Denken orientiert" (Zifonun und Cindark 2004, S. 271). Die diesen Lebenswelten zugrunde liegenden Wissensbestände sind jedoch nicht kohärent, ihre Inhalte widersprechen sich häufig sogar. Damit ist Wissen in sich differenziert und differenziert sich fortlaufend. Entsprechend gilt für die zwar kontingenten, aber bei weitem nicht zufälligen, sich dauernd entwickelnden bzw. wandelnden Bindungen gleichsam zwischen Individuum und Gesellschaft: das Veräußerlichen von Wissen in Handlung kann sowohl zur Festschreibung von Bedeutungen führen als auch zu ihrer Infragestellung und Revision.

Zu bedenken ist dabei, dass der Begriff *Wissen* irreführend sein kann: Wissen ist kein in sich stabiler Block. Natürlich ist das nur eine andere Ausdrucksform des in Kap. 2 formulierten Arguments: Wenn Wissen monolithisch wäre, würde sich die Frage der Integration ja gar nicht stellen, Soziales also gleichsam automatisch funktionieren. Dass Wissen kein einheitlicher Block ist, gilt jedoch nicht nur für ‚das Ganze', also hinsichtlich ‚Wissen von Gesellschaften' oder von sogenannten Lebenswelten. Auch seine Elemente entziehen sich der Überprüfung auf intersubjektive Übereinstimmung. Mit anderen Worten: Im Grunde basiert sozialer Zusammenhalt vor allem auf dem *Glauben,* dass andere sich das Gleiche vorstellen, wie ich, wenn sie beispielsweise Begriffe wie ‚Zusammenhalt' oder ‚Wahrheit' hören.

Für Soeffner und Zifonun ist schließlich von zentraler Bedeutung, dass Integration nicht nur „eine passive Internalisierung gegebener Strukturen (Normen, Werte etc.) repräsentiert, sondern […] im dualen Prozess der Externalisation und Internalisation von Wissen […] [an sich] realisiert" (2008, S. 6) wird. Daraus ergibt sich für sie die zentrale Ausgangslage jeder Integrationsforschung als eine zweiseitige Medaille: Da Integration kein vorstellbares Ende hat, ist Gesellschaft ein Prozess. Entsprechend geht es nicht um Teilnahme *an* Gesellschaft, sondern diese Teilnahme *ist der Prozess Gesellschaft* selbst (hier verweisen die

Autoren auf ihre Nähe zu Simmels Konzept der Vergesellschaftung). In diesem Prozess steht Differenz prinzipiell anhaltend im Vordergrund, was sich sinnvoll um eine Prozessperspektive auf Konflikt ergänzen lässt: Erstens „ist das Individuum nie vollständig von der Gesellschaft absorbiert – Differenz besteht immer fort […]. Zweitens enthalten symbolische Universen immer konfligierende Elemente. Strukturelle Widersprüche mögen symbolische Harmonisierung erfahren, werden aber nicht ausgelöscht" (Soeffner und Zifonun 2008, S. 7). Die Autoren verweisen auf „kleine, aber quasi permanente Dispute, Auseinandersetzungen und Kompromisse, die in täglicher Interaktion stattfinden" (2008, S. 13), die dazu beitragen, dass neue Ordnungen entstehen. Sie schließen aber auch explizit ‚neue Konfliktordnungen' mit ein, die die fundamentale Ebene der Definition von Problemen sowie der Regeln der Auseinandersetzung betreffen. Die Unterscheidung zwischen Konflikten, die sich im Rahmen allgemein anerkannter Regeln primär auf inhaltlicher Ebene abspielen einerseits und Konflikten, die (auch) formale Grundlagen selbst der Auseinandersetzung berühren, ist eine wichtige, wie in der unten folgenden Diskussion verschiedener Integrationskonzepte genauer gezeigt wird. Wichtig und grundlegend anschlussfähig an die prinzipielle Perspektive hier ist: „die Präsenz von Konflikten zeigt die Entwicklung neuer Formen von Integrationsprozessen an. Sie sind ein Ausdruck gegenseitiger Relevanz der Akteure füreinander" (Soeffner und Zifonun 2008, S. 13; siehe auch Leggewie 2000).

8.3 Integrationskonzepte und Konfliktlinien der Diskussion

Die zentrale Bedeutung dieses Themas lässt sich also zunächst aus der grundlegenden Rolle erklären, die Integration als soziologisches Prinzip hat: jede und jeder ist unausweichlich damit beschäftigt. Im politischen Diskurs wird der Begriff allerdings vor allem im Kontext von Mehrheits-Minderheits-Konstellationen bzw. Verschiebungen innerhalb ihrer aufgegriffen: „Problembereiche des kulturellen Wandels von Personen und Gruppen [und seines sozialen und politischen Ausdrucks, A.S.K.] [..] [sind] mit der Begründung von Nationalstaaten und der Ausweitung internationaler Migration zum Thema geworden" (Heckmann 1992, S. 167).

Im Folgenden werden mit Blick auf die zentrale Argumentationslinie dieses Buches eine Reihe verschiedener Integrationskonzepte noch einmal vertiefend diskutiert und systematisch verglichen. Diesen Integrationskonzepten ist ganz generell die Ausrichtung auf eine jeweilige Vorstellung sozialen Zusammenlebens, eventuell Zusammenhalts, auf der Basis einer Annahme von Differenz gemeinsam. Sie unterscheiden sich jedoch recht grundlegend in den in ihnen konkret gesetzten Zielen, den Einschätzungen, wie diese zu erreichen sind, folglich den Handlungsmaßstäben sowie hinsichtlich ihrer Legitimitätsbewertungen. Die ausgewählten Konzepte – *Multikulturalismus, Assimilierung, anhaltende Differenz* – werden jeweils auf zwei Ebenen betrachtet, und zwar hinsichtlich ihrer grundlegenden Kennzeichen einerseits sowie andererseits mit Bezug auf ihre jeweilige normative Entscheidung für das, was sie als sinnvoll bzw. richtig implizieren.

Dem Konzeptvergleich liegt folgendes Muster zugrunde: Zunächst wird der jeweilige Aussagekern skizziert, dann ein typisches oder mehrere typische analytische Probleme reflektiert. Abschließend wird das jeweilige normative Bewertungsspektrum dargestellt. In einem zweiten Schritt werden die Konzepte in einen Globalisierungskontext gestellt und noch einmal begrifflich zugeordnet: *Transnationalisierung, Transkulturalisierung, Hybridisierung*.

Wie es für Begriffe prinzipiell gilt, werden auch die hier ausgewählten von verschiedenen Autorinnen und Autoren unterschiedlich verwendet. Erläuterungen wie die nun folgenden sind also notwendig spezifische Festlegungen begrifflicher Inhalte, die mit anderen Interpretationen verglichen werden sollten.

8.3.1 Multikulturalismus

Multikulturalismus ist im Vergleich mit anderen Begriffen des Diskursraumes ein Konzept mit recht langer Tradition. Allgemein unterliegt ihm die Vorstellung einer Kombination ‚verschiedener Kulturen' in einem gemeinsamen gesellschaftlichen Bezugsrahmen. Klassisch wird Multikulturalismus im nordamerikanischen Kontext interpretiert und angewendet. Vor allem in Kanada gilt er als positives Modell und hat sogar Verfassungsrang, doch selbst dort gibt es keine „präzise inhaltliche Bestimmung oder Doktrin" (Vertovec 2011, S. 74; zu diesem Fall siehe auch Geissler 2011). Zeitlich stammt seine Idee „aus den 60er und 70er Jahren des vergangenen Jahrhunderts, als man davon ausging, dass eine antirassistische Politik es im Wesentlichen mit einheitlichen ethnischen Gruppen zu tun hat. Diese Gruppen dachte man sich als klar und dauerhaft voneinander abgegrenzt und im Inneren analog strukturiert. Eindeutig erkennen sollte man sie an der Hautfarbe, der jeweils eigenen Kultur und dem Diaspora-Mythos" (Hollinger 2011, S. 66).

Die analytische Schwierigkeit von Multikulturalismus ist also vor allem ein problematisches Containerdenken. Kulturen werden als in sich prinzipiell kohärente, also weitgehend homogene Einheiten vorgestellt, die als solche entlang klar absteckbarer Grenzen aufeinandertreffen bzw. -prallen. Tatsächlich werden diese Differenzierungen aber immer detaillierter, sogar praktisch unmöglich, sodass faktisch gar keine Kollektivkriterien mehr festlegbar sind (ebd., S. 66 ff.) – und im Bewusstsein auch immer weniger angemessen wirken. Wenden wir dieses Konzept nun konflikttheoretisch, lässt sich ein weiteres analytisches Problem fassen: Eine solche generell abschließende Konstellation – den Anderen schlicht anders sein lassen – legt eine Art der ‚Indifferenz gegenüber Differenz' nahe, die letztlich Austausch und damit Soziales verhindert, statt sie zu befördern. Auf den kritischen Punkt bringt das Bauman:

> Die neue Indifferenz gegenüber Differenz wird als Anerkennung eines ‚kulturellen Pluralismus' theoretisiert: die Politik, die von dieser Theorie geprägt ist und von ihr unterstützt wird, ist ‚Multikulturalismus'. Angeblich ist Multikulturalismus am Postulat liberaler Toleranz und der Sorge um das Recht der Selbstbehauptung und öffentlicher Anerkennung der gewählten (oder ererbten) Identitäten der Gemeinschaften orientiert. Er fungiert jedoch als grundlegend konservative Kraft: Seine Effekte sind eine Neufassung von Ungleichheiten, die wohl kaum öffentliche Zustimmung finden werden, als ‚kulturelle Unterschiede' – etwas, das wertzuschätzen und zu befolgen ist (Bauman 2008/2001, S. 107).

Es gibt jedoch auch Versuche, genau diese Problematik zu vermeiden und gleichzeitig am Begriff festzuhalten, beispielsweise von Leggewie: „Multikulturalität ist kein Nebeneinander unantastbarer Kulturen, eher eine Gesellschaft ohne leitkulturelles Zentrum, die nicht Gruppenloyalität, sondern die Chancen des Individuums stärkt, in eine Gemeinschaft einzutreten und daraus Ideen, Talente, Ressourcen zu ziehen" (Leggewie 2011, S. 40; zur Diskussion ‚Multikulturalismus und Leitkultur' siehe ausführlich Ohlert 2014, mit einer Übersicht auf S. 33). Noch konkreter hinsichtlich des Aspektes des Austauschs ist Richard Sennetts Ziel der „Etablierung eines anspruchsvollen Multikulturalismus, der eine Alternative zwischen Assimilierung oder Isolierung, Integration oder Ausschließung sucht. Er plädiert für einen gegenseitigen Umgang, bei dem die Unterschiede zwischen den Menschen erhalten bleiben können, es aber trotzdem zu Begegnungen kommt" (Schroer 2005, S. 255). Tatsächlich jedoch handelt es sich dabei um eine sehr theoretische und letztlich normative Konstruktion, die auf Appelle angewiesen ist, um das analytische Problem aus dem Konzept ‚Multikulturalismus' gleichsam herauszuschneiden.

Prinzipiell ist das normative Bewertungsspektrum wie folgt: Als positiv wird häufig betrachtet, dass die Perspektive des Multikulturalismus Gruppen Rechte zuerkennt, vielleicht sogar, dass sie kollektive ‚Eigenheiten' anerkennt und damit Zuwanderer nicht zwingt, kulturelle Traditionen im weiteren Sinne zu unterdrücken.

Das kann denjenigen helfen, die aufgrund von ‚kulturellen' ‚ethnischen' oder ähnlichen Kriterien strukturell und damit systematisch benachteiligt werden, und deren Chancen auf individuelle Durchsetzung schlecht sind. Als negativ gilt die immer weniger als legitim anerkannte Zuordnung von Individuen in sozial folgenreiche Kollektivkategorien. Auch das Risiko der Bildung von Subkulturen (zur Diskussion von ‚Parallelgesellschaften' siehe Ohlert 2014, S. 91 ff.), die entlang letztlich künstlicher, weil sozial hochgradig geschaffener und aktivierter Differenzkriterien erfolgt, welche aber im Alltag keine besondere Relevanz haben müssen, gilt als problematisch. Mit anderen Worten: Zunächst muss eine Vorstellung von Einheit und in der Regel auch von Einheitlichkeit durchgesetzt werden, die als Legitimationsgrundlage für starre Gruppenbildungen fungieren kann, welche dann mehr oder minder in alle Zukunft als solche angesprochen werden sollen.

Eine politische These lautet, dass die Bewertung der Subkulturproblematik abhängig vom Abweichungsgrad der Minderheiten- von der Mehrheitskultur ist (Ohlert 2014, S. 19): Je weniger Abweichung – oder weniger hegemonial ausgedrückt: je weniger Differenz – desto geringer die Sorge vor Containerbildung und entsprechend sich verfestigenden Trennlinien zwischen Gruppen.

8.3.2 Assimilierung

Im recht direkten Gegensatz zum Multikulturalismuskonzept und seinen starren und anhaltenden Grenzverläufen ‚zwischen' Kulturen steht die Vorstellung der *Assimilierung*. Da ihr die Idee der Anpassung und damit ein Prozessprinzip zugrunde liegt, ist sie prinzipiell flexibler. Grundsätzlich lassen sich zwei Varianten unterscheiden, nämlich einseitige sowie beid- bzw. mehrseitige Annäherung. In der ersten Variante der *einseitigen Annäherung,* die im Alltagsdiskurs dominant sein dürfte, wird eine alleinige Anpassung seitens der Minderheit bzw. der ‚Neuen' erwartet. Dabei lassen sich verschiedene Erwartungen unterscheiden: Entweder wird eine nur äußere Anpassung an den Rechtsrahmen und die von ihm abgeleiteten Regeln erwartet, aber gleichsam eine innere Freiheit bei der/dem Einzelnen belassen, sich damit zu identifizieren oder nicht. Oder aber es wird darüber hinausgehend eine gleichsam vollständige Identifikation mit Regeln *und* Werten des neuen bzw. Mehrheitssystems verlangt, ein Verinnerlichungsprozess, an dessen symbolischem Ende die Vorstellung eines fundamentalen Überlappens von Individuum und Gesellschaft steht. Heckmann schlägt dafür folgende begriffliche Unterscheidung vor: Funktionale

8.3 Integrationskonzepte und Konfliktlinien der Diskussion

> Lern- und Anpassungsprozesse infolge von Kulturwechsel wollen wir Akkomodation nennen: [...] [sie bezeichnen Aneignungsprozesse, die dazu befähigen,] in dieser Gesellschaft interaktions- und arbeitsfähig zu werden [...]. Es lässt sich jedoch häufig beobachten, dass es [...] nicht bei funktionaler Anpassung bleibt, sondern dass es zu Erfahrungs- oder Sozialisationsprozessen kommt, die einen Teil oder die gesamte Personenstruktur einbeziehen und verändern. Diese Veränderungen wollen wir als Akkulturation bezeichnen [...] [,] auch Veränderungen der Selbstidentität sind damit notwendigerweise verbunden (Heckmann 1992, S. 168; zur Diskussion dieses Unterscheidungsprinzips siehe Ohlert 2014, S. 71 ff.).

Natürlich handelt es sich bei diesen Beschreibungen um Überspitzungen, man könnte auch sagen: Idealtypen, und Übergänge zwischen ihnen sind fließend.

Unabhängig von den genauen Erwartungen stellt sich als analytisches Problem die Frage: Anpassung – an was genau? Was ist beispielsweise ‚die deutsche Kultur', die als die immer wieder diskutierte ‚Leitkultur' fungieren könnte? Auch in dieser Perspektive wird also die faktisch in der Regel intern hochdifferenzierte Mehrheitsgesellschaft als Container konzeptualisiert, der klar feststellbare Regeln und Werte hat, die als weitgehend fragloser Maßstab gelten könnten. Darüber hinaus wird damit ein Kurs auf eine letztlich homogene Gesellschaft gesetzt.

Das normative Bewertungsspektrum ist ebenfalls breit. Als positiv kann zunächst schlicht im Sinne einer Wertentscheidung betrachtet werden, dass solche Anpassungserwartungen als angemessen bewertet werden können, gleichsam ‚wenn schon Fremde aufgenommen werden'. Etwas anspruchsvoller ist das Argument, dass die Stabilität eines gemeinsamen Rahmens durch gemeinsame Regeln und vor allem durch klare, grundlegende Spielregeln gewährleistet werden muss, und nur die Regeln der Herkunftsgemeinschaft bzw. der Mehrheit (was langfristig nicht das Gleiche sein muss und historisch in der Regel nicht ist) dafür infrage kommen. Als negativ ließe sich dagegen bewerten, dass in diesem Fall die Majorität die Minorität strukturell und zumindest tendentiell anhaltend dominiert und somit Ungleichheiten entlang von Kollektivkategorien fortgeschrieben werden.

In der zweiten Variante von Assimilation, die durch *gegenseitiges Annähern* gekennzeichnet ist, liegt das analytische Problem ebenfalls beim scheinbaren Hinarbeiten auf eine letztlich homogene Gesellschaft. Zusätzlich wird jedoch ein für alle geltender Bewertungsmaßstab riskiert, denn während in der Regel viele Inhalte relativ unproblematisch verhandelt werden können, ist die Verhandlung von Spielregeln meist sehr schwierig, sie geht regelrecht ‚an die Substanz' – mit potenziell kritischen Folgen. Besonders interessant ist dabei, dass im Hinblick auf das Problem des Schwammigwerdens von gemeinsamen Grundlagen Akkomodation zunächst sogar als weniger problematisch erscheinen kann als Akkulturation, da letzteres Muster zu noch mehr Volatilität führt. Mittel- und langfristig kann – gleichsam bei sozial erfolgreichem Verlauf – die Bewertung dann wieder anders ausfallen.

Das normative Bewertungsspektrum weist an einem Pol ein Begrüßen der Tatsache auf, dass sich beide Seiten bewegen und damit gleichberechtigt sind oder sich zumindest von vornherein prinzipiell auf Augenhöhe begegnen. Das Verhandlungsprinzip selbst wird tatsächlich zum Gesellschaftsprinzip und damit strukturprägend, und da es auf Austausch angewiesen ist, weist es eine große prinzipielle Offenheit auf. Dagegen ließe sich kritisch anmerken, dass damit möglicherweise an ,die Mehrheitsgesellschaft' zu hohe und aufgrund von traditionell-kulturellen Prägungen nicht als legitim anerkannte Erwartungen gestellt werden.

8.3.3 Anhaltende Differenz

Ein drittes Modell lässt sich als Integration mit anhaltender Differenzperspektive benennen. Hier geht es um allseitiges Bewegen im sozialen Kontakt im weiteren Sinne, *ohne* dass diesem ein Ideal der Homogenitätserreichung zugrunde läge. Damit unterscheidet sich dieser Entwurf von der vorangegangenen zweiten Variante von Assimilation zwar konzeptuell grundlegend, in der Praxis aber eher graduell. Als klassischer Vorläufer dieses Grundgedankens kann Fredrik Barth gelten, der „unter ethnischer Identität primär die Identität von Individuen versteht, die sich in Interaktion mit Partnern befinden, die eine andere Identität besitzen" (Antweiler 2015, S. 248; Barth 1969), sodass „ethnische Gruppen [..] damit weniger eine soziale Handlungseinheit als ein Klassifikationsschema bzw. eine Kategorie mit Grenzen" sind (Antweiler 2015, S. 248). Diese Grenzen „werden nicht durch grundlegende Unterschiede der Lebensweise gebildet, sondern entstehen in der Betonung von Unterschieden seitens der Akteure durch Handeln (z. B. Heiratspräferenzen) und Symbolik (z. B. Kleidung oder Nahrungsgebote)" (ebd., S. 250), werden also über Praktiken hergestellt und verstetigt bzw. abgebaut. Insofern sind Grenzen immer Kontaktstellen des sich stetig wandelnden Sozialen.

Das wichtigste analytische Problem dieser hochgradig flexiblen Perspektive ist die prinzipiell bestehende, im Extremfall auch kurzfristig und situativ unaufhebbare völlige Offenheit. Wo sind Grenzen der Verhandlungen? In diesem Modell darf es sie nicht geben – sind aber selbst auch nur im weitesten Sinne funktionierende soziale Zusammenschlüsse nicht auch auf sie angewiesen? Eine völlige Beliebigkeit ist keine Grundlage für irgendeine soziale Gruppe, unabhängig von ihrer Größe. Wie bereits in der Einleitung erwähnt: ,Wir gehören zusammen, *weil* wir unterschiedlich sind', funktioniert nicht. In eine ähnliche Richtung weist der

Mythos von *Diversity*, der besagt, „dass heterogene Gruppen, die aus Personen mit unterschiedlichen Hintergründen bestehen, [*per se*, A.S.K.] kreativer arbeiten können [...]. Das wäre dann nichts anderes als [...] eine Festlegung der Personen auf ihre durchaus klischeehaft begriffene Unterschiedlichkeit" (Terkessidis 2011, S. 191 f.).

Was geschieht also, wenn es irgendwann im Prozess nicht mehr gelingt, sich auf grundlegende Spielregeln zu verständigen? Dann drohen Kommunikations- und Handlungsweisen, die nicht mehr auf dem in Kap. 2 angesprochenen (und in Kap. 12 ausführlich erläuterten) Kontinuum anzusiedeln sind, also Abbrüche des Sozialen. Ohlert verweist auf ein „unauflösbare[s] Spannungsverhältnis[] aus Offenheit und Gebundenheit des demokratischen Rechtsstaates und dessen Verwiesenheit auf die ihn tragende Gesellschaft" und bringt die entsprechende Aufgabe auf einen politiktheoretischen Punkt: „Denn wenn der freiheitliche, die Würde des Menschen schützende Staat von Voraussetzungen lebt, die er selbst um seiner Freiheitlichkeit willen nicht autoritativ durch Zwang garantieren kann bzw. darf, sondern die er bewusst – als Wagnis – von der moralischen Substanz und den inneren Regulierungskräften der Gesellschaft und ihrer Bürger abhängig macht, muss dies für Migranten im gleichen Maße wie für Einheimische gelten" (2014, S .90, o. Herv. d. O.).

Auch bei diesem Konzept stehen sich positive und negative Einschätzungen gegenüber. Als positiv – zumindest aus ‚typisch westlicher' Sicht – kann die große Offenheit der sozialen Situation betrachtet werden, in der sich die Teilnehmer der fortlaufenden Verhandlungen vor allem als Individuen begegnen. Differenz und Heterogenität als Prinzipien des Sozialen sind anerkannt und bleiben erhalten. Als problematisch ließe sich dagegen bewerten, dass Kollektiven zu wenig Bedeutung beigemessen wird, dem Individuum dagegen möglicherweise zu viel. Individuen unterscheiden sich aber – aus soziologischer Sicht je nach ihrer sozial geprägten Position und der damit verbundenen strukturellen Chancen – in ihrer Durchsetzungskraft, wie schon im Kontext des Multikulturalismuskonzepts aus umgekehrter Perspektive erläutert.

8.4 Kontext Globalisierung

Auf dieser Grundlage und vor dem Hintergrund des vor allem in den Kap. 5 und 6 besprochenen Spektrums von Homogenität/Nationalstaat und Heterogenität/Differenz lassen sich nun auf der Basis einer Globalisierungsannahme Ordnungsformate im weiteren Sinne differenzieren. Die wichtigsten Begriffe, mit denen die Diskussion geführt wird, sind *Transnationalisierung* bzw.

Transkulturalisierung und *Hybridisierung*. Übereinstimmend handelt es sich um Prozessbegriffe, die in der Regel stark flexibilisierend auf die Integrationsdiskussion wirken. Ebenfalls übereinstimmend zeichnen sie sich dadurch aus, dass sie die Unterscheidung von Makro- und Mikroebenen faktisch übergreifen, bzw. dass zu einer aussagekräftigen Analyse das bewusste Überschreiten dieser vorgestellten Grenzen erforderlich ist. Sie sind sowohl auf individuelle wie auch auf kollektive Ebenen zu beziehen, genauer: erst die Betrachtung der einen Ebene gibt Aufschluss über die andere.

Transnationalisierung bezieht sich zunächst auf Nationen als Bausteine, deren Grenzen so überschritten werden, dass sie sie letztlich fast transzendieren, sie also perspektivisch nahezu bedeutungslos werden. ‚Perspektivisch' und ‚nahezu' sind dabei bedeutsame Einschränkungen, denn wie der Begriff selbst aussagt, sind Nationen die Bezugspunkte und bleiben es grundsätzlich auch. Ludger Pries fasst zusammen:

> Im Mittelpunkt stehen dabei wirtschaftliche, kulturelle, politische und soziale Beziehungen und Verflechtungen, die die Grenzen der Nationalstaaten überschreiten, aber nicht in erster Linie zwischen den Staaten bzw. Regierungen entwickelt werden. Gleichzeitig handelt es sich um soziale Beziehungen, Netzwerke und Sozialräume, die nicht global und erdumspannend, gleichsam überall und ‚de-lokalisiert' vorhanden sind, sondern die sich zwischen sehr verschiedenen Orten und Plätzen über nationalstaatliche Grenzen hinweg aufspannen (Pries 2008, S. 13; siehe auch Pries 2001, 2010).

Transkulturalisierung bezieht sich begrifflich auf Kulturen als Bausteine, deren (vorausgesetzte) Containercharakteristik jedoch ebenfalls perspektivisch im Prozess aufgehoben werden soll. Da die Definition von Kultur weniger einheitlich ist, als die von Nation, sind die erwarteten Folgen entsprechend unspezifischer. Eine typische Erwartung ist, dass schließlich beispielsweise Ethnizität im Sinne eines Kulturmarkers keine Bedeutung (mehr) hat, Differenz also hingenommen, aber nicht mehr unbedingt und sozial folgenreich als ‚kulturell' kategorisiert wird. Das ist jedoch nicht eindeutig: Im Prinzip unterliegt dieses Konzept der gleichen Argumentationsstruktur wie das des Transnationalismus – sodass man auch umgekehrt argumentieren, es also letztlich statisch fassen könnte.

Die dritte der hier ausgewählten Kategorien, die Kategorie der *Hybrität,* unterscheidet sich konzeptuell recht grundlegend, in der Praxis aber wiederum eher nur graduell von den beiden vorherigen, also von Transnationalisierung und Transkulturalisierung. Der wesentliche konzeptuelle Unterschied ist, dass als Ausgangspunkt keine vermeintlichen Einheiten herangezogen werden, also weder Nationen, noch Kulturen, noch andere prinzipiell statisch vorgestellten

Kollektive. Stattdessen ist der Startpunkt explizit eine Verschwommenheit und Unschärfe von Grenzen: „Hybridisierung reflektiert eine postmoderne Sensibilität von Ausschneiden und Mischen, Transgression und Subversion" (Nederveen Pieterse 2009, S. 55). Entsprechend bietet dieses Konzept noch mehr Flexibilität als die beiden vorangehenden. Außerdem bietet es sich auch noch stärker zur Analyse des Individuums an, denn Differenzfolgen, die bis in die Einzelne und den Einzelnen hineinreichen und sich in ihr bzw. ihm abbilden, sind meist nicht mehr ohne weiteres auf Nationen oder Kulturen in vorgestellte Containerformaten zurückzuführen. Ein potenzielles Problem ist dagegen, dass die im Konzept der Hybridisierung angelegte völlige Offenheit das Risiko in sich trägt, strukturelle „Asymmetrie und Ungleichheit im Prozess und den Elementen des Mischens" (ebd., S. 55) zu verschleiern.

8.5 Kapitelfazit

Im Rückbezug auf die gerade erstellte grobe Typologie von Integrationskonzepten lässt sich festhalten: Im Modell des *Multikulturalismus* finden idealtypisch weder auf kollektiver noch auf individueller Ebene Grenzüberschreitungen und schrittweise -auflösungen statt. In einer sich globalisierenden Welt nehmen individuelle und kollektive Bezugspunkte soziale Wirksamkeit über im Containerformat vorgestellte Selbst- und Fremdeinordnungen an.

In beiden Varianten von *Assimilation* ist der Ausgangspunkt Gruppen, die über – entweder einseitige oder mehrseitige – Angleichungsprozesse ihre Grenzen überschreiten (sollen). In diesem Sinne passen sowohl Transkulturalisierung als auch potenziell Transnationalisierung, je nach zugrunde gelegten, als relevant definierten Kategorien, also entweder Kulturen oder Nationen. Während es in dieser Perspektive eher zweitrangig ist, ob es sich um einseitige Annäherung oder um mehrseitige handelt, ist gerade hinsichtlich der individuellen Dimension von größerem Interesse, ob eine Verinnerlichung mehr oder minder gemeinsamer Werte stattfindet oder nicht. Falls ja, kann ein hoher Grad an individueller Transnationalisierung bzw. Transkulturalisierung erwartet werden, falls nicht, fiele er entsprechend geringer aus. Im letzten Modell, der *fortbestehenden Differenz* dagegen werden kollektive Kategorien gar nicht erst als zentraler Ausgangspunkt betrachtet, entsprechend sind in Prinzipien wie Transnationalisierung und Transkulturalisierung von nachgeordneter Bedeutung. Dagegen steht das individuelle Jonglieren eines dauernden Wandels von Differenz und Balancierungsversuche innerhalb der und des Einzelnen im Mittelpunkt – und damit Prozesse der Hybridisierung, potenziell gemeinsam mit Abgrenzungsbestrebungen.

Mit diesen Erörterungen ist zunächst eine Grundlage geschaffen, um die verschiedenen Konzepte gegeneinander abzuwägen. Noch nicht beantwortet ist damit die zu Anfang des Kapitels formulierte Frage: Ist Einheitlichkeit Voraussetzung oder Folge von Integration, oder aber keins von beidem? Dass Vorstellungen von Einheitlichkeit sowohl hilfreich als auch problematisch wirken können, und dass sie normativ sehr unterschiedlich bewertbar sind, hat sich gezeigt. Genauere Einschätzungen werden in den folgenden Kapiteln entwickelt. Hier sei als Zwischenergebnis festgehalten: Erstens ist Austausch zentral für das Gelingen von Gesellschaften im weiteren Sinne, zweitens rückt ein erweiterter Begriff von Vielfalt (oder weniger normativ ausgedrückt: Variation) in den Vordergrund: „Entscheidend ist [..], dass sich Vielfalt nicht mehr nur auf ethnische Kriterien bezieht. Sie umfasst außerdem Geschlechter, sexuelle Orientierungen, Behinderungen und noch vieles mehr" (Vertovec 2011, S. 75) – genauer: alles das, was Menschen für differenzrelevant halten, mit umfassenden zu erwartenden Erweiterungen bzw. Vertiefungen von Differenzinterpretationen in der Zukunft. Damit verschiebt sich die Aufmerksamkeit wieder zurück auf die anfangs festgehaltene Tatsache, dass es soziologisch um Differenz als *allgemeines* Prinzip des Menschen und des Sozialen geht. Und somit gilt drittens immer unausweichlicher: „Niemand kann sich auf einen Dialog einlassen, ohne dabei ernsthafte Risiken einzugehen" (Appadurai 2011, S. 30; dort auch im Einzelnen und interessant zu verschiedenen Risikoaspekten). Damit ist der grundlegende Rahmen jeder Integrationsaufgabe umrissen.

Fremde, Selbste, Grenzen 9

Der Blick auf das Fremde, die Fremde und den Fremden ist nie rein fremdbezüglich. Im Gegenteil leitet sich der größte Teil seiner Relevanz erst vom regelrecht existenziellen Interesse für das Eigene ab: Das Fremde ist „als das Andere der Ordnung dennoch ein Teil der Ordnung und demzufolge nicht vom Eigenen zu trennen" (Reuter 2002, S. 14, o. Herv. d. O.). Deshalb heißt „(ü)ber andere zu reden (..), über sich selbst zu reden. Die Konstruktion der Anderen ist zugleich die Konstruktion des Selbst" (Fuchs und Berg 1993, S. 11) – und umgekehrt. Die Aspekte von Konstruktion verweisen darauf, dass „potenziell nahezu jeder/jede zum Fremden gemacht werden kann" (Reuter und Warrach 2015, S. 175). Für die kollektive Ebene lässt sich daraus ganz grundlegend ableiten: „Ambivalenz gegenüber dem Fremden wäre dann immer selbstbezogene Ambivalenz von Gesellschaften" (Stichweh 2012, S. 128).

Stichweh unterscheidet die Begriffe *Andere* und *Fremde:* „Von Fremden ist immer dort die Rede, wo soziale Andere auftauchen, mit denen sich das Moment des Unerwarteten und der Überraschung verknüpft, und wo für diese Überraschung zunächst keine gesicherten Routinen der Bearbeitung und des Umgangs mit ihnen zur Verfügung stehen" (Stichweh 2010, S. 75). Andere sind zunächst diejenigen, die sich von mir bzw. von uns unterscheiden – genauer: die als unterschiedlich wahrgenommen werden –, während ‚Fremde' immer zusätzlich eine Problematik zu transportieren scheinen: „Die Andersheit eines Alter ego ist eine unabweisbare und damit eine universelle soziale Erfahrung. Sie ist die Voraussetzung dafür, dass ich mich überhaupt als ich selbst aus der Differenz zur Andersheit eines Anderen erleben kann. Fremdheit hingegen liegt nur dann vor, wenn die Andersheit eines Alter ego als Irritation oder als Störung empfunden wird" (Stichweh 2010, S. 162). Soviel zur analytischen Trennung – von Interesse ist aber auch, wie die Begriffe tatsächlich genutzt werden. Ausgangspunkt für die

Begriffswahl der Kapitelüberschrift ist Georg Simmels berühmter Exkurstitel, doch auch in vielen anderen älteren und neueren Publikationen dominiert diese Bezeichnung. Dies ist vielleicht ein indirekter Beleg für die Beobachtung von Berg und Fuchs, die annehmen, der „Begriff der ‚Anderen' (habe sich, A.S.K.) im englisch- und französischsprachigen Kontext (…) durchgesetzt, während im Deutschen eher vom ‚Fremden' gesprochen wurde (…). Das Bild vom Anderen betont die Beziehung" (Berg und Fuchs 1993, S. 9), während das des Fremden einen offensichtlich abgrenzenden Schwerpunkt hat.

Grundsätzlich gilt zunächst: Je kohärenter das Selbst (sein soll), desto kohärenter der Entwurf des Fremden: „Das fiktive Bild des ‚Immigranten' erleichtert [..] die Konstruktion eines fiktiven Bildes der ‚Nation'" (Soeffner und Zifonun 2008, S. 15). Was mir fremd erscheint, dient also zur Bestimmung des Selbst, genauer: der Facetten des Selbst. Bei Stichweh findet sich dazu die weiterführende, systemtheoretisch inspirierte und funktionslogisch orientierte These, dass „die Gesellschaft in der Figur des Fremden *Störungen* für sich selbst erfindet, die sie für ihre weitere Evolution benötigt" (Stichweh 2010, S. 129). Abgemildert werde die „Überraschung durch den Fremden" weil die „Ambivalenz in der Figur des Fremden an die Grenze der Gesellschaft verschoben wird und dort auf Dauer gestellt werden kann" (ebd.). Genereller lässt sich sagen: Wir haben bzw. konstruieren – heute im historischen Vergleich besonders offensichtlich – eine Vielzahl von Anderen, auch Fremden, was im Umkehrschluss die gleichzeitige Existenz von vielen Selbst-Facetten oder Selbsten bedeutet: „(J)e komplexer, kulturell pluralisierter und sozial differenzierter eine gesellschaftliche Ordnung ist, je diskreter (..) und präziser ihr Klassifikationsbemühen, desto zahlreicher sind auch die Möglichkeiten ihrer ‚Infrage-Stellung', desto mehr Gelegenheit wird für Mehrdeutigkeiten geschaffen, desto vielfältiger sind die Gesichter des Fremden" (Reuter 2002, S. 49). Diese Pluralisierung und Flexibilisierung ist sozial und individuell anspruchsvoll und nicht selten problematisch. Aus soziologischer Perspektive interessiert jedoch zunächst vor allem, wie sie sich manifestiert und wandelt. Auch hier wird also prinzipiell eine Prozessperspektive eingenommen.

Grundsätzlich ist bei der Erforschung des Fremden und damit auch des Eigenen das Problem des *Othering* bzw. *Ver-Anderung* bewusst zu machen: „‚VerAnderung' soll heißen, dass der Fremde als Anderer eben nicht einfach gegeben ist (…), sondern dass er durch seine Entdecker, Autoren und Beobachter mithervorgebracht wird und damit die spezifische Beziehung zwischen Forscher und Forschungsobjekt (…) in Erscheinung tritt" (Reuter 2002, S. 20; o. Herv. d. O.). Dabei bestehen in der soziologischen sowie ethnografischen Erforschung des Anderen zwei Grundrisiken: zum einen, den anderen besonders ‚fremd zu machen', ihn also um der Differenz willen zu exotisieren. Dabei ist eine interessante Unterscheidung zwischen Ethnozentrismus und Exotisierung zu beachten: „Im Gegensatz zum Euro- bzw. Ethnozentrismus, der die eigenen kulturellen Werte verabsolutiert und den Fremden im Hinblick auf die eigene Weltanschauung einstuft, gerinnt der exotische Blick aus dem Ungenügen des Eigenen, so dass in der exotischen Darstellung fremder Lebenswelten immer auch das Unterdrückte und Verdrängte der eigenen Kultur Ausdruck findet" (Reuter 2002, S. 162). Das zweite Risiko besteht darin, das Andere zu stark vertraut zu machen. Dann gilt: „Die Identifikation mit dem Vertrauten bringt die Andersheit des Anderen zum Verschwinden und blockiert jede Fremderfahrung" (ebd., S. 86; im gleichen Text findet sich auch eine ausführliche Diskussion grundlegender Herausforderungen bei der Erforschung und Repräsentation des Anderen). Forschungspraktisch lässt sich die daraus entstehende Aufgabe so zusammenfassen: „Lässt sich eine Idee der Gleichzeitigkeit formulieren, die nicht die Differenz in Identität auflöst, die die Dialektik der Konfrontation bewahrt?" (Stichweh 2010, S. 93).

Die im zweiten Kapitel zum Begriffsraum angeschnittenen Aspekte zu Selbsten und Anderen werden nun systematisch vertieft. Der erste der Schwerpunkte, entlang derer die Diskussion im Folgenden verläuft, ist das Konzept der *Grenze*. Die Art, auf die wir Grenze interpretieren, illustriert nicht nur, wie wir Eigenes und Anderes trennen, sondern eben auch, wie wir Selbste und Andere konstituieren. Anhand verschiedener Grenzvorstellungen – hier hervorgehoben die Modelle *Linie* und *Raum* – lassen sich die grundsätzlich gleichzeitig verlaufenden und komplementär wirkenden Prinzipien von Abgrenzung und Verbindung nachzeichnen, ebenso wie daraus entstehende Ambivalenzen. Weil sie für diese Konstitutionsprozesse von solch großer Bedeutung sind, werden sie relativ ausführlich diskutiert. Im Anschluss daran erfolgt eine Vertiefung zu Funktionen des Anderen bei der Konstituierung von Selbsten, bevor dann spezifischer nach einem sich möglicherweise unter Globalisierungsbedingungen verstärkenden Bedürfnis nach Zugehörigkeit und Gemeinschaft gefragt wird. Abschließend wird ein alternatives Verständnis von Fremdheit im Sinne einer grundlegenden Verallgemeinerung von Fremdheit an sich besprochen.

9.1 Das Konzept *Grenze*

Grenze ist ein weit angelegtes Konzept (zur Etymologie des Begriffs siehe Eigmüller 2008; Eigmüller und Vobruba 2006; zur Geschichte von Grenze siehe z. B. Medick 2006). Im Deutschen ist der Grenzbegriff inhaltlich besonders umfassend, während im Englischen sprachlich stärker differenziert wird, beispielsweise in *frontier* im primär abgrenzenden Sinne und *border* mit Schwerpunkt bei Angrenzung (z. B. Delanty und Rumford 2005, S. 31). Eigmüller und Vobruba nennen außerdem *boundary, bounds* und *limits* (2006, S. 9). An Grenze trifft sich Differentes sowie Ähnliches, und konzeptuell ist der Aspekt der Trennung von dem der Verbindung nicht zu separieren. Somit öffnet sich über Grenze ein im analytischen Sinne flexibler Raum, in dem typisch Selbst- und Fremdkonstituierungen stattfinden. Dieser Raum weist kreative und destruktive, ambivalente und auch paradoxe Potenziale auf.

Den nun folgenden Erörterungen liegt ein Ordnungsmuster zugrunde, das sich an die dieses Buch durchweg charakterisierende Struktur ‚Homogenität *versus* Heterogenität' anlehnt. Betrachtet wird dazu die *Linie* als ersten Idealtypus von Grenze, der für eine homogenisierende Perspektive steht, in der sich eindeutige, nach innen homogene Einheiten von grundsätzlich andersartigen nach außen über ein klares Linienformat abteilen lassen. Damit kontrastiert, wieder idealtypisch gefasst, Grenze als *Raum,* dessen öffnendes, weitendes Prinzip Platz für Flexibilität und Heterogenität bietet, zumindest mit ihnen rechnen muss. Dieses Modell steht in direktem Zusammenhang mit einer zunehmenden Infragestellung der Eindeutigkeit und Stabilität von zugrunde liegenden räumlichen Einheiten, die auch in der Soziologie traditionell vor allem als Nationalstaaten gesehen wurden (siehe Kap. 5), denn Grenze kann nur dann als Linie funktionieren, wenn die Einheiten, die sie voneinander abtrennt, sogenannte Container-Form haben, also essenzialistisch interpretiert sind. Die Tatsache, dass soziale Einheiten faktisch nicht homogen sind und Beziehungen ihrer Mitglieder typisch übergreifen, sodass fortlaufend Vermischungen und Hybridisierungen produziert werden (siehe Kap. 6), verhindert jedoch zum einen nicht das prinzipielle Fortführen dieser Interpretationslinie, auch in indirekteren Formen (Wilson 2012, S. 79). Zum anderen – und das ist im Sinne des Thomas-Theorems relevant – schmälert sie ebenfalls nicht unbedingt sozial durchaus wirksame *Vorstellungen* von Grenzen als klar abgrenzenden Linien; manche vermuten im Gegenteil, ein zunehmendes Kontingenzbewusstsein beförderte solche Interpretationen sogar (siehe dazu genauer 9.3). Die beiden Modelle von Linie und Raum verbinden sich systematisch mit unterschiedlichen Potenzialen zur Konstitution von Selbsten und Anderen.

Auf beide Formen – Linie und Raum – wird sowohl in klassischen als auch in neueren Perspektiven der Soziologie immer wieder Bezug genommen. Trotz der verbreiteten Referenz soziologischer Klassiker auf Nationalstaaten als gleichsam fixierte Räume von Gesellschaft wird bereits in frühen soziologischen Perspektiven der Grenzbegriff zumindest in Aspekten relativ offen angegangen. Zwei soziologische Klassiker sollen dazu kurz zusammengefasst werden: Émile Durkheim und Georg Simmel.

9.1 Das Konzept *Grenze*

Émile Durkheim beschäftigt sich über Gesellschaftsformen indirekt mit den beiden genannten Idealtypen von Grenze. Einfache Gesellschaften, die er als weitgehend homogen und segmentär differenziert vorstellt, weisen seiner Meinung nach prinzipiell einen Containercharakter auf. Im Grenzbezug ist dabei besonders sein Hinweis auf das Konzept *Niemandsland* interessant, das zwei Gesellschaften dieses Typs trennt und gleichsam eine breite Linie darstellt. Der eigentliche Raumcharakter im Sinne eines sozialen Potenzials wird dabei also aufgehoben, weil in dieser Zone keinerlei sozialer Austausch bzw. Wechselwirkungen mit potenziellen Vergesellschaftungsfolgen stattfinden (dürfen). Durkheims zweite Gesellschaftsform, die er der ersten gegenüberstellt, folgt dem Prinzip der funktionalen Differenzierung, die mit einer zunehmenden Öffnung sozialer Räume einhergeht und damit den Liniencharakter ihrer Grenzen aufweicht: „Die Gesellschaft hört auf als das alleinige Ganze zu erscheinen, um Teil eines viel größeren Ganzen zu werden, mit unscharfen Grenzen, die fähig sind, unendlich nachzugeben (…). Anscheinend löst sich somit das Band, das zunächst das Denken an bestimmte kollektive Individualitäten gebunden hatte, immer mehr" (Durkheim 1984, S. 594). Dann lösen sich, in der von Pries vorgeschlagenen Begrifflichkeit, territorialer Ort und sozialer Raum voneinander. In Durkheims sozial-evolutionärer Perspektive erscheint die linear-abgrenzende Form von Grenze als ein Übergangsstadium, möglicherweise sogar als Bedingung *sine qua non* für sich öffnende und dann Raumform annehmende Grenzen (in der Aussage ähnlich: Parsons 1975, S. 65).

Mit *Georg Simmel* wird in mehrfacher Hinsicht ein Perspektivenwechsel vorgenommen (Simmel 1992; auch Löw 2012 und Eigmüller 2006). Sein Ausgangspunkt ist die Annahme, Grenze sei eine *soziologische Tatsache*: „Die Grenze ist nicht eine räumliche Tatsache mit soziologischen Wirkungen, sondern eine soziologische Tatsache, die sich räumlich formt" (Simmel 1992, S. 697). Hier interessiert vor allem, dass Simmel Abgrenzung nicht als gesetzten Ausgangspunkt heranzieht, sie nicht einmal in den Vordergrund stellt. Stattdessen fragt er generell nach Wechselwirkungspotenzialen, speziell unter Bedingungen von Konflikt und sogar Krieg (dazu genauer Kap. 12), und transzendiert damit ein reines Prinzip der Abgrenzung von vornherein: „Jede Grenze ist ein seelisches, näher: ein soziologisches Geschehen; aber durch dessen Investierung in einer Linie im Raum gewinnt das Gegenseitigkeitsverhältnis nach seinen positiven und negativen Seiten eine Klarheit und Sicherheit – freilich oft auch eine Erstarrung – die ihm versagt zu bleiben pflegt, solange das Sich-treffen und Sich-scheiden der Kräfte und Rechte noch nicht in eine sinnliche Gestaltung projiziert ist und deshalb immer sozusagen im status nascens verharrt" (Simmel 1992, S. 699).

Auch, wenn es vordergründig so erscheint, als interpretierten Simmel und Durkheim die Bedeutung von Grenze für Ordnung und Orientierung ähnlich (Schroer 2012, S. 69), liegt doch bei Simmel das Augenmerk an ganz anderer Stelle: Er fokussiert gerade nicht eine vermeintliche Stabilität, welche klar abgrenzende, lineare Grenzen nach innen herstellen könnten, sondern bezieht sich von vornherein auf etwas Übergreifendes und dessen Qualitäten und Potenziale. Denn Grenze wird, so Simmel, „doch zu einer lebendigen Energie, die jene auseinanderdrängt und sie (gleichzeitig, A.S.K.) nicht aus ihrer Einheit herauslässt" (Simmel 1992, S. 697). Die ‚Linie im Raum' bedeutet bei ihm also: Es gibt einen gemeinsamen Raum der beiden Einheiten, die eben von vornherein nur bedingt als solche, also als in sich geschlossen, angesehen werden können. Die Linie ist ihm demnach insofern ein Ordnungsinstrument, als dass sie beide Seiten in direkte Beziehung zueinander setzt und diese Beziehung damit in irgendeiner Weise klärt.

Das lässt sich auch an Simmels Bezug auf das sogenannte Niemandsland nachzeichnen. Für Simmel ist dies zunächst „der leere Raum als leerer (…), ein wüster Landstrich (…), Raum (..) als reine Distanz, als qualitätslose Ausdehnung" (Simmel 1992, S. 785). Hinsichtlich der sozialen Folgen präzisiert er: „Unter den vielfachen Fällen, in denen die Maxime: tu' mir nichts, ich tu' dir auch nichts – das Benehmen bestimmt, gibt es keinen reineren und anschaulicheren als den des wüsten Gebietes, das eine Gruppe um ihre Grenze legt; hier hat sich die innere Tendenz völlig in die Raumform hinein verkörpert" (ebd.). Soweit ist eine Übereinstimmung mit Durkheim erkennbar. Doch Simmel erweitert das Konzept sogleich: „Einen ganz andren Sinn gewinnt die Neutralität des unbewohnten Raumes, indem sie ihn zu positiven Diensten befähigt: seine Funktion, die bisher eine trennende war, kann auch eine verbindende werden. Begegnungen von Personen, die auf dem Gebiet der einen oder dem der anderen untunlich wären, können manchmal doch auf neutralem Gebiet stattfinden" (ebd., S. 787). Damit wird dieser Raum von beiden Seiten zur Verbindung nutzbar und zum potenziellen „Träger und Ausdruck soziologischer Wechselwirkung" (ebd., S. 790): „Ist eine solche Möglichkeit des Begegnens gegeben, ohne dass im Übrigen einer von beiden seinen Standpunkt zu verlassen braucht, so ist damit (..) (eine) Objektivation und Differenzierung eingeleitet" (ebd., S. 789). So erfahren sowohl Linie als auch Raum bei Simmel grundlegende und bereichernde Reinterpretationen.

Weitere konzeptuelle Öffnungen zu Grenze als Raum finden sich in einer Reihe aktueller soziologischer Perspektiven, in denen davon ausgegangen wird, dass Grenze „nicht in erster Linie eine Trennung (ist), die Räume separiert, sondern eine, die sie differenziert" (Rigo 2006, S. 170). Ihre gemeinsamen Ausgangspunkte sind: Erstens ist Grenze nicht lediglich auf ein klar geordnetes

9.1 Das Konzept *Grenze*

Hin-und-Her zwischen verschiedenen, schlicht als entgegengesetzt zu verstehenden Elementen zu reduzieren, sondern basiert auf dem Prinzip ihrer Relationierung (siehe auch Karafillidis 2010; zur Diskussion von ‚substantialistischen *versus* relationalen' Interpretationen in Bezug auf Raum siehe beispielhaft Schroer 2012 und Löw 2012). Dies führt zu Kontingenzen und impliziert, zweitens, dass Grenze nur als Prozess gedacht werden kann, also als zeitlich fortlaufend, auf Kombinationen von Verstetigung und Wandel basierend. Dieser in verschiedenartigen Formen stattfindende Relationierungsprozess hat in der Regel raumbildende Konsequenzen, und zwar sowohl im territorialen bzw. örtlichen als auch im abstrakt-räumlichen Sinne, beispielsweise in Form sich entwickelnder, gemeinsamer Institutionen. Eine Folge ist, drittens, dass Grenze nicht lediglich als Ort des angrenzenden Fremden angesehen werden kann, sondern gleichzeitiger Ort der Fremd- und der Selbst-(De-)Konstruktion ist.

Zu dem hier zentralen Aspekt der Differenzierung im Grenzraum bestehen einige konkrete Vorschläge im Sinne von Grenz*zonen*, die ausdrücklich nicht den Kriterien des Niemandslandes von Durkheim entsprechen. Im Gegensatz zu dessen Prinzip des Herausnehmens von Antagonismus und Ambiguität bzw. letztlich vom Sozialen schlechthin, wird in diesen Entwürfen eine räumliche, prinzipiell offen konzipierte Zone mit der Möglichkeit von gemeinsamer ‚Bedeutungs- und Sinnherstellung' (Donnan und Wilson 1999, S. 64) explizit gemacht. Dazu schlägt Saskia Sassen beispielsweise den Begriff *analytic borderlands* vor, als „Räume, die in Form von Diskontinuitäten konstituiert sind; in ihnen wird Diskontinuitäten eher ein Terrain gegeben, statt dass sie auf eine Trennlinie reduziert werden" (2013, S. 211). Dem Prinzip nach ähnlich, aber mit stärkerer Berücksichtigung des charakteristisch Konfliktuellen solcher Zonen entwickelt Suvendrini Perera den Begriff *borderscape,* mit „unterschiedlichen Zeitlichkeiten und überlappenden Verortungen, ebenso wie emergenten räumlichen Organisationen" (Perera 2007, S. 206 f.). Bei Ludger Pries liegt der konzeptuelle und empirische Schwerpunkt bei *transnationalen Räumen,* die im Zuge verschiedenartiger Migrationsbewegungen entstehen (z. B. 2008, 2010) und damit im weiteren Sinne als zum Teil extrem umfassende Grenzzonen interpretiert werden können (ergänzend zur Vorstellung ‚Europa als Borderland': Balibar 2004).

Vor dem Hintergrund der aus analytischer Sicht vorgenommenen und doch recht deutlichen Verschiebung des Grenzkonzepts weg von Linie und hin zu – zunehmend differenziertem – Raum, sei noch einmal darauf hingewiesen, dass das Linienmodell durchaus weiter Gültigkeit beansprucht und über typische *Vorstellungen* auch durchaus anhaltend sozial wirksam ist: Entsprechend ist es sinnvoll, statt einer Ablösung des Linienmodells eine Art Parallelführung mit dem Raummodell anzunehmen.

9.2 Andere und ihre Funktion der Selbstkonstituierung

Durch die analytische Öffnung des Grenzverständnisses hin zu Raum kommt es „zu einer Überlagerung von innen und außen, geschlossen und offen, eigen und fremd, Nähe und Ferne" (Schroer 2012, S. 78). Analog zur Unterscheidung Linie/ Container und Raum/unbestimmtere ‚Einheiten' lassen sich Interpretationen von Selbsten und Anderen idealtypisch in *trennscharf* und *diffus* unterteilen. Und ebenfalls den gerade vorgenommenen Betrachtungen zu Grenzkonzepten entsprechend, zeigen sich auch in der Interpretation von Anderen und ihren Implikationen für Selbstkonstituierungen Verschiebungen. Versuchen trennscharfer Abgrenzung liegen absolute Annahmen wie die folgenden zugrunde: „(S)olange die Ingroup mit einer stabilen, homogenen und fest geschlossenen Sinn- und Wertegemeinschaft gleichgesetzt wird, solange stellt der Eindringling ein *Problem* dar, das es lösen bzw. zu bewältigen gilt" (Reuter 2002, S. 121) oder ‚je ferner, desto fremder', oder auch, auf das Eigene bezogen, der Anspruch auf die Möglichkeit eines totalen Verständnisses (siehe auch Hahn 2000). Tatsächlich haben wir aber ja bereits Flexibilisierungsprozesse festgestellt, die u. a. darauf beruhen, dass in verschiedenen Situationen unterschiedliche Grenzen aktiviert werden, sodass je verschiedene Andere entsprechend Selbst-relevant werden. Noch darüber hinausgehend wird deutlich, dass klare Selbst- und Fremdgrenzen nicht ohne weiteres überhaupt als solche benannt werden können.

Bevor wir im abschließenden Abschnitt Konsequenzen aus diesen Erkenntnissen diskutieren, soll zunächst diese Fokusverschiebung selbst genauer betrachtet werden. Zentral, weil sozial wirksam, ist dabei, wie die Differenz des Anderen interpretiert wird (dazu allgemeiner Hahn 2000). In einem konstruktivistischen Sinne als lediglich *ästhetisch* anders, also primär potenziell kulturell bereichernd? Als zwar störend, aber dies nicht besonders schwerwiegend? Oder als *essenziell* anders und damit möglicherweise bedrohlich? Wie werden entsprechend Abgrenzung bzw. Nähe repräsentiert? Welche Folgen hat das für Selbst-Repräsentationen? Einige Anregungen für diesen Aspekt der Diskussion werden nun in interdisziplinärer Perspektive gegeben.

Der Gegensatz zwischen essenzialistischen und konstruktivistischen bzw. substanzialistischen und relationalen Interpretationen wird in einer biologisch inspirierten, philosophischen Debatte anhand der Gegenüberstellung von *immunologischen* und *postimmunologischen* Gesellschaftsinterpretationen aufgegriffen. Nach Roberto Esposito weist unsere Gegenwart einen immunologischen Charakter auf, dessen Grundmuster er in einer „Schutzreaktion gegenüber einem Risiko" (Esposito 2004, S. 7) sieht: „Jemand oder etwas dringt in einen – einzelnen oder

9.2 Andere und ihre Funktion der Selbstkonstituierung

kollektiven – Körper ein und verändert, transformiert, verseucht ihn" (ebd., S. 8). Charakteristische Ereignisse seien der „Kampf gegen das Aufflammen einer neuen Epidemie (…), die Verstärkung der Bollwerke gegen die illegale Einwanderung und die Strategien, die auf die Neutralisierung des neuesten Computervirus abzielen" (ebd., S. 7). Von besonderem Interesse ist hier die Verortung, die Esposito vornimmt: „(W)as konstant bleibt, ist der Ort, an dem die Bedrohung angesiedelt ist: und dies ist stets die Grenze zwischen Innen und Außen, Eigenem und Fremdem, Individuellem und Gemeinsamem" (ebd., S. 8). Hier ist das Andere klar abgrenzend und ohne Zwischentöne als anders und klar fremd in einem essenzialistischen Sinne gefasst, das es lediglich fernzuhalten gilt.

Byung-Chul Han nimmt eine direkte Gegenposition ein. Espositos Position zugrunde liege, so Han, „eine klare Trennung von Innen und Außen, von Freund und Feind oder von Eigenem und Fremdem (…). Angriff und Abwehr bestimmen das immunologische Handeln (…). Abgewehrt wird alles, was fremd ist. Der Gegenstand der Immunabwehr ist die Fremdheit als solche" (Han 2014, S. 8). Dem entgegen stellt Han den Begriff einer postimmunologischen Gesellschaft, die sich gerade „durch das Verschwinden der Andersheit und Fremdheit aus(zeichnet) (…). (So) tritt an die Stelle der Andersheit die Differenz, die keine Immunreaktion hervorruft (…). Auch die Fremdheit entschärft sich zu einer Konsumformel. Das Fremde weicht dem Exotischen. Der Tourist bereist es" (ebd., S. 9; o. Herv. d. O.). Und am konkreten Beispiel der Migrationsdiskussion schlussfolgert Han: „Einwanderer und Flüchtlinge werden eher als Belastung denn Bedrohung empfunden" (ebd., S. 11).

Eine differenzierende Lesart dieses Arguments findet sich dagegen bei Polly Matzinger (2007), die im Kontext ihrer Krebsforschung eine erneuerte Unterscheidung ableitet: Statt, wie bislang in der medizinischen Forschung üblich, davon auszugehen, dass der Körper zwischen ‚Selbst' und ‚Fremd' unterscheidet und ‚Fremd' abstößt – eine Annahme, die prinzipiell parallel zu der Espositos verläuft –, nimmt sie an, dass Körper innerhalb der Kategorie des Fremden zwischen freundlich *(friendly)* und gefährlich *(dangerous)* differenzieren. Damit wird die Aufmerksamkeit verschoben vom Differenten an sich zu spezifischen Qualitäten des Differenten, ohne allerdings, wie Han, den Begriff des Fremden vollständig zu ästhetisieren und ihn damit letztlich ebenso zu vereinseitigen, wie Esposito das mit umgekehrten Vorzeichen getan hat.

Diese biologisch-philosophisch gegründete Unterscheidung zwischen freundlich und gefährlich lässt sich parallel führen mit einer soziologischen, die Andreas Langenohl im Rahmen einer Studie zu Städtepartnerschaften vorgeschlagen hat (zusammenfassend Langenohl 2010), nämlich der Unterscheidung zwischen wertbezogenen essenziellen und ästhetischen Interpretationen kultureller Differenz.

Er nimmt an, dass Differenz besonders dann unproblematisch – im Sinne von besonders zugänglich für Vergesellschaftungsabläufe – ist, wenn sie als ästhetische interpretiert wird, also gleichsam als Verkörperung von ‚unterschiedlich, aber prinzipiell auf Augenhöhe, mit Bereitschaft zu Austausch': „französischer Wein, englische Plätzchen, italienische Wurst" (Langenohl 2015, S. 54). Damit wird die Grenze zwar prinzipiell reproduziert und aufrechterhalten, allerdings mit Schwerpunkt beim verbindenden *border*-Aspekt. Diesem Differenztyp gilt das Andere grundsätzlich als ‚interessant'; Langenohl spricht mehrfach sogar von seiner *celebration* – was sich sicher auch als Möglichkeit des genaueren Betrachtens und sogar Feierns des *Eigenen* anhand eines nur graduell bzw. in sozial wenig bedeutsamen Kategorien abweichenden und somit unbedrohlichen Anderen interpretieren ließe.

Demgegenüber folgt der zweite, sozial deutlich problematischer wirkende Differenztyp, dessen zugrunde liegende Unterschiede als essenzielle wahrgenommen werden, vor allem dem Prinzip der Abgrenzung *(frontier)*. Dies zeigt Langenohl anhand von Situationen, die im Rahmen von Kontakten einer gemeinsam reisenden Gruppe von Franzosen, Französinnen und Deutschen zu muslimischen Berliner Bürgerinnen und Bürgern entstanden (ebd., Kap. 8). Zusammengefasst ergibt sich das folgende Bild: Die Städtepartner aus Frankreich und Deutschland stehen den muslimischen Gastgebern gemeinsam befremdet gegenüber und interpretieren die Grenze zwischen ihnen als essenzielle. Praktiken, die dies illustrieren, sind auffallend formales Verhalten wie bemüht diplomatische Formulierungen oder stark formales Einladungsverhalten zu gemeinsamem Essen, außerdem eine betont moderate Thematisierung ‚schwieriger' Aspekte, eine Schwerpunktlegung auf Sich-Erklären bei Bedachtheit auf Festhalten an der vermuteten Spezifität der sich gegenüberstehenden Positionen sowie bemühte Anerkennung der vermeintlichen ‚besonderen' – also als grundlegend abweichend interpretierten – ‚Kulturalität' des Anderen. Dadurch entsteht eine Engführung des Austauschs, die sich beispielsweise bei Meinungsunterschieden nicht in offener Kontroverse mit dem als essenziell anders interpretierten Gegenüber ausdrückt, sondern sich stattdessen in einem lediglich innerhalb der deutsch-französischen ‚Eigengruppe' stattfindenden, aufgeregten Gespräch manifestiert – also der Eigengruppe in dem Sinne, dass sie die als lediglich ästhetisch anders interpretierten Anderen zusammenschließt. Es wird damit anhand der verschiedenen Praktiken der Distanzbetonung in diesem Beispiel eine Grenze ‚Europäer/muslimische Migrantinnen und Migranten' (re-)produziert – und nicht beispielsweise eine Grenze zwischen denjenigen, die in Deutschland leben einerseits und denjenigen, die in Frankreich leben andererseits. Schließlich enthält Langenohls Beispiel den wichtigen Aspekt der Gegensatzkonstruktion in Form einer Simplifizierung des Anderen und dem Anspruch eines differenzierten Selbst, genauer: von positiv interpretierter ‚Vielfalt' (Europa) einerseits und als problematisch betrachteter ‚abweichender Eindimensionalität' andererseits: „(W)as Europäer von Migranten unterscheidet, ist, dass letztere als Beispiele ihrer Kulturalität gesehen werden, während erstere als in ihrer Vielfalt kultiviert gesehen werden" (ebd., S. 216).

9.3 Konzepte des Anderen/Fremden

Konzepte des Anderen bzw. des Fremden unterscheiden sich einerseits durch unterschiedliche Zuschreibungen von außen, also seitens der Insider: Wird die/der Andere überhaupt als fremd bewertet, und wenn ja, in welchem Sinne (ästhetisch, essenziell etc.) und mit welcher entsprechenden sozialen Wirkung? Zweitens ist zu unterscheiden, wie der/die Andere mit dem jeweils zugeschriebenen Fremdheitsstatus umgeht. Vereinfacht gesagt ist die Frage, ob dieser Status als positiv, als mehr oder minder neutral, oder aber als problematisch betrachtet wird. Und schließlich ist zu fragen, wie sich die je spezifische Konstellation von Fremdheitsbewertungen auf das soziale Zusammenleben insgesamt auswirkt. Dazu besteht eine Reihe von Vorschlägen, von denen nun beispielhaft einige dargestellt werden.

Für **Georg Simmel** ist der Fremde charakteristisch gefasst in seiner bekannten Formel des „Wandernde(n) (…), der heute kommt und morgen bleibt" (Simmel 1992, S. 764). Seine Frage ist damit die der „wechselseitige(n) Anpassung oder Nichtanpassung der beiden Seiten bei längerem Aufenthalt des Fremden" (Stichweh 2010, S. 10), wobei an dem von ihm so konzipierten Fremden „vor allem das Moment der inneren Distanznahme im Verhältnis zu der ihn beherbergenden Gesellschaft und umgebenden Kultur auffällt, das ihn zu den ihn auszeichnenden Leistungen intellektueller Objektivität befähigt" (ebd., S. 11). Doch ist der Fremde damit nicht nur „potenziell der Freiere und Objektivere", sondern muss auch den „Preis bezahlen (…), einfachstes Angriffsziel der ihn umgebenden Gesellschaft zu sein" (Loycke 1992, S. 111). Damit steht ein ganz spezifisches Verhältnis von Nähe und Ferne, das letztlich *jede* menschliche Beziehung charakterisiert, im Mittelpunkt von Simmels Betrachtungen. Mit anderen Worten ist Fremdheit relational, die Wahrnehmung, dass jemand (mir) fremd ist, hat eine Art der zumindest vorgestellten oder potenziellen Beziehung zur Bedingung: „die Bewohner des Sirius sind uns nicht eigentlich fremd – dies wenigstens nicht in dem soziologisch in Betracht kommenden Sinne des Wortes – sondern sie existieren überhaupt nicht für uns, sie stehen jenseits von Fern und Nah" (Simmel 1992, S. 765). Und somit gilt: „Die Einheit von Nähe und Entferntheit (…) (,) die Distanz innerhalb des Verhältnisses bedeutet, daß der Nahe fern ist, das Fremdsein

aber, daß der Ferne nah ist" (Simmel 1992, S. 765) – und noch einen Schritt weitergehend: „Der Fremde ist daher nicht wirklich fremd, sondern ganz im Gegenteil, er ist uns *zu ähnlich*" (Reuter 2002, S. 68; Herv. A.S.K.).
Alfred Schütz entwickelt seinen Vorschlag zum Fremden in wissenssoziologischer Perspektive. Da er Kultur als dem Containermuster entsprechend interpretiert, sind die Charakteristika des Fremden essenziell definiert: Weil seiner Meinung nach „nur die Weisen, in denen Väter und Vorväter lebten (…) für jedermann Elemente des eigenen Lebensstils" werden können, kann der/die Fremde kaum in die ‚neue Kultur' eintauchen, „weil er nicht an der lebendigen geschichtlichen Tradition teilnimmt, durch die diese Muster gebildet wurden" (Schütz 1972, S. 59). Er nimmt also an, dass ein durch Migration hervorgerufener Kulturkontakt eine „grundlegende epistemische Verunsicherung der Einwanderer" hervorruft und entsprechend der „Wechsel in eine andere Kultur (…) eine radikale Diskontinuität" (Stichweh 2010, S. 14) bedeutet. Und seitens der potenziellen Aufnahmekultur gilt: „Vom Standpunkt der Gruppe aus, welcher er sich nähert, ist er ein Mensch ohne Geschichte" (Schütz 1972, S. 60), jemand, der „die Normalitätserwartungen der ihn umgebenden Umwelt irritiert (…) (weil er) eine Grundannahme der Alltagswelt (verletzt), nämlich dass mein Gegenüber die Welt genauso erlebt wie ich" (Reuter 2002, S. 104 f.). Der Eindruck einer statischen Konzeptualisierung der zugrunde liegenden Relation verstärkt sich weiter, wenn Schütz von einem je typischen „fix-fertige(n) standardisierten Schema kultureller und zivilisatorischer Muster" (Schütz 1972, S. 57 f.) spricht, auf dieser Grundlage Handlungsweisen zu ‚Rezepten' typisiert und diesbezüglich annimmt, dass „die objektiven Chancen für die Wirksamkeit eines Rezeptes umso größer sind, je weniger Abweichungen vom anonymen typisierten Verhalten geschehen, und dies gilt besonders für Rezepte, die für die soziale Interaktion gemacht wurden" (ebd., S. 65). Entsprechend kann „von einer Hybridisierung von Kulturen keine Rede sein, weil man sich (dem Containermodell entsprechend, A.S.K.) immer und ausschließlich entweder in der einen oder in der anderen bewegt" (Stichweh 2010, S. 14) bzw. zumindest entweder nach dem einen oder nach dem anderen Set von Regeln oder eben ‚Rezepten' handelt. Aufgrund als stabil vermuteter unterschiedlicher Wissensordnungen sind also „Grenzen des Verstehens durch die Inkongruenz der beiderseitigen Relevanzsysteme" (Reuter und Warrach 2015, S. 173) gleichsam schlicht gesetzt. Demnach besteht lediglich das binäre Modell ‚Fremder' oder ‚Nicht-Fremder', ohne dass systematisch Zwischentöne einbezogen werden könnten. Allerdings scheint es dennoch eine Option des Wissens- und damit Gruppenwechsels zu geben, die allerdings massiv ist: „Die Angleichung des Neuankömmlings an die in-group (…) ist ein kontinuierlicher Prozess, in welchem er die Kultur- und Zivilisationsmuster der fremden Gruppe untersucht.

9.3 Konzepte des Anderen/Fremden

Dann werden diese Muster und Elemente für den Neuankömmling eine Selbstverständlichkeit, ein unbefragbarer Lebensstil, Obdach und Schutz. Aber *dann ist der Fremde kein Fremder mehr,* und seine besonderen Probleme wurden gelöst" (Schütz 1972, S. 69; Herv. A.S.K.).

Der Kernbegriff des Simmel-Schülers **Robert Ezra Park** ist der des *marginal man*. Aus dem Kontext der Chicago School und der in ihrem Fokus stehenden Stadtsoziologie konzipiert Park diese Figur als kulturellen Hybriden, der „zwischen den Welten pendelt, ohne wirklich in einer zu Hause zu sein" (Winter und Staber 2015, 46). Ausgangspunkt ist eine halb offene Vorstellung von Kultur – einer Kultur, die, im Gegensatz z. B. zu Schütz' Entwurf, „eher übermittelt und diffundiert als transportiert und verteilt" (Park 1950b, S. 7). Die zugrunde liegende Annahme lautet, dass gerade in der Stadt (in der ersten Hälfte des zwanzigsten Jahrhunderts) Menschen mit unterschiedlichen kulturellen Hintergründen aufeinandertreffen, „kulturelle Bestände (…) aufgebrochen und (…) verbreitet und übertragen (und) (…) in der Regel modifiziert" (Winter und Staber 2015, S. 48) werden. Dabei kristallisieren sich besonders zwei Typen heraus, die von Interesse sind: der Migrant bzw. die Migrantin sowie diejenigen, die als Kinder von Eltern aus unterschiedlichen ‚Kulturen' aufwachsen. Sie befinden sich entweder „am Rande" einer Kultur oder „im Grenzgebiet zweier Kulturen" (ebd., S. 53), in jedem Falle aber ist das „Wandeln am Rande zweier Kulturen (..) ein Wandeln am Rande der sozialen Ordnung schlechthin" (Reuter 2002, S. 103). Aus dieser Position entstehen zwei Konsequenzen für die betroffene Person: zum einen das krisenhafte Durchleben eines „innerlichen Kulturkonflikt(s), der oft in einer grundlegenden Desillusionierung endet und ein geteiltes Selbst zur Folge hat", zum anderen aber auch eine besondere „Fähigkeit zur Distanz (…) (und) befreiende und transzendierende Momente" (Winter und Staber 2015, S. 53). Für Park liegt schließlich der Schwerpunkt auf letzterem Aspekt: „Unvermeidlich wird (der *marginal man*), im Verhältnis zu seinem kulturellen Milieu, das Individuum mit dem weiteren Horizont, dem schärferen Intellekt, dem distanzierteren und rationaleren Standpunkt. Im Vergleich ist der *marginal man* immer der zivilisiertere Mensch" (Park 1961, XVIIf.), gleichsam vom „Schicksal (…) zur Annahme der Rolle eines Kosmopoliten und Fremden gezwungen" (Park 1964, S. 375). Entsprechend schreibt Park diesen Hybriden eine besonders wichtige soziale Stellung zu: Er sieht sie als individuelle Vorreiter einer kollektiven Entwicklung, in der sich „das Schicksal des Fremden (…) mehr und mehr als (allgemeines, A.S.K.) modernes menschliches Schicksal herausschält" (Reuter 2002, S. 100), bis sich ihr Prinzip schließlich verallgemeinert: „Der Schmelztiegel ist die Welt" (Park 1950a, S. 149). Noch einmal individuell gewendet gilt: „Die marginale Persönlichkeit wird zur Schlüsselfigur des Kulturkontakts, weil dieser *in* *sie hineinverlagert* ist, ja, sie verkörpert ihn, bildet sie doch den Schmelztiegel, in dem die kulturellen Prozesse stattfinden" (Lindner 1990, S. 203; Herv. A.S.K.). Aus der umfassenden Kritik an diesem Konzept sei nur ein zentraler Aspekt herausgegriffen: Es ist fraglos richtig, dass „die Vorstellung, Hybridität entstehe quasi automatisch in intensiven Kulturkontakten und habe grundsätzlich positive Wirkung, nur selten zutrifft" (Winter und Staber 2015, S. 57).

Stichweh fasst vergleichend zusammen: „Der detachierten Betroffenheit des Fremden (Simmels, A.S.K.) steht mit der geteilten Loyalität des ‚marginal man' eine zweite, gleichfalls durch Ambivalenz gekennzeichnete Weise der Identifikation gegenüber" (Stichweh 2010, S. 13). Dagegen ist bei dem weitgehend unflexiblen Modell von Schütz, wie gesehen, kaum Raum für Ambivalenz. Das ist, wenn auch mit ganz anderer Ausrichtung, im nun folgenden Beispiel ähnlich.

Im Gegensatz zu den zuvor genannten Autoren betont **Robert K. Merton** den Aspekt der Abgrenzung und Möglichkeiten der Reaktion auf diese. Robert Stichweh nennt dies *Disaffiliation:* „Sie liegt dort vor, wo jemand eine Identifikation mit einer neuen Kultur wählt; aber von diesem neuen Bezugssystem die Inklusion verweigert wird" (Stichweh 2010, S. 14). Somit ist also noch nicht einmal die Option der Hybridität gegeben, was, laut Merton, typisch in abweichendem Verhalten bis hin zu Kriminalität mündet. Die gleiche Reaktion, aber mit umgekehrten Vorzeichen hinsichtlich ihrer Verursachung, betrachtet **Howard S. Becker** anhand des Konzeptes *Außenseiter.* Auf der Grundlage ihrer Ordnungs- und Unordnungsvorstellungen und den daraus hervorgehenden Regeln stellen Gesellschaften, so Becker, ihre Außenseiter gleichsam erst her, genauer: „gesellschaftliche Gruppen (schaffen) abweichendes Verhalten erst dadurch (..), dass sie Regeln aufstellen, deren Verletzung abweichendes Verhalten konstituiert, und dass sie diese Regeln auf bestimmte Menschen anwenden, die sie zu Außenseitern abstempeln" (Becker 1981, S. 8; umfassend zum dabei unterliegenden Thema der Normalitätskonstruktion: Foucault, z. B. 1971 und 1976, zusammenfassend diskutiert auch bei Reuter 2002, Abschn. 4.2.1.).

Ein weiterer Autor, der zum Thema Fremdheit und Eigenes lesenswert ist, ist George Herbert Mead. Er hat keine direkte Soziologie zum Thema Fremdheit verfasst, sondern entsprechende Prinzipien systematisch in einer allgemeinen Soziologie diskutiert. Allein aus Platzgründen wird hier darauf verzichtet, diese interessante Herangehensweise auszuführen. Verwiesen sei dazu auf Reuters schöne Diskussion (2002).

9.4 Folgen von Globalisierung für Grenz-, Fremd- und Selbstkonzepte

Fraglos bedient sich die westliche Moderne „anderer Lebensformen als Spiegel und Gegenüber, um sich global zu verorten. Die Anderen dienen als Hintergrund" (Berg und Fuchs 1993, S. 7). Vorausgesetzt aber, Globalisierung stellt eine relevante quantitative Steigerung von Differenz dar, die sich auch grundlegend im Bewusstsein niederschlagen kann – welche Folgen können daraus für die hier zentrale Frage nach Konzepten von Anderen, Selbsten und sie sowohl trennende als auch verbindende Grenzen abgeleitet werden? Dazu lassen sich zunächst zwei prinzipielle Vorschläge formulieren, die dann zu gewichten und zu modifizieren sind. Der erste Antworttypus zielt in die Richtung von Homogenität und Schließungen im weiteren Sinne, während der zweite prinzipiell auf Heterogenität und Öffnung ausgerichtet ist. Wie im vorangehenden Teil des Kapitels wird auch hier das Konzept der Grenze als Ausgangspunkt herangezogen, um dann Optionen für Veränderungen von Interpretationen von Selbst(en) und Anderen abzuleiten.

9.4.1 Homogenisierung und Schließung

Die erste Reaktionsform, also Schließung im weiteren Sinne, setzt auf das Prinzip der Homogenisierung und hält den Grundsatz der Gegenüberstellung von Selbst und Anderem aufrecht. Schroer nimmt generell an, dass „Unterscheidungen diffuser werden, ohne gänzlich zu verschwinden. Sie bleiben weiterhin gültig, verlieren aber ihre Exaktheit (…). Und gerade diese Unklarheit provoziert Anstrengungen, wieder zu klaren Grenzziehungen zu kommen. Die Investitionen in eine Linie im Raum zeugen vom großen Bedürfnis nach klaren Trennungen und Unterscheidungen" (2012, S. 180).

So kann an konkreten politischen Grenzen der Versuch beobachtet werden, dass, wenn bestimmte Grenzen an Bedeutung verlieren – beispielsweise die innerhalb der EU – andere gewissermaßen als Ausgleich verstärkt werden – z. B. die EU-Außengrenzen. Analoges gilt für Grenzverschiebungen auf regionalen bzw. lokalen Ebenen. So schrieb Cohen bereits Mitte der 1980er Jahre, es sei „empirisch unbestreitbar, dass die 1970er und 1980er Jahre in der westlichen Welt eine massive Welle sub-nationaler Militanz erlebt haben, die auf ethnischen und lokalen Gemeinschaften gründen. Die aggressive Geltendmachung von Lokalität und Ethnizität (…) kennzeichnet die Renaissance von Gemeinschaft (…)" (Cohen 1985, S. 76 f.). Auf diese Weisen werden die Funktionen der Grenze im Grundsatz unverändert lediglich auf eine zweite – höhere oder niedrigere – Ebene verschoben und bleiben im Prinzip stabil, sodass ihre Funktionalität nicht grundsätzlich infrage gestellt wird. Es lässt sich zusammenfassen: „Gerade vor dem Hintergrund sich auflösender Grenzen scheint das Containermodell erneut an Attraktivität zu gewinnen. Selbst wenn sich diese Schließungsszenarien und Abschottungsstrategien als Illusion erweisen, so sind sie doch überaus gebräuchliche und wirkungsmächtige Illusionen" Schroer (2012, S. 179). In dabei zugrunde liegenden Gemeinschaftsidealen, so Reuter, gehe dann „die Sphäre des Vertrauten in einen Topos der Gemütlichkeit über(..), aus dem der Fremde gänzlich verschwunden scheint" (2002, S. 42). Zu vermuten ist jedoch auch, dass diese Illusion weitgehend auch als solche begriffen wird, denn: „Die Vorstellung, an einem abgeschlossenem, abschließbaren Ort zu leben, wird überall *erfahrbar fiktiv*" (Beck 1997, S. 132; zit. nach Schroer 2012, S. 200; Herv. A.S.K.).

9.4.2 Heterogenisierung und Öffnung

Darauf, dass Schließungen in diesem Sinne als Fiktionen erkennbar werden, wird in diesem zweiten Antworttypus auf gleichsam umgekehrte Weise Bezug genommen, nämlich indem das Konzept Fremdheit infrage gestellt und/oder gänzlich verallgemeinert wird.

Um wieder mit dem Beispiel der politischen Grenzen zu beginnen: Statt, wie oben, die Grenze lediglich von einer Ebene zur anderen zu verschieben, ist auch ein qualitativer Wandel denkbar. Grundlage dessen ist die Annahme, dass, wenn einmal das *Prinzip* klarer Abgrenzung infrage gestellt ist, sich ein genereller Rechtfertigungsbedarf für *jede* Grenze ergibt. So stellen Delanty und Rumford fest: „(D)ie äußere Begrenzung der EU wird zunehmend wie border (also mit Schwerpunkt bei Angrenzung und Verbindung, A.S.K.) zu exakt der gleichen Zeit, in der nationale Grenzen innerhalb der EU diffuser werden" (2005, S. 32). Somit leiten die beiden Autoren eine allgemeine Flexibilisierung des Prinzips Grenze ab, das nun grundsätzlich mit entsprechenden, auf Dauer gestellten Legitimationsanforderungen und somit gesteigerten Konfliktpotenzialen verbunden ist und offen kontingent wird. Grenze wird demnach also *prinzipiell* angreifbar und damit rechtfertigungsbedürftig.

Damit rückt der Umgang mit Kontingenz in den Vordergrund. Das Potenzial von Grenzüberschreitung ist – wie mit Simmel bereits gezeigt –im Konzept der Grenze stets schon von vornherein enthalten. Dies zeigt generell Reckwitz' Begriff *limit* als ein Grenzaspekt an, der sich „auf eine normative und asymmetrische Grenze, auf jene zwischen (…) dem Legitimen und der illegitimen Transgression, hinter der etwas wartet, was die Grenze in Richtung des Pathologischen

9.4 Folgen von Globalisierung für Grenz-, Fremd- und Selbstkonzepte

wie Faszinierenden überschreitet" (Reckwitz 2008, S. 302) bezieht. In Kollektivperspektive klingt das so: „Das Andere der eigenen Kultur, dem wir im Fremden begegnen, bildet eine Herausforderung, die den Horizont der eigenen Lebensweise transzendiert und für andere Möglichkeiten der Existenz öffnet, die eigene Lebensweise aber auch in Frage stellt" (Berg und Fuchs 1993, S. 7).

Zum anderen, und noch weitergehend, argumentiert Marc Augé, dass „das Bild vom Anderen zunehmend verwischt und dadurch direkt oder indirekt die Krise des Andersseins ausgelöst wird" (Augé 1995, S. 86) – sowie entsprechend eine Krise des Selbst. Das Balancieren des „Doppelgefühl(s) der Unterschiedlichkeit und der Übereinstimmung" (ebd., S. 92) wird zu einer nicht (mehr) ohne weiteres lösbaren Aufgabe, was in einem wachsenden Bewusstsein der nur relativen Andersheit des Anderen und des nur begrenzt stabilen Selbstseins mündet: „Verstörenderweise ist der Fremde in uns: wir sind unsere eigenen Fremden" (Kristeva 1988, zit. nach Gifford 2010, S. 28). Damit verändert sich sowohl das Innen-Außen- als auch das Selbst-Fremd-Schema grundlegend, und der Status des Fremden wird verallgemeinert (Hahn 2000, S. 20). Wichtig ist jedoch, nicht zu übersehen, dass neben gesteigerten Anforderungen an ‚das Selbst' auch Potenziale bzw. Ressourcen im ‚Fremden des Eigenen' liegen, z. B. weil „Fremdheit (..) vor Durchschaubarkeit und damit vor Kontrolle durch andere" (Reuter 2002, S. 62; mit Bezug auf Hahn 2000, S. 19) bewahrt, oder einfach, weil das Selbst so prinzipiell offen gehalten ist.

Aus wissenssoziologischer Perspektive bedeutet das, dass das je spezifische Wissen, anhand dessen zwischen ‚uns' und ‚den anderen' klassisch zu unterscheiden wäre, in diskriminatorischem Sinne nicht mehr besteht. Soeffner und Zifonun schreiben: „Der Bestand gemeinsamen Wissens, der für Routineinteraktionen genutzt wird, wird zunehmend prekär für alle Mitglieder der Gesellschaft; ‚Wissensasymmetrien' treten häufiger auf und stellen größere Herausforderungen dar (…); die Zonen meines ‚Nichtwissens' dehnen sich aus, während ich die ganze Zeit über mit praktisch (oder wenigstens potenziell) verschiedenen Kontingenzen und komplexen Beziehungen konfrontiert bin (…). Insgesamt wird es zunehmend unklar, was ‚meine Gesellschaft' eigentlich ist, und ‚Normalität' wird ein Krisenzustand" (2008, S. 8 f.; mit Bezug auf Günthner und Luckmann 2001). Bei den Anforderungen geht es damit, so Stichweh, „nie mehr um Ausgrenzungen, sondern immer um innere Differenzen, die relativ zu einer übergreifenden Einheit ein Innen und ein Außen organisieren. Lösungen sind in Richtungen zu suchen, die ein universalistisches mit einem partikularen Moment verbinden" (2010, S. 40).

9.5 Kapitelfazit

Auf dieser Grundlage wird die eigentlich selbstverständlich anmutende Äußerung Stagls praktisch hinfällig: „Der Mensch muss alles Unvertraute, jenseits seines Erfahrungszusammenhangs Liegende erst vertraut machen, um es sinnvoll in die Sphäre seines Handelns und Denkens eingliedern zu können" (Stagl 1981, S. 6). Dies scheint nicht (mehr) möglich, sodass der Anspruch nun, verkürzt, lauten muss: Gehe flexibel mit Nichtwissen, Unvertrautheit, Fremdem um – bei anderen und bei dir selbst.

Somit ist das Problem der Fremdheit keines, mit dem abzuschließen wäre. Stichweh schreibt: „Zwar registrieren wir in allen Kulturräumen Tendenzen, den Begriff des Menschen auf lokale und regionale Teilpopulationen einzuschränken und anderen Populationen subhumanen Status zuzuschreiben (…). Spätestens für die Weltgesellschaft der Moderne gilt dann (aber, A.S.K.), daß es keine subhumanen Fremden mehr gibt" (Stichweh 2010, S. 46). Entsprechend nimmt er an: „Die Weltgesellschaft (..) scheint die erste Sozialorganisation zu sein, die keinen korrespondierenden Begriff des Fremden hervorbringt (…). Sie koexistiert mit *internen* Differenzen und Konflikten (…), aber sie muss möglicherweise ohne Fremde (…) auskommen" (ebd., S. 22); Herv. A.S.K.). Dieser Aspekt wird im anschließenden Kapitel im Detail besprochen. Hier sei lediglich darauf hingewiesen, dass eine Verabschiedung einer tiefgründigen Fremdheitsdiskussion auch ein verschenkte Erkenntnisgelegenheit sein kann, denn „der typische Umgang mit dem Fremden gibt Aufschluss über die dominierende Differenzierungsform" (Reuter 2002, S. 133) einer Gesellschaft sowie über zahlreiche weitere sozial wirksame Mechanismen.

Schließlich sei noch einmal auf die zu Anfang dieses Kapitel gestellte Frage nach möglicher Gleichzeitigkeit von Nähe und Ferne im Forschungsprozess Bezug genommen. Das dort formulierte Problem lautete, ein wenig gewendet, zusammengefasst: „Lässt man sich zu sehr auf das Fremde ein, kann es verführen und das Eigene ersetzen, ohne dass die Wechselseitigkeit selbst zur Sprache gebracht wird. Berührt man es nur am Rande, bleibt sein Verständnis nur eine Selbstauslegung im Anderen" (Reuter 2002, S. 233). Julia Reuter schlägt das folgende Ideal vor: „Manchmal stößt die Erfahrung von Fremdheit (…) einen reflexiven Prozess im Beobachter an, der den Moment der Verwirrung dazu nutzt, das Selbstverständnis und die in der Regel unhinterfragte eigene Ordnung in den Blick zu rücken, ihre Mechanismen und Wirkungsweisen offenzulegen; möglicherweise um alte Verhaltensweisen abzulegen oder Vorstellungen und Denkansätze kritisch zu hinterfragen, bestenfalls um offen für Neues zu sein" (ebd., S. 48). In den nun folgenden Kapiteln und insbesondere in Kap. 12 wird ein noch allgemeinerer Vorschlag entwickelt.

Weltgesellschaft und Kosmopolitismus 10

Mit direkter Anschließbarkeit an Robertsons Glokalisierungsbegriff definiert Stichweh als zentrales Kennzeichen von *Weltgesellschaft*, dass „sich an jeder einzelnen Interaktion oder an jeder einzelnen kommunikativen Sequenz zeigen lässt, dass sie als ein Umschaltpunkt oder als ein Integrationsmoment fungiert, so dass im einzelnen interaktiven Ereignis Lokales und Globales miteinander interpenetrieren" (Stichweh 2010, S. 182). Interpretationen des Begriffs Weltgesellschaft reflektieren Diskussionslinien, die bereits aus vorangehenden Kapiteln bekannt sind: Einerseits besteht die Vorstellung, dass eine Weltgesellschaft aus Globalisierung als wachsender Homogenisierung hervorgeht. Dies wird besonders offensichtlich an einigen ökonomischen Beiträgen (z. B. Ohmae 1994, 2000; Friedman 2000). Andererseits wird angenommen, dass Weltgesellschaft mehr und mehr von Heterogenität, wenn nicht sogar von Chaos gekennzeichnet ist. Auch im Kontext von Weltgesellschaft gilt aber: dies sind zu stark vereinfachende Extreme.

Interessanter ist es, Weltgesellschaft zunächst als eine spezifische Mischung zu begreifen: Sie basiert auf Differenz und gilt gleichzeitig als der Rahmen von ,allem' und ,allen'. Als Rahmen für Gesellschaft ist die Erde als unsere Welt damit zunächst der größte, den wir uns bislang als solchen vorstellen (eine der wenigen Ausnahmen findet sich in neueren Texten von Roland Robertson, z. B. 2015). Das stellt besondere Herausforderungen an eine soziologische Theorie der Gesellschaft, zu denen auch normative Fragen gehören, die im zweiten Abschnitt dieses Kapitels anhand des Konzepts *Kosmopolitismus* behandelt werden.

10.1 Weltgesellschaft

Bereits zu Anfang des zwanzigsten Jahrhunderts stellte Hobhouse fest: „die Menschheit wird, im physischen Sinne, rapide zu einer einzigen Gesellschaft" (Hobhouse 1906, zitiert nach Robertson 1992, S. 54). Heute gehen manche Autoren so weit, anzunehmen, dass Gesellschaft grundsätzlich als Weltgesellschaft zu verstehen sei – und ausschließlich als Weltgesellschaft. Nisbet beispielsweise schreibt gleich zu Anfang seiner Gesellschaftsdefinition in The Blackwell Dictionary of Modern Social Thought: „Der wahrscheinlich häufigste Gebrauch des Wortes [Gesellschaft] heute bezieht sich auf die Gesamtheit von Menschen auf der Erde, mit ihren Kulturen, Institutionen, Fähigkeiten, Ideen und Werten" (Nisbet 2006, S. 640). Prinzipiell Niklas Luhmanns Ideen folgend glaubt Stichweh (2000), dass die Weltgesellschaft das einzige System mit völlig unzweideutigen Begrenzungen sei. Auch aus einer Perspektive der Kommunikationsforschung scheint diese Auslegung bestätigt zu werden: John W. Burton nahm schon 1972 an, dass es eine Weltgesellschaft gebe, die sich auf der Grundlage globaler Kommunikation entwickelt habe, von welcher zwischenstaatliche Kommunikation nur ein sehr kleiner Teil sei. Statt von einer Dominanz des Nationalstaates geht er davon aus, dass religiöse, akademische und ökonomische *Kontakte* – heute würden wir wohl eher von *Strömen* und *Netzwerken* sprechen –, die weitgehend in einer großen Zahl nicht-staatlicher Organisationen stattfinden, die wichtigsten Ausprägungen von Gesellschaft sind, und dass sie primär auf globaler Ebene stattfinden: „Kommunikationen, und nicht [Staats-]Macht, sind der wichtigste organisierende Einfluss in der Weltgesellschaft" (Burton 1972, S. 45).

Doch gerade wegen der augenscheinlich attraktiven Klarheit des Konzepts Weltgesellschaft gilt: Sein zentrales Problem ist, dass durch eine solche komplette Verallgemeinerung konzeptuell kein analytischer Gebrauch von Differenz gemacht werden kann, sondern lediglich eine Deskription möglich ist. Denn an ein Paradox grenzend wird damit Gesellschaft Homogenität in weltweiter Form aufgebürdet. Ein besonders deutliches Beispiel geben Forschungen, in denen nach weltweiten Konvergenzen gesucht wird (z. B. Therborn 2011, S. 216 im Kontext ‚family-sex-gender systems'). Es erscheint also nur auf den ersten Blick so, als ob eine im sozialen Sinne universale Weltgesellschaft alle Probleme des Gesellschaftsbegriff lösen könnte, weil ja gerade *alle* Teil ihrer sind bzw. sein sollen. Genau bestehen zwei Probleme, die sich beide auf den Aspekt der Homogenität beziehen.

Erstens und in direktem Sinne lässt sich die Vorstellung von Weltgesellschaft (zu) leicht an die Interpretation von Globalisierung anschließen, die sie als Standardisierung und Homogenisierung betrachtet (Richter 1997, S. 185).

Diese Perspektive ist eine rein quantitative und verschiebt die traditionelle Nationalstaatsidee faktisch – und ganz im Sinne eines klassisch modernisierungstheoretischen Rahmens – lediglich auf eine höhere (Welt-)Ebene: Konvergenz und Homogenität. Diese Interpretation ist bereits in Kap. 7 abgelehnt worden. Zweitens, und indirekter: Wenn Differenz als einfach immer und überall existent angenommen wird, wenn gleichsam eine Standardisierung hin zu ‚alles ist Differenz' vorgenommen wird, gerät die Perspektive ebenfalls zu einer der Homogenität und verliert ihr diskriminatorisches und erklärendes Potenzial, wie in Kap. 6 erläutert. Dies mag paradox erscheinen, doch letztlich ist dies ein Prozess, der Differenz auf eine deskriptive Rolle reduziert, sie analytisch bedeutungslos und empirisch weitgehend uninteressant macht. Auch auf diese Weise mündet Gesellschaft schließlich in Uniformität. Sowohl hinsichtlich des ersten als auch des zweiten Aspekts gilt damit: Differenz wird im Rahmen Weltgesellschaft tendenziell unsichtbar und so konzeptuell unbrauchbar. Entsprechend ist gegenüber der scheinbar einfachen Antwort ‚Weltgesellschaft' zu einer komplizierten Frage ‚Was ist Gesellschaft?' Misstrauen angebracht.

Auf dieser Grundlage soll das Problem der Weltgesellschaft nun mithilfe des Aspekts der *Zugehörigkeit* spezifiziert werden. Die erste Frage ist: Gehören alle Menschen, alle ‚Kulturen' zur Weltgesellschaft – in gleichen aßen und Formen? Tatsache ist, dass Menschen zwischen ‚Uns' und ‚Anderen' unterscheiden (siehe Kap. 2 und 9, auch Krossa 2011, 2016, 2017), und dass letzteren in diesen Kategorisierungen vermeintlich nicht die gleiche Anerkennung zusteht und sie sie oft auch nicht erhalten. Dies zeigt deutlich, dass grundlegende Fragen Definitionen unterliegen: Wer gehört zu uns? Wen akzeptiere ich als ‚in ausreichendem Maße wie ich selbst' und schließe sie oder ihn entsprechend in ‚meinen Kreis' ein, wer sind also die legitimen Mitglieder ‚unserer Gesellschaft'? In unserem gegenwärtigen Gesellschaftstypus geht es im Kern darum, wie das Individuum definiert wird. Als ‚menschlich' vermutlich – doch nicht immer! –, aber was bedeuten dabei Unterschiede beispielsweise von Gesundheit (Krankheit, Behinderung) oder (besonders geringem oder besonders hohem) Alter, oder aber verschiedene geografische, politische oder wirtschaftliche Bedingungen, um nur einige Beispiele zu nennen? Manche Autorinnen und Autoren fordern, Tieren, Pflanzen oder Maschinen Teilhaberechte zuzugestehen, so beispielsweise Bruno Latour (2007). Folglich gibt es viele mögliche Antworten auf die Frage ‚Wer gehört zur Welt?', selbst ‚zur Menschheit', sodass die Notwendigkeit von Definitionen als Basis von Einbeziehen und Ausgrenzen prinzipiell fortbesteht. Somit ist diese Angelegenheit nicht offensichtlich und außerdem in der Regel gekennzeichnet von hierarchischen Implikationen.

Der zweite diskussionswürdige Punkt zum Thema Zugehörigkeit lautet: Die der Weltgesellschaft zugrunde liegende Annahme, dass die globale Ebene die wichtigste oder sogar die einzig relevante für Gesellschaft sei, ist reduktiv, und begrenzt das Konzept Gesellschaft also erheblich und auch unnötig. Damit werden viele andere Ebenen vernachlässigt, auf denen Gesellschaft stattfindet und sinnvoll untersucht werden kann. Also sind andere Ebenen *im Prinzip* einzubeziehen, so beispielsweise die an Bedeutung zunehmende von Weltregionen, die weiterhin wichtige der Nationalstaaten sowie subnationale und lokale Ebenen. Wie bereits festgestellt, betrachten wir uns in der Regel als mehreren Ebenen zugehörig, in der einen oder anderen Form. Entsprechend sind Abgrenzungsinterpretationen plural, ihre Erscheinungsformen unterliegen ständigen Änderungen, und diese Charakteristika der Pluralität und Prozesshaftigkeit von Zugehörigkeit müssen systematisch in unsere Überlegungen einbezogen werden.

Es lohnt schließlich, Weltgesellschaft an einen anderen bereits im Prinzip besprochenen Aspekt anzuknüpfen: der Unterscheidung zwischen Gemeinschaft und Gesellschaft (siehe Kap. 2). Aus offensichtlichen Gründen verliert diese auch im Kontext der Weltgesellschaft nicht an Charme. Dennoch ist kritisch zu fragen, ob *Weltgemeinschaft* tatsächlich ein fruchtbares Konzept sein kann. Denn bekanntlich sind die wichtigsten Gemeinschaftscharakteristika erstens ihre Selbstkonstitution anhand von Anderen: „eine Gemeinschaft erfordert, ihrer Natur nach, ‚Außenseiter', also jemanden, der nicht zu ihr gehört" (Mason 2000, S. 175). Und zweitens basieren Gemeinschaften typisch auf ihrem Versprechen oder zumindest dem Potenzial, den Menschen als Ganzen zu integrieren, und zwar in Gruppen, die sich in der Regel durch ein notwendig hohes Maß an Vertrautheit auszeichnen, das wiederum möglichst über face-to-face-Beziehungen entsteht. Beides ist auf globaler Ebene kaum zu erzielen. Ist der Begriff also überhaupt in der Anwendung auf einen globalen Kontext nutzbar zu machen?

Ja, so Delanty, der annimmt, dass sich Gemeinschaft im globalen Kontext nicht verflüchtigt, sondern eine neue Form annimmt. Mit Verweis auf König schlägt er vor, Gemeinschaft als „globale Gesellschaft auf einer lokalen Basis" zu denken. Sie sei charakterisiert durch „ein gewisses Bewusstsein gegenseitiger Verbindung zwischen Menschen" (Delanty 2003, S. 40). Doch ist dies ausreichend, um den Begriff Gemeinschaft in diesem Zusammenhang zu rechtfertigen? Sicherlich nicht annähernd im klassischen Sinne von Tönnies. Es klingt eher nach seinem Gesellschaftskonzept. Ihm fehlt die Tiefe, die das Gemeinschaftskonzept gerade so attraktiv macht. Und schließlich wird natürlich auch hier der generell zentrale Differenzaspekt praktisch unsichtbar gemacht. Mit der Verschiebung der Gemeinschaftsdiskussion in den Weltgesellschaftsrahmen wird jedoch vor allem ein anderes Ziel erreicht, das auch Delanty umtreibt, nämlich die Aufmerksamkeit für die normative Frage auf globaler Ebene noch einmal konkret zu rahmen und entsprechend mit Bedeutung zu versehen. Dies wird im folgenden Abschnitt zu *Kosmopolitismus* weitergeführt.

Analytisch betrachtet sind beide Konzepte Weltgesellschaft und Weltgemeinschaft interessante Ergänzungen, die jedoch keine belastbaren Grundlagen zur Konzeptualisierung von Gesellschaft an sich bieten. Im Gegenteil, Aufmerksamkeit für bestimmte Risiken ist angebracht. So warnt Reuter vor der „Gefahr (…) eine(r) nostalgisch verzerrte(n) Vorstellung vom Fremden im Sinne eines ‚Weltbürgers' (..). Denn neben Aufweichprozessen innerhalb und am Rande von Gesellschaften nehmen auch Macht- und Ungleichheitsverhältnisse, Konkurrenzbeziehungen und Desintegrationsphänomene zu, die die Objektivität, Beweglichkeit und ‚kritische Selbstdistanz' des Fremden auf die Probe stellen" (2002, S. 130). Entsprechend ist Weltgesellschaft nicht mehr, aber auch nicht weniger als eine von mehreren gesellschaftlichen Formen, die in differenzierender Weise in der Bearbeitung der umfassenderen Fragestellung zu berücksichtigen sind – mit besonderer Aufmerksamkeit für die zentrale Frage der Kontingenz von Einbeziehen und Ausgrenzung.

10.2 Kosmopolitismus

Kosmopolitismus ist die wohl am weitesten verbreitete und meisten diskutierte normative Perspektive auf Weltgesellschaft. Ihr Interesse ist: (Wie) können wir alle als prinzipiell Gleiche friedlich in einer gemeinsamen Welt zusammenleben?

Die folgenden Fragen strukturieren dieses Unterkapitel: Was sind die historischen Hintergründe des Konzepts – und wie lassen sich auf dieser Grundlage ‚alter', dem Anspruch nach universaler, und ‚neuer', nun pluraler Kosmopolitismus beschreiben? Wie lässt sich dazu die Idee *europäischer Kosmopolitismus* verorten und bewerten? Abschließend wird erörtert, was die potenziellen Chancen und Risiken der Einführung eines solchen, explizit normativen Konzeptes in die Diskussion der (Welt-)Gesellschaft sind.

10.2.1 Hintergrund des Begriffs

Begriffe sind unvermeidlich zeitlich und räumlich spezifisch semantisch gegründet. Autoren, die den Kosmopolitismusbegriff verwenden, tragen entsprechend immer sowohl das positive Potenzial als auch die Last einer ursprünglich romantischen Idee mit intellektuellen Wurzeln, die bis zur europäischen Aufklärung des achtzehnten Jahrhunderts reichen. Ein solches Konzept von einem Kontext zu einem (hier v. a. zeitlich) anderen zu transferieren, kann entsprechend nicht ohne erhebliche Anpassungsleistungen und Friktionen vonstattengehen, was das Verständnis des Konzepts letztlich auch verändert. Besonders stabil geblieben ist jedoch im Fall von Kosmopolitismus seine explizite ideologische Opposition gegenüber Positionen, die den Nationalstaat für den primären Rahmen von Gesellschaft und Politik halten.

Eine wichtige Änderung, die der Begriff andererseits erfahren hat, betrifft den Status von Differenz. Im Kontext Englands im frühen zwanzigsten Jahrhundert schreibt Nava: „In dieser Gefühlsstruktur stellten kulturelle Differenz und das Fremde eine Quelle des Interesses und des Genusses dar" (Nava 2002, S. 86). Heute, so fährt sie fort, sei der exotische Aspekt dagegen weitgehend verloren, da „Fremdheit nun universal ist. Grenzen sind verschwommen. Interkulturelle Ehen sind üblich (…) – Differenz ist in diesem neuen Jahrhundert nicht mehr sehr different" (ebd., 94). Damit werde die Faszination durch das Exotische entweder von Indifferenz abgelöst, oder aber auch von Ablehnung sowie von eher unspektakulären, alltäglich gewordenen generellen politischen Imperativen, den Anderen bzw. die Andere einzubeziehen.

10.2.2 ‚Alter' und ‚neuer' Kosmopolitismus

Die wohl interessanteste, vergleichsweise aktuelle Wendung mit Blick auf Kosmopolitismus ist eine Verschiebung von Kosmopolitismus im Singular zu ‚Kosmopolitismen' im Plural, also zur Vorstellung mehrerer, parallel existierender, partikularer Kosmopolitismusformen. Im Englischen lautet der Pluralbegriff *cosmopolitanisms,* im Deutschen existiert laut Duden allerdings nur der Singular, sodass hier, wie in der Soziologie nicht unüblich, eine begrifflich-sprachliche Erweiterung vorgenommen wird.

Die Bezugspunkte des ersten Begriffs – Kosmopolitismus im Singular – sind *das Individuum* sowie *die Welt,* sodass die Vorstellung von *Menschheit* ohne weitere vermittelnde Ebenen besteht. Kosmopolitismus hat damit universalen Charakter – oder zumindest universalen Anspruch. Obwohl diese Interpretation eindeutig zu sein scheint, steht auch Kosmopolitismus – analog zu Weltgesellschaft – vor dem Problem, zunächst plausibel festlegen zu müssen, was ‚menschlich' ist, wer legitim als ‚Individuum' gilt und entsprechend zur ‚Welt' gehört, sowie schließlich, was im konkreten Sinne angemessene Regeln für alle sind (für eine genauere Diskussion siehe Krossa 2012b). Und solche Definitionen sind eben nicht einfach ‚universal', wie wir u. a. aus dem Kontext der Modernisierungsdiskussion wissen.

10.2 Kosmopolitismus

Wenn ‚alle' dazugehören, drängt sich die Frage auf, wie mit Differenz auch normativ umzugehen ist. Häufig wird in solchen Ansätzen angenommen, dass Differenz als solche positiv sei, weil sie ‚uns' die Gelegenheit sowohl zu Reflexion als auch zu Bereicherung gebe: „Kosmopolitismus ist ein Argument für die Anerkennung der essenziellen Menschlichkeit *[humanity]*, die wir alle teilen – nicht unbedingt trotz, sondern aufgrund unserer Differenzen" (Fine und Boon 2007, S. 6). Zutreffend nehmen die Autoren weiter an: „diese Idee hat mit der Errichtung eines Rahmens für politisches Leben zu tun, in dem es nicht um Behaglichkeit oder die Wärme einer vertrauten Gemeinschaft geht, sondern vielmehr um die Risiken, die in einem öffentlichen Sich-Offenlegen in der Welt sowie der Orientierung an der Idee, ein Weltbürger zu sein statt eines Bürgers der einen oder anderen Nation, enthalten sind. Kosmopolitismus ist eine abfordernde und schwierige Lebensweise" (Fine und Boon 2007, S. 9).

Allgemeiner gefasst besteht das Problem darin, das Paradoxon bewältigen zu müssen, dass Zusammengehörigkeit auf Differenz selbst beruht (siehe Kap. 2, 6 und Krossa 2009). Kann das funktionieren? Eine Möglichkeit ist es, dies als Prozess zu interpretieren, als „transformatives politisches Projekt", ausgerichtet auf „Menschenrechte, Demokratie und kulturelle Vielfalt im Zeitalter der Globalisierung [...]. Gleichzeitig ist Kosmopolitismus auch assoziiert mit ‚einer Art des Seins in der Welt' und ‚einer Art der Konstruktion einer Identität für sich selbst'" (Smith 2007, S. 37). Doch auch dann bleiben zwei Probleme zu konstatieren. Erstens ist auch der Imperativ ‚Glaube, dass Differenz an sich positiv ist!' nicht universal, sondern hat sich – unter anderen, auch durchaus widersprüchlichen Wertvorstellungen – im Westen herausgebildet. Zweitens hat dieser Glauben erkennbare, wenn auch flexible Grenzen: Es ist unübersehbar, dass Menschen faktisch soziale Abgrenzungen zwischen ‚uns' und ‚anderen' erstellen, sich an ihnen orientieren und sie damit wiederum praktisch manifestieren.

Die Verschiebung hin zu *Kosmopolitismen* im Plural kann als ein Antwortversuch auf diese als problematisch erkannte Situation verstanden werden. Dabei wird angenommen, dass alle Kosmopolitismen (bzw. alle Interpretationen von Kosmopolitismus) unvermeidbar in spezifischen Kontexten gründen, sie aber gleichzeitig mit einem umfassenden Rahmen, gleichsam über einen universalen kosmopolitischen Grundgedanken verbunden sind. Europäischer Kosmopolitismus ist dann *ein* Beispiel aus dieser vorgestellten Pluralität von Kosmopolitismusformen, das wichtig erscheinende Kriterium der Abgrenzung hat einen systematischen Platz im Denkmodell.

Eine behutsame Herangehensweise an die Möglichkeit einer universalen Position ist zweifellos angemessen, doch die Vorstellung einer letztlichen Verbindung mit einem gemeinsamen, universalen Grundgedanken lässt das Vorhaben eher halbherzig wirken. Zusätzlich hat der grundlegende Abgrenzungsgedanke, der sich in der Pluralfassung ausdrückt, einen eigenen Preis: Spezifität muss nicht nur gerechtfertigt werden, sondern trägt die bekannten Risiken, und anhaltend das der Exklusion. Doch obwohl es zunächst nicht so scheinen mag, gilt das Exklusionsproblem sowohl für ‚neue' als auch für ‚alte' Kosmopolitismusformen: beide reproduzieren dualistisches Denken in Gegensätzen. Kosmopolitis*mus* bezieht sich kontrastiv typisch auf den Ort und kulturelle Containervorstellungen, mit der Nationalstaatsgesellschaft als wichtigstem Gegner. Doch auch grundsätzlicher gilt: „Egal, wie sehr sich der Kosmopolit dualistischem Denken widersetzt, die Grenzfrage, wer das ‚kosmopolitische Selbst' und wer der ‚nicht-kosmopolitische Andere' ist, lässt sich nicht vermeiden" (Fine und Boon 2007, S. 8; siehe auch Fine 2006). Das jedoch korrespondiert mit altbekannten Formen der sozialen Distinktion, wie Nava ironisch anmerkt: „Einfache Leute – Arbeitsmigranten, vor Unterdrückung Geflüchtete und Touristen beispielsweise – verfügen nicht unbedingt über die intellektuelle Disposition" zu Kosmopolitismus (Nava 2002, S. 88; mit Verweis auf Robbins 1998 und Tomlinson 1999). Wie diese Problematik sich praktisch formieren kann, wird im folgenden Abschnitt am Beispiel der Vorstellung *europäischer Kosmopolitismus* illustriert.

10.2.3 Europäischer Kosmopolitismus

Europäischer Kosmopolitismus als Beispiel eines partikularen Kosmopolitismus steht unter dem Druck, seine Partikularität und damit auch seine ‚Anderen' zu rechtfertigen. Dies kann auf zwei Arten geschehen. Zum einen lässt sich schlicht auf ein positives, selbstreflexives Potenzial verweisen, also auf „die intrinsischen Vorzüge einer Perspektive […], die noch nicht Teil des üblichen diskursiven Repertoires der Europastudien ist" (Roche 2010, S. 221). Üblicher ist jedoch, einfach normativ eine Notwendigkeit von Partikularität zu bekunden: „Das, was ich ‚realistischen Kosmopolitismus' nennen würde, setzt ein universalistisches Minimum voraus, das eine Reihe substanzieller Normen beinhaltet, die zu jedem Preis aufrechterhalten werden müssen […]. Ich behaupte, dass realistischer Kosmopolitismus auch ein partikularistisches Minimum zur Voraussetzung hat, das nicht einfach die Existenz einer Schicksalsgemeinschaft verneint" (Sznaider 2007, S. 113). Hier sehen wir ein Beispiel für eine Kombination von Universalismus und Partikularismus, die über einen schlichten Normativismus verbunden werden. Überdeutlich werden gleichzeitig Tendenzen zu Essentialisierung und Exklusion sowie zur Idealisierung von partikularem Kosmopolitismus.

Ein Beispiel dualistischen Denkens geben Beck und Grande, die fordern: „(E)in kosmopolitisches Europa muss eine neue Logik der politischen Mobilisierung einführen: einige wenige müssen die Initiative übernehmen und die anderen mitziehen, die einen Fuß auf der Bremse haben" (2007, S. 76). Abgesehen von der verdächtigen Kombination von Zwang und recht unverblümtem Elitismus ist dies ein instrumentalistisches Denken, das auf sehr spezifischen Ideen von dem, was Europa sein sollte, basiert (für eine ausführlichere Kritik siehe Latour 2004). Eine ähnliche Position, die sich in einer Diskussion zwischen Habermas und Derrida im Zusammenhang des zweiten Irakkrieges 2003 entwickelt hat, wird deutlich von Kumar kritisiert: „Die beiden Autoren wollten die Besonderheit sowie die Autonomie europäischer politischer und kultureller Werte geltend machen, insbesondere im Kontext der Kontroverse zum Irakkrieg, was [schließlich], mehr als zu jeder anderen Zeit seit dem Zweiten Weltkrieg, Europäer gegen Amerikaner ausgespielt hat" (Kumar 2008, S. 88). Teil des zugrunde liegenden Selbstbildes sei „Europa als Weltführer in Supranationalismus sowie im Ermutigen zu einer nach Außen gerichteten Haltung" (ebd., 90) gewesen. Die diagnostizierte zentrale Ambivalenz ist also das Selbstbild von Europäern als selbstreflexiv und offen für Differenz – nur eben nicht gegenüber denjenigen, die sie als weniger selbstreflexiv und offen bewerten, als sie es sich selbst zusprechen. Oft, wie auch in diesem Fall, wird dies US-Amerikanern unterstellt. Damit allerdings riskieren diese Autoren die mehr oder weniger direkte Förderung eines „'Euro-Nationalismus', ähnlich früheren europäischen Nationalismen und wahrscheinlich mit ähnlich destruktivem Potential" (ebd., 97, mit Bezug auf Ross 2005). Indem allerdings geleugnet wird, dass die problematische Frage von Inklusion und Exklusion auch auf Kosmopolitismus zutrifft, wird der Weg zur erforderlichen, gründlichen Analyse eines ‚Euro-Nationalismus' und seiner Risiken verstellt (zum allgemeineren Begriff *Eurozentrismus* siehe Krossa 2012a). Folglich wird die altbekannte und an sich überholte Debatte um ‚guten Patriotismus' und ‚schlechten Nationalismus' kaum weiterentwickelt anhand des Kosmopolitismusthemas weitergeführt – mit den gleichen, altbekannten Problemen.

Vor diesem allgemeinen Hintergrund wird nun ein Blick auf zwei systematische Versuche geworfen, europäischen Kosmopolitismus konkreter zu bestimmen. Beiden liegt ein Interesse an Auswirkungen von Transnationalisierung zugrunde, und beide sind explizit normativ ausgerichtet.

10.2.3.1 Eine Perspektive politischer Theorie

Seyla Benhabib geht von der Annahme aus, dass der Nationalstaat fortlaufend an Bedeutung verliert. In die entstehende Lücke stellt sie gleichsam die Europäische Union, die sie als Rahmen eines spezifischen Kosmopolitismus betrachtet. Dabei verdeutlicht sie ihre dezidiert normative Position, in der Kosmopolitismus eine Antwort (und keine Frage!) darstellt: „Im Gegensatz zu geltender Rechtsordnung [basiert] die Gültigkeit kosmopolitischer Normen [...] auf unabhängiger normativer Grundlage" (Benhabib 2006, S. 49). Zunächst nimmt sie zwei Kategorien in ihre Diskussion auf, eine Struktur, die dem traditionellen Kosmopolitismus entspricht: die Welt und den (einzelnen) Menschen, in ihren Begriffen: die globale Zivilgesellschaft und das Individuum: „Kosmopolitische Rechtsnormen [...] [beziehen sich auf] Individuen als moralische und Rechtspersonen in einer weltweiten Zivilgesellschaft" (ebd., 16). Ihre Antwort auf die entsprechende traditionale, ,universale' Frage ist jedoch rein formal: „Ich respektiere den moralischen Wert des Anderen, indem ich anerkenne, dass ich ihm oder ihr gegenüber eine Rechtfertigung meiner Handlungen schuldig bin" (ebd., 18). Moralische Konversation, so Benhabib, „bezieht potenziell die ganze Menschheit ein" (ebd., 18). Die Probleme solcher Perspektiven, wie die fehlende Definition des gleichwertigen Anderen oder die nur vermeintliche Grenzenlosigkeit der Welt, sind bereits besprochen.

Obwohl Benhabib das Problem der Inklusion und Exklusion nicht explizit anspricht, strebt sie nach seiner Lösung, wie das Einführen von Partikularismus in ihr Argument zeigt: „Von einem universalistischen und kosmopolitischen Standpunkt aus betrachtet [...], erfordern Grenzen, einschließlich staatlicher Grenzen [...], moralische Rechtfertigung" (ebd., 19). Damit hält Benhabib an der problematischen Annahme eines Universalismus fest und fügt ihm einen Partikularismus hinzu, der ebenfalls der Rechtfertigung bedarf.

Doch wie können beide offenbar antagonistischen Aspekte auf eine Art miteinander verbunden werden, die über ein rein normatives Statement hinausreicht? Sie schlägt *Demokratie* vor: „'Wir, das Volk' *[We, the people]* bezieht sich auf eine partikulare menschliche Gemeinschaft, die räumlich und zeitlich umgrenzt ist, eine partikulare Kultur, Geschichte und Vermächtnis teilt; dabei bildet sich dieses Volk als demokratischer Körper, indem es im Namen des ‚Universalen' agiert. Die Spannung zwischen universellen Menschenrechtsansprüchen und partikularistischen kulturellen und nationalen Identitäten ist konstitutiv für demokratische Legitimität" (ebd., 32). Doch auch hier wird nicht analytisch geklärt, *wie,* sondern nur normativ festgesetzt, *dass* eine Versöhnung zwischen dem Universalen und dem Partikularen über Demokratie stattfindet. Dies macht die Diskussion zunächst vor allem komplizierter. Das wiederum ist eine legitime Vorgehensweise in akademischen Debatten, hier ist es jedoch von begrenztem Nutzen. Warum Partikularismus, wenn so klar am Rahmen des Universalen festgehalten werden soll? Oder umgekehrt: Wenn Partikularismus, warum ihm als abstrakte Idee Universalismus aufdrängen? Oder wird schließlich angenommen, dass beide eine ‚natürliche Einheit' bilden, dass partikulare Kosmopolitismen schlicht automatisch Untereinheiten des einen, universellen Kosmopolitismus bilden?

Dennoch sind zwei Aspekte zu nennen, die für die weitere Diskussion hier hilfreich sein können. Erstens verbindet Benhabib verschiedene konzeptuelle Ebenen, also lokale, nationale und globale (ebd., 74). Zweitens deutet ihre normative Lösung ‚rechtsherstellende Politik' *[jurisgenerative politics]* sowohl einen Prozesscharakter als auch eine Konfliktinterpretation an, die im weiteren Sinne ein Integrationspotenzial hat (ebd., 49 f.). Diese Prinzipien werden weiter aufgegriffen und systematisch bearbeitet – allerdings mit einer deutlich größeren Offenheit gegenüber sich potenziell herausbildenden Formen und möglichen ‚Ergebnissen'.

10.2.3.2 Eine Perspektive soziologischer Theorie

Für Gerard Delanty und Chris Rumford stellt Kosmopolitismus, und spezifischer: europäischer Kosmopolitismus, ebenfalls eine Antwort auf zentrale Gegenwartsfragen dar. Interessanterweise gehen sie von einer Vergleichbarkeit verschiedener Konzepte aus, geben aber schließlich Kosmopolitismus den Vorrang: „Die kulturelle Bedeutung von Europäisierung kann eher mit Kosmopolitismus assoziiert werden als mit etwas Spezifischem wie einem europäischem Volk, einer europäischen Gesellschaft, einem europäischen Supra-Staat oder einem europäischen Erbe" (Delanty und Rumford 2005, S. 22 f.). Ihre Annahme, europäischer Kosmopolitismus sei eine epistemologische Kategorie innerhalb europäischer Gesellschaft ist besonders interessant und wird unten in diesem Kapitel noch einmal aufgegriffen.

Über eine Forderung nach Kosmopolitismus hinausgehend betrachten die beiden Autoren das (im Jahr 2005) gegenwärtige Europa als nahezu selbstverständlich kosmopolitisch: „In der Globalisierung sind kosmopolitische Ströme erkennbar, und diese sind besonders in manchen Europäisierungsprozessen artikuliert" (2005, S. 6; mit Bezug auf Beck; auch 22 f.). Einer ihrer Ausgangspunkte ist, dass der Staat „nicht die Vorstellungen eines Volkes definiert. In den kosmopolitischen Strömungen, die ein Kennzeichen von Europäisierung sind, lassen sich neue Konzeptionen *[of peoplehood]* finden. Die kosmopolitische Vorstellung ist ein solches Imaginäres, das gerade entsteht" (ebd., 20). Dieses Beispiel zeigt die Distanzierung vom Universalen also zunächst deutlicher als das vorangehende von Benhabib, was auch ihre Kritik an Habermas belegt. Delanty und Rumford kritisieren, Habermas' Vision basiere lediglich auf einer „Akzeptanz des Anderen im minimalen Sinne sowie auf substanzlosen Begriffen einer ‚gemeinsamen europäischen Lebensweise'" (ebd., 103). Entsprechend klarer ist auch ihr Bewusstsein der Exklusionsproblematik von Partikularismen: „Die Idee eines kosmopolitischen Europas ist im Paradoxon gefangen, sich auf Begriffe der Gemeinschaftlichkeit berufen zu müssen, während sie gleichzeitig die Existenz eines zugrunde liegenden ‚Wir' im Sinne einer Schicksalsgemeinschaft bestreitet" (ebd., 103). Daraus leiten sie eine ‚doppelte Gefahr' ab, nämlich, dass „Kosmopolitismus einerseits nicht in der Lage sein wird, sich gegen Rassismus und andere extremistische Bewegungen zu verteidigen, und dass er andererseits darauf angewiesen bleibt, sich über eine Referenz zu einem Außen zu definieren und so die Form eines ‚Euro-Nationalismus' annimmt" (ebd.).

Im Versuch, diese Probleme zu vermeiden, wenden sie sich einer Idee aus Honneths politischer Theorie zu, einer ‚sozialen Anerkennungsordnung' auf der Grundlage einer „rechtlich institutionalisierten Ordnung [...], in der die Autonomie von und Respekt gegenüber Individuen mit einem Solidaritätsnetzwerk garantiert ist" (ebd., 22; mit Bezug auf Honneth 1987). Daraus könne eine kosmopolitische europäische Identität entstehen, als „eine Form post-nationalen Selbstverständnisses, das sich sowohl im Rahmen nationaler Identitäten ausdrückt als auch über sie hinausgeht" (ebd., 23). Ähnlich wie Beck beziehen Delanty und Rumford die nationale Ebene weiter neben anderen ein und betonen „Dynamiken des Werdens, die entstehen, wenn sich das Nationale und das Globale verbinden. Europäische Identität kann [dann] als kosmopolitische Identität verstanden werden, die sich in pluralisierten kulturellen Modellen gesellschaftlicher Identität verkörpert, und zwar eher als in einer supra-nationalen Identität oder einer offiziellen EU-Identität, die mit nationalen Identitäten in einem Spannungsverhältnis steht" (ebd., 22 f.).

Damit stellen die Autoren jedoch lediglich die nationale und die globale Ebene nebeneinander und verbinden sie mit der normative *Forderung*, die Dynamik aus der ersten zu der zweiten gewissermaßen umzuleiten. Warum dies geschehen soll, bleibt – von der direkten normativen Setzung abgesehen – jedoch völlig offen, was den Vorschlag grundlegend schwächt. Zumindest aber deuten die Autoren anhand des Bezuges auf Honneth an, *wie* dies geschehen könnte, nämlich durch einen Prozess „sozialer Kämpfe, ‚der moralischen Grammatik sozialer Konflikte'. Auf diese Weise entwickeln sich normative Prinzipien aus sozialen Kontexten und historischen Prozessen heraus" (ebd., 22, mit Bezug auf Honneth 1987). Obwohl hier Konflikt, zumal in sehr spezifischer Form, nur normativ gesetzt ist, ist der Verweis auf auch integrative Potenziale dieses Konzepts fraglos von Interesse.

Abschließend formulieren Delanty und Rumford drei Punkte, die sie als Hauptvorteile ihrer Perspektive des europäischen Kosmopolitismus auffassen:

> Erstens bietet Kosmopolitismus die Möglichkeit, Europa in Relation zur Welt (und zu Globalisierung) zu verorten [...]. Eine Konsequenz dessen ist, dass es nicht weiterführt, nach spezifischen, einzigartigen Formen europäischer Identität, Kultur und Zugehörigkeit zu suchen [...]. Zweitens sieht eine kosmopolitische Perspektive

sozialen Wandel nicht als grundsätzlich bedrohlich [...]. Drittens ermöglicht Kosmopolitismus neue Verbindungsformen. Europa wird zu einem Raum, in dem Individuen Geschichte, Gesellschaft und Identität neuartig erfahren können und dadurch Gesellschaft neu kreieren, indem sie neue soziale Beziehungen und Normen sozialer Gerechtigkeit generieren (ebd., 189).

Hier sind besonders drei positive Elemente dieses Ansatzes herauszustellen: Es ist ohne Zweifel sinnvoll, erstens Europa als Beispiel für einen Rahmen von Gesellschaft auf einer mittleren Stufe heranzuziehen, und dabei zweitens mehrere Ebenen (lokal, national, global etc.) zu verbinden. Drittens ist auch hier die dynamische Perspektive von Prozess und, zwar normativ begrenzter, aber prinzipiell vorhandener, Offenheit für Konflikt hervorzuheben. Auch die von Delanty und Rumford selbst genannten drei Vorteilen ihrer Perspektive sind plausibel – jedoch mit einer massiven Einschränkung: Nicht klar wird, warum ausgerechnet Kosmopolitismus die am besten passende Antwort sein sollte, wenn wir auf diese Vorteile abzielen, also auf Europa als Teil der Welt, ‚Normalität' sozialen Wandels, so wie neue Formen der Verbindung. Entsprechend ist ihre Vorstellung, Gesellschaft ‚neu' zu kreieren, nicht überzeugend.

Als Hauptkritikpunkt verbleibt jedoch die Unbestimmtheit der Relation von analytischen und normativen Elementen in ihrem Ansatz, die den Eindruck hervorruft, dass ihre letzte Begründung eigentlich theoretischer Annahmen auf sehr wackligen normativen Füßen in Form schlichter Behauptungen steht – sowohl bei der Begründung kosmopolitischer Identität auf individueller Ebene (ebd., 76 und 194), als auch hinsichtlich ihrer kollektiven Folgen.

Obwohl beide Ansätze also einige sinnvolle Beiträge zur weiteren Diskussion beitragen, nehmen ihre Autoren ihnen durch ihre Schwerpunktlegung auf das Normative viel ihres analytischen Potenzials. Dies verkürzt und verstellt die Sicht auf das, was aus Dynamiken zwischen dem Lokalen, Regionalen, Nationalen, Globalen und potenziell weiteren als relevant wahrgenommenen Ebenen abgeleitet werden könnte. Auch die Aspekte Ähnlichkeit und Differenz sowie Potenziale von Konflikt bleiben unterentwickelt. Vor allem aber erscheint es verfehlt, Kosmopolitismus und Gesellschaft auf eine gemeinsame konzeptuelle Stufe zu stellen.

10.3 Kapitelfazit

Wie ließe sich in der hier eingenommenen Perspektive also Kosmopolitismus – sei es ‚alter' oder ‚neuer' – sinnvoll bearbeiten?

Zum einen ist natürlich eine offen normative, also als solche explizit gekennzeichnete Position völlig legitim und benötigt entsprechend keine weitergehende

Rechtfertigung. Problematisch sind nur Versuche, das entscheidende normative Element als beschreibend-analytisch zu verschleiern, wenn es eigentlich um letztlich wertbegründete Ansprüche geht.

Zum anderen ist es möglich, Kosmopolitismus konsequent als Imaginäres zu verstehen und auf seine kommunikativen und praktischen sowie auch ordnungswirksamen Folgen hin zu betrachten – ganz der Logik des Thomas-Theorems folgend: Der Begriff hat eine eigene Realität und kreiert sie fortlaufend. Damit wird Kosmopolitismus – aus der Position der allumfassenden Antwort befreit – zu einer Frage. Dann werden Kosmopolitismus und seine potenziellen Konsequenzen Objekte kritischer Überprüfung, statt lediglich proklamiertes Ideal.

Mobilität und Netzwerk 11

Muss der Begriff *Gesellschaft* aufgeben werden, weil er als Analyseinstrument der Gegenwart nicht (mehr) taugt? Und genauer: Gibt es andere Begriffe, die den der Gesellschaft ersetzen könnten? Welche könnten das sein? Zur Diskussion werden im Folgenden zwei potenziell alternative Konzepte als Schwerpunkte herausgegriffen, die auch im Kontext von Globalisierungsdiskursen generell bedeutende Rollen spielen, und zwar *Mobilität* und *Netzwerk*. Diese beiden Konzepte werden kritisch daraufhin geprüft, ob sie tatsächlich als Ersatz für Gesellschaft fungieren können.

Soviel sei bereits vorweggenommen: Aus der Perspektive dieses Buches haben sie eher komplementären denn substitutiven Charakter, weil sie jeweils lediglich Ausschnitte des umfassenderen Prinzips Gesellschaft fokussieren. Das bringt im Einzelnen oft interessante Ergebnisse hervor, die aber notwendig recht begrenzt sind und umfassendere Phänomene, Regelmäßigkeiten und relative Beständigkeiten teilweise unsichtbar machen. Gleichzeitig steuern sie aber jeweils etwas Spezifisches zur Diskussion von Gesellschaft bei und sind gerade in ihrer Kombination für die hier geführte Diskussion lohnend. Auch lässt sich über sie eine gezielte weitere Verlagerung der bislang doch häufig als traditionell betrachteten Diskussion zu Gesellschaft in aktuellere Wissenschaftssprache erreichen.

Vorläufig kann das Zusammenwirken der drei Aspekte Mobilität, Netzwerk und Gesellschaft wie folgt charakterisiert werden: Während Mobilität in erster Linie eine *Dynamik* von Gesellschaft, und auch allgemeiner: des Sozialen, repräsentiert, steht Netzwerk für eine spezifische Art von – ebenfalls vergleichsweise dynamischer – *Struktur*. Gemeinsam eröffnen die Konzepte somit die Möglichkeit, eine Reihe von Diskussionen weiterzuentwickeln und systematischer zu verbinden, die bereits in vorangehenden Kapiteln angestoßen wurden, beispielsweise zu Homogenität und Heterogenität, Kommunikation, Integration bzw. Inklusion,

Raum und Ort oder auch Gemeinschaft. Und weil Mobilität und Netzwerk als charakteristisch für die *global condition* gelten – nach Urry lassen sie sich sogar annähernd als alternative Metaphern von Globalität interpretieren (siehe Urry 2004b/2000, S. 195) – können sie außerdem sowohl unter der Überschrift ‚Globalisierung als Standardisierung' als auch unter ‚Globalisierung als Glokalisierung' (Robertson 1992, 1995) diskutiert werden.

Wir beginnen mit dem noch ausdrücklicher flexibilisierenden Element *Mobilität*, bevor wir die relative Strukturierung *Netzwerk* näher betrachten.

11.1 Mobilität

Mobilität ist ein in der Soziologie vielfältig gebrauchter Begriff im generellen Kontext von (potenzieller) Beweglichkeit und (tatsächlicher) Bewegung. Hier geht es um seine räumliche Dimension, nicht um die Frage sozialen Auf- und Abstiegs, obwohl beides nicht selten zusammenhängt. Im Folgenden interessieren die Mobilität von Menschen sowie die damit in Zusammenhang stehende Mobilität von Objekten und Zeichen etc.

Im ersten Abschnitt dieses Unterkapitels wird ein spezifischer Vorschlag zur Interpretation von Mobilität besprochen, nämlich der John Urrys, den Begriff der Gesellschaft durch den der Mobilität zu ersetzen, ihn also *substitutiv* zu verwenden. Im zweiten Abschnitt werden dagegen Vorschläge entwickelt, wie ein Mobilitätsbegriff *komplementäre* Funktion in der Diskussion zu Gesellschaft übernehmen kann.

11.1.1 Mobilität als Substitut von Gesellschaft

John Urry ist einer der bekanntesten Soziologen, die den Begriff der Gesellschaft für überholt halten und ihn verabschieden möchten (dieses Argument findet sich im Prinzip auch bei Zygmunt Bauman oder Ulrich Beck, siehe Kap. 6). Seine Ausgangsthese lautet, Gesellschaft werde „in der Zukunft nicht besonders relevant als organisierendes Konzept soziologischer Analyse sein" (Urry 2000, S. 1; siehe auch Urry 2007). Genauer betrachtet Urry *Mobilität* als Alternative zu Gesellschaft.

Die Entwicklung seines diesbezüglichen Argumentes beginnt er, indem er gleichsam seinen Gegner konstituiert: Gesellschaft, so Urry, könne „lose definiert werden als Komplex von Beziehungen zwischen den wichtigsten sozialen Institutionen innerhalb eines staatlich bestimmten Territoriums", und folgert: „Gesellschaft entspricht dem Nationalstaat" (Urry 2004a/1995, S. 128). Vor diesem klar umrissenen Hintergrund und mit einem weniger ökonomisch denn allgemein kulturell ausgerichteten Fokus plädiert er für folgendes Verständnis von (westlichen) Gesellschaften: Sie seien während etwa der ersten Hälfte des 20. Jahrhunderts „nicht einfach ‚industrielle' (Gesellschaften, A.S.K.) gewesen, sondern ‚organisierte', und das, was jetzt in solchen Gesellschaften passiert, ist, dass sich ein Set sich gegenseitig verstärkender Störungen dieser organisierten Muster etabliert" (ebd., S. 127). Dieser Prozess basiere, so Urry weiter, auf einer ausgeprägten „‚Globalisierung' ökonomischer und sozialer Beziehungen und einem erhöhten Bewusstsein der ‚Gleichzeitigkeit' von Ereignissen und Erfahrungen, die an geographisch entfernten Orten stattfinden" (ebd., S. 128).

Wie lässt sich eine solche Konstellation des Sozialen also begrifflich fassen, wenn Gesellschaft so nicht mehr zu passen scheint? Dazu greift Urry zunächst ein recht bekanntes Konzept auf, das der *postindustriellen Gesellschaft* (dazu auch noch einmal unter Abschn. 11.2.1, im Kontext ‚Informationsgesellschaft'). Am Beispiel Großbritanniens erläutert er, warum er dieses jedoch ebenfalls nicht für angemessen hält:

> Wir leben in einer Gesellschaft, die als postindustrielle bezeichnet werden könnte, aber das ist keine sehr zweckdienliche Art, über solche Entwicklungen nachzudenken. Kulturell leben wir in einer Gesellschaft, in der Nostalgie, Heimatsprache und Tradition sich in einer Art Potpourri vermischen mit Spiel, Spektakel und Überschreitung. Ökonomisch ist die Gesellschaft eine, in der die Produkte der produzierenden Industrie immer noch absolut zentral für unsere Versorgung mit Dienstleistungen sind, aber es ist eine nationale Ökonomie, die sowohl durch Globalisierung als auch durch Fragmentierung ent-örtlicht ist. Politisch ist Großbritannien ein ehemals industrielles Land, und viele der Sicherheiten der Politik, die aus dieser Periode stammen, lösen sich vor unseren Augen auf. Gleichzeitig ist diese industrielle Vergangenheit unbegrenzt zugänglich für uns, um für politische Formen wie ‚viktorianische Werte' oder ‚traditionelle Arbeiterklasse' abgebaut und verarbeitet zu werden (ebd., S. 131).

In Urrys Sicht ist dieses Label der postindustriellen Gesellschaft also zum einen zu unspezifisch, zum anderen zu stark Konzepten der Vergangenheit verhaftet.

Für ihn muss die Ablösung von hergebrachten (Denk-)Strukturen also weiter gehen, und das ist für ihn insbesondere durch Globalisierungsprozesse begründet. Er will grundlegend zeigen, wie „die Entwicklung vielfältiger globaler ‚Netzwerke und Ströme' endogene Sozialstrukturen unterminiert, denen im soziologischen Diskurs generell die Macht, sich selbst zu reproduzieren, zugesprochen wurde" (Urry 2000, S. 1). Also geht er von einer grundlegenden Verschiebung aus, nämlich zu „diversen Mobilitäten, die durch multiple Bedeutungen, erfinderisches

Reisen, Ströme von Bildern und Informationen, Virtualität und physischer Bewegung das ‚Soziale als Gesellschaft' materiell rekonstruieren zum ‚Sozialen als Mobilität'" (ebd., S. 2). Urry insistiert also auf einer genuinen Verbindung zwischen dem Menschlichen und dem Materiellen, einschließlich Technologien etc., und leitet genau daraus den Anspruch ab, Gesellschaft durch Mobilität zu *ersetzen*. So schlussfolgert er:

> Wenn es also keinen autonomen Bereich menschlicher Handlungsmacht gibt, sollte auch keine eigenständige Ebene sozialer Realität angenommen werden, die das besondere Ergebnis davon ist, dass Menschen mit und durch spezifische Kräfte handeln. Verschiedene Autoren haben versucht, die These einer Dialektik von Menschen, die Gesellschaft machen, und Gesellschaft, die Individuen macht, zu entwickeln (...). Doch eine solche Dialektik wäre nur plausibel, wenn wir mit Gesellschaft etwas Triviales meinten, und zwar reine soziale Interaktionen, die von den Netzwerken verschachtelter Relationen mit dem Nicht-Menschlichen abstrahierten. Da fast alle sozialen Einheiten Netzwerke von Verbindungen zwischen Menschen und diesen anderen Komponenten beinhalten, gibt es keine eindeutig menschlichen Gesellschaften als solche. Gesellschaften sind zwangsläufig Hybride (Urry 2004b/2000, S. 197).

Damit qualifiziert Urry in einem zweiten Schritt, was neben dem Charakteristikum der Mobilität in seinen Augen Gesellschaft bzw. das Soziale gegenwärtig kennzeichnet, nämlich eine genuine und sozial wirksame Verbindung zwischen Menschlichem und Nicht-Menschlichem. Ähnliche Perspektiven in dieser Diskussion sind ‚Pflanzensoziologie' (Alphonse de Candolle), ‚sternförmige Gesellschaften' (Alfred North Whitehead) oder der generelle Punkt einer ‚Irrelevanz' der Trennung zwischen Natur und Gesellschaft (Gabriel Tarde) (siehe auch Latour 2004, S. 451). Auf dieser Grundlage schlägt Urry schließlich vor, dass „Soziologie eine neue Agenda für eine Disziplin entwickelt könnte, die ihr zentrales Konzept der menschlichen ‚Gesellschaft' verliert. Es ist (dann, A.S.K.) eine Disziplin, die sich um Netzwerke, Mobilität und horizontale Flüchtigkeiten organisiert" (Urry 2004b/2000, S. 201).

Betrachten wir nun Urrys Argument im Einzelnen. Zunächst konstruiert er also als Gegenbild eine ausgesprochen statische Interpretation von Gesellschaft – als Nationalstaatsgesellschaft. Dass die Ablehnung eines solchen stark vereinfachten Konstrukts nicht besonders schwierig ist, haben wir bereits (in den Kap. 5 und 6) gesehen. Die Frage ist allerdings auch hier, ob eine solch holzschnittartige Simplifizierung einen Wert über eine möglichst einfache Ablehnung hinaus hat – und falls nicht, welchen Stellenwert eine möglichst einfache Ablehnung selbst haben kann. Dieser ist, wie schon prinzipiell gezeigt, sehr begrenzt.

Denn fraglos entsteht dabei eine größtmögliche Differenz zum hochgradig flexiblen Gegenvorschlag *Mobilität*. Doch reicht das aus, um ihn als Substitut zu veranschlagen? Wohl nicht, und zwar hauptsächlich deshalb, weil Mobilität – gerade in der Form, wie Urry den Begriff vorschlägt – im Prinzip ein Summenbegriff ist, der ein zentrales Charakteristikum der Gegenwart zusammenfasst und über entsprechende Beispiele beschreiben kann, aber nicht, wie Gesellschaft, darauf angelegt ist, im weiteren Sinne flexibel ordnende Muster wahrzunehmen. Selbst die leichte Konkretisierung von Mobilität zu *Strömen* kann das kaum leisten, obwohl diese konstitutiver, je nach Perspektive sogar Hauptbestandteil von Gesellschaft sind. Es bleiben Beschreibungen von Wahrnehmungen an der Oberfläche, ohne jedoch wirklich interessante Kontexte, Muster und Motive von Begegnung, Anziehung, Abstoßung, Trennung und weiteren grundlegenden Dynamiken zu analysieren.

Von dieser Kritik an Urrys erstem Punkt bleibt ein systematisches Einbeziehen seines zweiten Punktes jedoch völlig unbenommen: Selbstverständlich ist in die Analyse von Gesellschaft Menschliches und Nichtmenschliches einzubeziehen und grundlegend aufeinander zu beziehen. Auch hier scheint wieder ein ‚Gegner' gewollt übertrieben konstruiert worden zu sein.

11.1.2 Mobilität als Komplement zu Gesellschaft

Nun soll Mobilität komplementär zu Gesellschaft konzeptualisiert werden. Die Frage lautet: Was bietet Mobilität ergänzend an, und genauer: Welche Aspekte von Gesellschaft werden durch den gezielten Blick auf Mobilität hervorgehoben? Die erste Antwort darauf lautet *Flexibilität* – ein Begriff, der in diesem Buch immer wieder in den Vordergrund gerückt wird.

Die noch vorläufige, aber grundlegende Hypothese, die diesem Aspekt unterliegt, lautet: Über eine breite Vielfalt von Formen wird Mobilität zunehmend Teil des gegenwärtigen Lebens, sogar der Alltagserfahrung, wenn auch aus potenziell sehr unterschiedlichen Gründen und in stark variierenden Formen – von Luxusreise bis Kriegsflucht, Migrantinnen und Migranten (Fassmann et al. 2009), politische Eliten (Favell 2008) oder Studierende (Murphy-Lejeune 2001) betreffend. Mobilität ist allgemeiner jedoch *als Prinzip* konstitutives Element des Sozialen. Der Zuwachs an Erfahrung von Differenz im Kontext von Globalisierung beruht aus Mobilitätsperspektive einerseits darauf, dass Menschen, Technologien und Dinge von verschiedenen Orten an einem zusammenkommen, und andererseits darauf, dass diejenigen, die sich gemeinsam an einem physischen Ort befinden, sich an eben dieser Vielfalt bedienen (müssen), Räume – und zwar zunehmend auch virtuelle – erschließen und entsprechend vielgestaltig (zusammen) leben.

Auf dieser Basis lässt sich vorläufig annehmen, dass sich Gesellschaft auf der Grundlage von Mobilität potenziell zunehmend in weiteren Kontexten sowie in Formen von Parallelwelten entwickelt, gekennzeichnet durch sich wandelnde Konstellationen von Menschen, die danach streben, ihre verschiedenen Hintergründe, Ausprägungen von Wissen etc. zu balancieren, durchzusetzen bzw. auch nur auf jeweils kleinstem gemeinsamen Nenner kompatibel zu machen.

Interessant ist hier noch einmal ein Anschluss an einige ausgewählte Aspekte von Fremdheit (siehe Kap. 9). Fremdheit ist immer wieder mit räumlicher und vermeintlich entsprechender kultureller Differenz in Verbindung gebracht worden. Das gilt z. B. für Parks dargestellten Typus: „Der ‚marginal man' im Sinne eines mobilen und entwurzelten Typus (…), unterwandert und durchkreuzt die territorial und kulturell fixierte Ordnung" (Reuter 2002, S. 100). Besonders intensiv findet sich diese Diskussion jedoch bei Simmels raumsoziologischem Ansatz. Reuter verweist darauf, dass „Simmel die Unterscheidung zwischen Eigenem und Fremdem als Unterscheidung zwischen räumlich fixierten und beweglichen Menschen auslegt" (Reuter 2002, S. 17). Genauer fragt Simmel „nach der räumlichen Nähe bzw. Distanz zwischen Personen und deren Einfluss auf die Art der Wechselwirkung. Zweitens geht er dem Problem nach, welche Auswirkung die Tatsache hat, ob Individuen an einen bestimmten Ort fixiert oder ob sie mobil sind; in diesem Zusammenhang entwickelt er die Typen des ‚Wanderers' und des ‚Fremden'. Drittens fragt er nach dem Einfluss räumlicher Grenzen auf die Art von Wechselwirkungen" (Nedelmann 2006, S. 139).

Der eigentliche Kernpunkt, der es lohnen lässt, die Figur des Fremden noch einmal in einer Mobilitätsperspektive aufzugreifen, ist jedoch, dass Fremdheit und Mobilität unter Globalisierungsbedingungen zu zunehmend allgemeinen Merkmalen werden, also bei mehr Personen und häufiger auftritt, was spezifische Auswirkungen auf das Soziale und Gesellschaft hat bzw. haben kann: „Expansion, Mobilität, soziale Bewegungen, Arbeitsteilung und Migration brechen die alten Gehäuse der traditionellen Gemeinschaften auf und fordern interkulturelle Kommunikation, Überschneidungen oder auch kulturelle Fusionen heraus" (Reuter 2002, S. 102). So gilt auf der Grundlage sich zunehmend verallgemeinernder Mobilität: „Die Eigenschaften des Fremden (Sachlichkeit, Objektivität) sind damit keinesfalls (mehr, A.S.K.) exklusive ‚Kapitalien' einzelner. Sie stellen vielmehr konstitutive Elemente des *gesamt*gesellschaftlichen Zusammenlebens in modernen Gesellschaften dar; hier ist potenziell *jeder* ein Händler und damit ein Fremder" (Reuter 2002, S. 90; Herv. i. O.).

Abschließend dazu sei auf einen weitsichtigen Kommentar Simmels verwiesen. Er erkannte bereits früh, dass die flexibilisierende Entwicklung nicht nur mehr Mobilität bringt, sondern auch andersartige, die wiederum soziale Gefüge beeinflusst. Für seine Gegenwart diagnostiziert er bereits:

> Es scheint überhaupt, als ob, je näher der Gegenwart, um so günstiger die Position des Sesshaften gegenüber dem auf Bewegung angewiesenen Gegner sei. *Und dies ist durch die Erleichterung der Ortsveränderung begreiflich.* Denn sie bewirkt, dass auch der prinzipiell Sesshafte doch jederzeit sich überall hin begeben kann, sodass er neben seiner Sesshaftigkeit mehr und mehr noch alle Vorteile der Mobilität genießt, während dem Unsteten, prinzipiell Beweglichen nicht im gleichen Maße die Vorteile der Sesshaftigkeit zugewachsen sind (Simmel 1992, S. 764, Herv. A.S.K.).

Dies wird praktisch besonders in Zeiten intensiver Migration(swahrnehmung) deutlich.

Fragen, die sich – von Mobilität ausgehend – in erweiterndem Sinne auf Gesellschaft hin ausgerichtet formulieren lassen, sind beispielsweise: Welche Arten von Erfahrung und Bewertung von Mobilität weisen eher auf Emergenzen oder auf Disaggregation von Formen von Gesellschaft hin? Wie lassen sich entsprechende Kriterien für Prozesse beider (und weiterer) Arten formulieren? Inwiefern entstehen durch Mobilität Parallelwelten – oder lassen sich eher Hinweise auf die Entwicklung einer Weltgesellschaft erkennen? Kann möglicherweise auch beides gleichzeitig gezeigt werden? Wie? Welche Rolle spielt es, dass alle demselben *Prinzip Mobilität* folgen – es aber in seinen praktischen Ausprägungen enorme Unterschiede gibt? Wird Mobilität zum Angelpunkt von Konflikten, und wenn ja, in welchen Formen und mit welchen Konsequenzen?

11.2 Netzwerk

Ein *Netzwerk* gilt zunächst ganz allgemein als Beziehungsgeflecht, in dem die Teilnehmenden charakteristisch aufeinander bezogen sind. Es weist eine Reihe von Knotenpunkten (nodes) auf, die für individuelle Personen, aber auch für Kollektive im weiteren Sinne, beispielsweise Organisationen stehen können, ebenso wie für Nichtmenschliches. Die Beziehungen zwischen den Knotenpunkten lassen sich bildlich als verschiedenartige Linien ausdrücken, die entsprechend unterschiedliche Relationen charakterisieren. Somit ergibt sich insgesamt das Bild eines Netzes (für eine erste tabellarische Übersicht zu Netzwerktheorien siehe Cavanagh 2007, S. 30).

Zunehmend gilt: „(W)ir sehen heute überall Netzwerke (…). Es ist nicht so, als habe es vorher keine Netzwerke gegeben, oder als habe sich die Struktur des Gehirns gewandelt. Stattdessen ist das Netzwerk zu einer allgemeinen Form geworden, die unsere Arten, die Welt zu verstehen und in ihr zu handeln, zu definieren tendiert" (Hardt und Negri 2004, S. 142). Warum? Wie für Mobilität gilt auch für Netzwerk: Seine Attraktivität ist in erster Linie durch seine prinzipielle *Flexibilität* begründet. Erstens und allgemein ist damit Struktur nicht notwendig im engeren Sinne als System zu fassen (Holton 2002, S. 68). Dies steht in engem Zusammenhang damit, dass es nicht notwendig auf Grenzziehung angewiesen ist, aber auch mit der Multipolarität, die das Netzwerk als Prinzip kennzeichnet, was Verbindungen in der Tendenz sowohl lockerer als auch komplexer macht (Holton 2002, S. 17). Zweitens und spezifischer basiert das Konzept Netzwerk auf bereits im Prinzip flexibel vorgestellten Sozialbeziehungen. Dadurch wird die Bedeutung von als vorgängig konstruierten Wertbindungen relativiert: „Der Nutzen der Netzwerkperspektive liegt darin, dass sie weder vermeintliche Solidaritäten – lokale oder verwandtschaftliche – als Ausgangspunkt nimmt, noch primär versucht, die Beständigkeit von Solidaritätsgefühlen zu zeigen und zu erklären" (Wellman 1979, S. 1203). Diese strukturelle Flexibilität von Netzwerken ist jedoch nicht zu verwechseln mit einer subjektiven Nicht-Rigidität: Auch Sozialbeziehungen ohne dominante Solidaritätserwartungen können auf den Einzelnen zwingend wirken. Drittens schließlich besteht das Netzwerk, so jedenfalls die überwiegende Analyseperspektive in den Sozial- und Kulturwissenschaften einschließlich der Actor-Network-Theory (ANT), nicht nur aus menschlichen Akteuren und ihren unvermittelten Beziehungen, sondern auch aus verschiedenartig materialisierten Formen, technischen Elementen usw., was den Eindruck von Flexibilität, Variation und Komplexität weiter verstärkt.

Dennoch ist im Gegensatz zum Mobilitätskonzept bei dem des Netzwerkes auch immer Ordnung im weiteren Sinne mitgedacht – als irgendeine Art von Struktur, Muster, oder auch nur durch das es konstituierende Prinzip der Relation. Deshalb sei ein kurzer Blick auf die in diesem Buch immer wieder aufgegriffene Frage nach *Gemeinschaft* geworfen. Offenbar wird überwiegend davon ausgegangen, dass Gemeinschaft unter Netzwerkbedingungen nicht existieren kann bzw. ihren traditionellen Charakter verliert. So nimmt beispielsweise Stichweh an, das Netzwerkprinzip löse „Kontakt und sogar Gemeinschaft aus allen Lokalitätsbedingungen heraus" (Stichweh 2010, S. 173). Umgekehrt leitet Delanty daraus für das Gemeinschaftskonzept selbst ab: „Eher als Netzwerk organisiert ist Gemeinschaft heute abstrakt und es mangelt ihr an Sichtbarkeit und Einheit, und als Konsequenz ist sie eher ein vorgestellter Zustand als eine symbolisch geformte Realität, die auf festen Referenzpunkten basiert. Auch sind ihre Grenzen stärker umstritten, und folglich ist Gemeinschaft auch der Ort von sehr viel Konflikt" (Delanty 2003, S. 188).

11.2 Netzwerk

Ähnlich wie das Mobilitätskonzept weist auch das des Netzwerks eine sehr große Spannbreite auf. Aktuelle Beispiele allein von Anwendungen im europäischen Kontext bieten Mörtenböck und Mooshammer (2010) mit dem Buch *Network Culture,* in dem sie Europa und Globalisierung sowie die Gesellschaft-Gemeinschaft-Diskussion mit dem Begriff des Netzwerks verbinden. Weniger in begrifflicher und methodischer Hinsicht, stärker in der inhaltlichen Ausrichtung der Frage nach Dichte und Art von Austauschbeziehungen sind hier auch Arbeiten von Jan Delhey zu nennen, beispielsweise sein Artikel *Nationales und transnationales Vertrauen in der Europäischen Union* (2004). Andere konzentrieren sich auf spezialisiertere Themen, so beispielsweise Fernández Pérez und Rose in *Innovation and Entrepreneurial Networks in Europe* (2010), oder Kohlmann zu *Al-Qaida's Jihad in Europe: The Afghan-Bosnian Network* (2004). Dies wird ergänzt durch eine Reihe stärker historisch orientierter Publikationen, z. B. von Magee und Thompson (2010).

Hier findet zunächst eine genauere theoretische Betrachtung statt. Dazu wird das Konzept ‚Netzwerk' im Folgenden wiederum unter zwei Blickwinkeln betrachtet: zum einen als Substitut für Gesellschaft und zum anderen als Komplement zu ihr.

11.2.1 Netzwerk als Substitut für Gesellschaft

Ähnlich Urrys Bestrebung, Mobilität als Substitut für Gesellschaft festzulegen, gibt es Ansätze, Gesellschaft durch Netzwerk zu ersetzen. Sie alle nehmen eine Makroperspektive ein, sehen das Netzwerk also als neue, typische Struktur sozialer Ordnung. Andreas Wittel beispielsweise geht aus von einem „Aufschwung von Netzwerkgesellschaftlichkeit. Man beachte den Begriff Aufschwung. Damit wird hier ein Prozess angezeigt, und dieser Prozess hat historische Wurzeln, und er hat Begrenzungen im Sinne von Geographie, Klasse und industriellen Sektoren (…). (D)ieser Prozess ist nicht neu (…). Der Aufschwung der Netzwerkgesellschaftlichkeit ist jedoch nicht nur ein weitaus breiteres und sichtbareres Phänomen als vor wenigen Generationen, er ist auch neu im Sinne seiner Formalisierung und Institutionalisierung" (Wittel 2001, S. 52). Noch weitergehend sind die Annahmen der *Actor Network Theory* (ANT), prominent vertreten durch Bruno Latour. Er interessiert sich für „die sich ständig durch Performanz transformierenden Netzwerke" (Wieser 2012, S. 66 f.), deren Medium und Bewegungsfaktor *Technik* sei. Auf dieser Grundlage nimmt er enge hybride Relationen zwischen Mensch, Natur und Technik an – eine Interpretation, die in der politischen Forderung nach einem ‚Parlament der Dinge' (Latour 2001) mündet.

Daraus leitet er in einem zweiten Schritt ab, dass der Begriff der Gesellschaft, ja sogar der des Sozialen abgelöst werden müsse, denn: „Es ist nicht mehr klar, ob Beziehungen existieren, die spezifisch genug sind, um ‚sozial' genannt zu werden und die zusammengruppiert werden könnten, um einen spezifischen Bereich zu bilden, der als ‚Gesellschaft' wirken könnte. Das Soziale scheint sich verwässert zu haben, überall und nirgendwo im Besonderen" (Latour 2005, S. 2). Mit anderen Worten: Hier wird übereinstimmend nicht nur ein quantitativer, sondern ein qualitativer Wandel des Sozialen angenommen, mit direkten Implikationen für die Bewertung des Gesellschaftsbegriffs.

Im Folgenden wird ein genauerer Blick auf die Interpretation von Netzwerk(gesellschaft) von Manuel Castells geworfen, ausgehend von einer Diskussion zum Kristallisationspunkt *Informationsgesellschaft* (siehe Castells 2004). In Debatten zur Informationsgesellschaft geht es grundsätzlich um die Frage, ob das Hauptmerkmal gegenwärtiger Gesellschaften *Information* ist, und der zentrale Akteur entsprechend *der Informierte*. Obwohl er selbst den Begriff zunächst nicht benutzt, gilt Daniel Bells Konzept der *postindustriellen Gesellschaft* als erster systematischer soziologischer Ansatz zur Informationsgesellschaft. In den frühen 1970er Jahren stellt er fest: „Eine postindustrielle Gesellschaft basiert auf Dienstleistungen. Es ist also ein Spiel zwischen Personen. Was zählt, ist nicht rohe Muskelkraft oder Energie, sondern Information" (Bell 2004/1973, S. 87). Damit rückt Wissen stark in den Vordergrund (Kumar 2004, S. 106).

Obwohl in Castells Beitrag der Begriff der Information eine sehr zentrale Rolle spielt, entscheidet er sich nicht für den Begriff ‚Informationsgesellschaft', denn „(s)einer Meinung nach haben alle Gesellschaften Informationen genutzt, und deshalb sei der Begriff ‚Informationsgesellschaft' von wenig analytischem Nutzen hinsichtlich seiner Unterscheidungskraft in der Ära der Gegenwart" (Webster 2006, S. 100; mit Bezug auf Castells 2000b, S. 21). Stattdessen arbeitet er mit dem Begriff *Netzwerkgesellschaft:* Die „Revolution der Informationstechnologie hat die Netzwerkgesellschaft nicht erzeugt. Aber ohne Informationstechnologie würde die Netzwerkgesellschaft nicht existieren" (Castells 2005, S. 138; ähnlich Webster 2004, S. 1 f.).

Das Argument, welches den Ausgangspunkt und Kern von Castells Überlegungen darstellt, ist, dass ein Informationszeitalter eine ‚neue Gesellschaft' anzeigt, die auf der Entwicklung von Netzwerken beruht und Informationsflüsse begünstigt (Castells 2000a, S. 693). Diese Netzwerkgesellschaft setzt sich aus Netzwerken zusammen, „die auf ‚der Netzwerkunternehmung' basieren, der kurzlebigen Einheit, dem Projekt, um das sich ein Netzwerk von Partnern errichtet" (Castells 2005, S. 141). Castells geht also von einem grundlegenden qualitativen Wandel aus – ohne auf eine eindimensionale Diskreditierung des Nationalstaats angewiesen

11.2 Netzwerk

zu sein, dem er differenzierend sowohl geschwächte als auch anhaltend wichtige Aspekte zuordnet. Wohlgemerkt gibt er den Gesellschaftsbegriff dabei nicht komplett auf – da er aber etwas gänzlich ‚Neues' postuliert, soll er zunächst in diesem Sinne betrachtet werden.

Die zentralen Kennzeichen dieses Gesellschaftskonzeptes sind *zeitlose Zeit* und *Raum von Strömen*. Zeitlose Zeit sieht Castells definiert durch „das Nutzen neuer Informations- und Kommunikationstechnologien in einem unablässigen Bemühen, Zeit aufzuheben, Jahre zu Sekunden zu verdichten (...). Weiterhin ist das wichtigste Bestreben, die Sequenzierung von Zeit abzuschaffen und Vergangenheit, Gegenwart und Zukunft im gleichen Hypertext zu verbinden, also die ‚Abfolge der Dinge' zu eliminieren" (ebd., S. 145). Davon ausgehend fasst er *Raum* als „materielle Untermauerung von sozialen Praktiken der Aufteilung von Zeit" (ebd., S. 146), und spezifischer den *Raum der Ströme* als „die materielle Organisation von sozialen Praktiken der Aufteilung von Zeit, die via Strömen fungieren" (ebd., S. 147). Diesen neuartigen, flexiblen Raum der Ströme stellt er einer traditionellen Form gegenüber, dem weitgehend unflexiblen, da geografisch gebundenen *Raum der Orte*. Und während er zwar annimmt, dass der Raum der Orte anhaltend „der vorherrschende Raum der Erfahrung, des Alltagslebens" ist, sieht er gleichzeitig als „fundamentale Form sozialer Dominanz die Verbreitung der Logik des Raums der Ströme über die des Raumes der Ortes" (ebd., S. 147).

Die seiner Meinung nach neuartige Gesellschaftsform Netzwerkgesellschaft fasst Castells auf dieser Grundlage wie folgt zusammen: „Es ist eine Gesellschaft, die hinsichtlich ihrer leitenden Funktionen und Prozesse um Netzwerke strukturiert ist (...) (D)ie Netzwerk-Architektur ist besonders dynamisch, ergebnisoffen, flexibel, kann sich potenziell endlos erweitern (...). (Dabei wird) Kommunikation gleichzeitig global und (spezifisch lokal, A.S.K.) zugeschnitten" (ebd., S. 148). Den Prozess des Wandels vom traditionellen zum ‚neuen' Netzwerktypus von Gesellschaft erläutert Castells so: „Die Dynamiken von Netzwerken drängen Gesellschaft zu einem endlosen Entwischen vor ihren eigenen Beschränkungen und Kontrollen, hin zu einer endlosen Ablösung und Rekonstruktion ihrer Werte und Institutionen, auf ein meta-soziales, konstantes Rearrangieren menschlicher Institutionen und Organisationen zu" (ebd., S. 148).

Und dies hat konkrete Folgen für Gesellschaften und ihre Akteure. Zum einen betrifft das eine individuelle Ebene: „[t]he 'organization man' is out, the 'flexible woman' is in" (ebd., S. 142) – es werden also andersartige Qualitäten, vor allem Flexibilität auch von der und dem Einzelnen gefordert. Auch der soziale Umgang allgemein und spezifischer die Verteilung von Macht wandelt sich, denn „Kommunikation zwischen Netzwerken und sozialen Akteure hängt zunehmend von geteilten kulturellen Codes ab (...). Somit drehen sich die Herausforderungen an soziale Dominanz in der Netzwerkgesellschaft um die Redefinition von kulturellen Codes, die alternative Bedeutungen und die Änderung der Spielregeln anregen" (ebd., S. 149). Daraus ergibt sich für Castells eine spezifische – globale – Konstellation: „Die implizite Logik der Netzwerkgesellschaft scheint die Geschichte zu beenden, indem sie sie in die Zirkularität von sich wiederholenden Mustern von Strömen einkapselt. Tatsächlich aber öffnet sie, wie jede andere soziale Form, einen neuen Bereich von Widerspruch und Konflikt, da Menschen rund um die Welt es ablehnen, zu Schatten globaler Ströme zu werden und (stattdessen, A.S.K.) ihre Träume und manchmal ihre Alpträume ins Licht der Entstehung neuer Geschichte projizieren" (ebd., S. 149). Hier nimmt Castells explizit eine Konfliktform in seine Argumentation auf, die allerdings sehr spezifisch zugeschnitten ist, insbesondere aufgrund seiner Verbindung mit einem stark normativ geprägten Macht- und Widerstandsaspekt.

Dies wird noch deutlicher, wenn man Castells Position gegenüber *Gemeinschaft* in den Blick nimmt. Deren Kontext wird durch die folgende Diagnose zusammengefasst: „Unsere Gesellschaften sind keine geordneten Gefängnisse, sondern ungeordnete Dschungel" (Castells 2000b, S. 300; siehe auch Webster 2006, S. 109 f.). Hier sehen wir, ähnlich wie bei Bauman (siehe Kap. 6), eine Überzeichnung der Heterogenität und daraus entstehender Konfusion und entsprechenden Ansprüchen an die und den Einzelnen: „Alles hier ist wurzellos und unsicher, Traditionen sind zerbrochen, frühere Sicherheiten sind für immer verloren" (Webster 2006, S. 110). Auch in der Argumentationsform nah an Bauman schlägt Castells eine normative Lösung vor: „Gegen diesen Alptraum, so nimmt Castells an, werden Identitäten in Aktionen geformt, also ruft die ‚Netzwerkgesellschaft' Widerstandsbewegungen und sogar Bewegungen von Projektidentitäten hervor" (Webster 2006, S. 110). Genauer entstehen, so die Annahme, „soziale Bewegungen wie Feminismus, Ethnizität und Umweltschutz. Diese Bewegungen reichen weit über traditionelle Klassenbindungen hinaus und wirken anziehend auf die Lebensstile und Identitäten ihrer Unterstützer" (Webster 2006, S. 111 f.).

Die Kritik an Castells Ideen ist vielfältig; für die Zwecke dieses Buches sollen einige gezielt herausgegriffen werden. Von genereller Bedeutung ist zunächst die Frage, inwiefern Information tatsächlich zum Kennzeichen unseres sozialen Zusammenlebens geworden ist – und wie sich dies überhaupt messen lassen sollte: „Wie viel ICT [Informations- und Kommunikationstechnologie, A.S.K.] ist erforderlich, um eine Informationsgesellschaft diagnostizieren zu können?" (ebd., S. 11). Und reichen dann Beobachtungen von Quantität aus, oder müssten qualitative Kriterien einbezogen werden – falls ja, wie (ebd., S. 14)? Webster hält entsprechend das Konzept ‚Informationsgesellschaft' für „fehlerhaft, insbesondere hinsichtlich der Arten in der es geltend macht, einen *neuen* Gesellschaftstypus zu abzubilden" (ebd., S. 263; Herv. A.S.K.). Stattdessen fordert er einen deutlicher historisch informierten Umgang mit dem Thema unter stärkerer Berücksichtigung von Kontinuitäten (ebd., S. 265).

Auch andere Autoren ziehen in Zweifel, ob wir es gegenwärtig tatsächlich mit einem gänzlich neuen Sozialtypus zu tun haben, spezifisch mit einer Informationsgesellschaft. Krishan Kumar beispielsweise betrachtet Information „nicht nur als ein Konzept, sondern auch als eine Ideologie" (Kumar 2004, S. 103), und erläutert: „(F)ür die meisten dieser Denker ist die neue Informationsgesellschaft, trotz all ihrer Spannungen und Probleme, willkommen zu heißen und zu feiern, (und zwar) nicht nur als neue Produktionsform, sondern als eine umfassende Lebensweise" (ebd., S. 107). Und er warnt: „Ideologien [...] sind nicht nur Ideen in Köpfen, sondern reale Praktiken, so real wie alle anderen Praktiken. Sie sind gelebte Realitäten. Sie begrenzen unser Denken über uns selbst und unsere Welt, und haben entsprechend praktische Konsequenzen" (ebd., 118). Inhaltlich lehnt auch Kumar die Vorstellung der Neuheit einer Informationsgesellschaft ab: „(D)ie Entwicklung und Verbreitung von Informationstechnologie hat kein fundamental neues Prinzip (...) von Gesellschaft gebracht (...). (D)ie neue Technologie wird innerhalb eines politischen und ökonomischen Rahmens angewendet, der bereits bestehende Muster bestätigt und akzentuiert, statt zu neuen zu führen" (ebd., S. 116).

Garnham entwickelt seine Kritik mit anderem Fokus: Er kritisiert die Art, wie Castells sein Argument begründet, nimmt aber nicht an, dass die Diagnose letztlich falsch sein muss. Er glaubt, dass die Gründe für den Bedeutungszuwachs von Information sich besser beispielsweise mit Bourdieu unterfüttern lassen, der „den Aufschwung von Informationsarbeit und ihre Verortung innerhalb der Schichtstruktur und Macht nicht technologisch und (daher) fruchtbarer interpretier(t), dabei aber weder den gegenwärtigen Moment mit dem Gewicht eines epochalen, revolutionären Wandels befrachte(t), noch die Informationsarbeiter mit Macht beleg(t), welche sie ganz offensichtlich nicht ausüben" (Garnham 2004/1998, S. 178; siehe dazu z. B. Bourdieu 1991).

Im Kontext dieses Buches sind vor allem zwei Aspekte im Sinne einer weiterführenden Kritik interessant. Zum einen ist das die Frage, ob es soziologisch sinnvoll ist, überhaupt von totalen Umbrüchen im Sozialen auszugehen, die eine völlig neue Bezeichnung für Gesellschaft oder eben eine Abschaffung des Konzeptes erforderten. Dazu ist, wie bereits mehrfach geschrieben, Skepsis und behutsames Vorgehen angebracht. Es gibt gute Gründe für die Annahme, dass Gesellschaft auf grundsätzlichen Prinzipien besteht, die sehr weitgehend unabhängig von Zeiten und Orten, also von spezifischen Kontexten sind. Das wird ganz ausführlich im folgenden Kap. 12 anhand des Konzepts *Konflikt* erörtert.

Der zweite Kritikpunkt, der hier besonders wichtig ist, ist, dass eine letztlich normative Kritik mit entsprechenden Lösungsvorschlägen aus analytischer Perspektiver nicht ausreichend interessant und fruchtbar sein kann (wie bereits zu Bauman ausgeführt). Beide Punkte treffen in Castells Behandlung des Themas Konflikt zusammen: Seine sehr spezifische Konstruktion von Gemeinschaft als anti-globalem Widerstand illustriert eine außerordentliche Engführung von Konflikten sowohl in Inhalt als auch in Form.

11.2.2 Netzwerk als Komplement zu Gesellschaft

Gegen diesen Hintergrund geht es nun darum, was aus der Netzwerkdiskussion für eine Komplementierung bzw. Schwerpunktverschiebung – sei es auch ‚nur' der Aufmerksamkeit für Themen – hinsichtlich der hier schrittweise entwickelten Gesellschaftskonzeption gezogen werden kann.

Stärker als beim Begriff der Mobilität halte ich es für möglich, Gesellschaft aus der Perspektive des Netzwerkprinzips zu betrachten – ohne die Begriffe allerdings als Substitute zu interpretieren. Der Grund dafür liegt in der dem Begriff inhärenten Verbindung von Flexibilität *und* Struktur. Auch die Tatsache, dass die ‚Perspektive Netzwerk' an der Oberfläche verbleibt, ist kein Grund, sie abzulehnen. Für einige Autoren gilt sogar im Gegenteil: gerade die Oberflächlichkeit – im analytischen, nicht in einem abwertend-normativen Sinne – kann ja auch als zutreffende Spiegelung gegenwärtig an Bedeutung gewinnender sozialer Mikro-Muster gedeutet werden. So glaubt Stichweh beispielsweise, für Netzwerke genügten.

> losere Inklusionsformen. Man kommt mit schwachen Verbindungen (,weak ties') aus; nur kleine und sozial geschlossene Systeme werden auf der Basis von starken Verknüpfungen (,strong ties') gebildet (generell analog zur hier besprochenen Unterscheidung von Gemeinschaft und Gesellschaft, A.S.K.). Daraus folgt, dass in manchen Hinsichten in der modernen Gesellschaft Verknüpfungen an die Stelle von Identitäten treten. Die Frage lautet dann nicht mehr: ‚Wer bist du? Welches sind deine Werte und Engagements?', sondern: ‚Mit wem stehst du in Beziehung? Mit wem hältst du Kontakt? Wen wirst du im Fall eines ernsthaften Problems anrufen können?' Netzwerke sind Vehikel, die sich gut für die Weitergabe und Diffusion potenzieller Identitäten eignen. Aber in ihnen konsolidieren sich Identitäten nicht in langfristig stabilen Formen (Stichweh 2010, S. 159).

Damit liegt die Aufmerksamkeit stärker bei Symbolen und Zeichen, und die in Durchführung und Konsequenzen so schwierige Suche nach „Authentizität (…), dem ‚Genuinen' und dem ‚Echten'" (Webster 2006, S. 235) wird theoretisch weniger wichtig.

Wie lässt sich nun die Stärke des Begriffs nutzen, ohne allein auf ihn verwiesen bleiben zu müssen? Drei Perspektiven, die sich fruchtbar mit dem Netzwerkkonzept verbinden lassen, sind Kommunikation, Globalisierung und Konflikt. Die generelle Bedeutung des Netzwerkkonzepts hier beruht auf einem allgemein gehaltenen Begriff von *Kommunikation* (siehe Kap. 2). Eine Schwerpunktverlagerung auf Information ist dagegen problematisch, da sie die Perspektive unangemessen verengt – unangemessen jedenfalls für die hier gewählte breite Anwendung im Kontext von Konflikt und Gesellschaft, die eine weniger hierarchisch vorstrukturierte und für Ambivalenz und Variation offene Herangehensweise erfordert. Die Verbindung zu Globalisierung scheint besonders naheliegend: Kommunikationsformen sind zu zunehmender Flexibilität gezwungen, besonders der Raumaspekt verliert an Bedeutung.

Weiterführende Fragen, die sich zu Netzwerk stellen, sind beispielsweise: Wie lässt sich Gesellschaft prinzipiell als Netzwerk bzw. als Pluralität von Netzwerken analysieren – ohne dass ein nur deskriptives Bild resultiert? Mit anderen Worten: Welche Muster unterliegen Netzwerken, ihrer Entstehung, ihrem Prozessieren und ihrer Auflösung? Welche vielfältigen Formen von Verbindung und Trennung sind innerhalb von Netzwerken zu beobachten – mit welchen Folgen für Netzwerke selbst? Wie verlaufen spezifisch Prozesse von Verzicht auf Authentizität und der ausdrücklichen Suche nach ihr gleichzeitig? Diese Fragen betreffen eben nicht nur Gegenwartsformen von Gesellschaft, sondern richten sich an Grundlagen des Konzeptes.

11.3 Kapitelfazit

An der Oberfläche sind die meisten der hier dargestellten, hochflexiblen Ideen recht plausibel, doch es lohnt sich, sie kritisch zu betrachten. Zum einen stehen sie – gerade aufgrund ihrer geradezu begeisterten Rezeption – unter Ideologieverdacht: „(W)enn eine solche Idee (wie Netzwerk oder in unserem Kontext auch Mobilität, A.S.K.) von einem heuristischen Instrument in den Status eines allumfassenden sozialen und historischen Faktums erhoben wird, verschiebt sich seine Funktion signifikant" (Barney 2004, S. 180).

Und genauer ist die Kernfrage zu adressieren: Sind die Argumente ausreichend, um etwas ‚ganz Neues' zu postulieren? Das lässt sich in der Kombination zweier Fragen spezifizieren: Waren frühere Interpretationen von Gesellschaft bzw. die auf sie rückblickenden Bewertungen und Re-Konstruktionen im Sinne von Homogenisierung – Stichwörter: Essenz, geschlossenes System – zu irgendeinem Zeitpunkt angemessen? Wenn nicht, sind sie dann überhaupt als Gegenstück zur Abgrenzung sinnvoll heranzuziehen? Wohl nicht. Und zweitens: Sind diejenigen gegenwärtigen Interpretationen von Gesellschaft, die sehr stark auf Heterogenität setzen – Stichwort hier: Netzwerk und Mobilität – an sich sinnvoll? Ebenfalls nicht, weil auch sie Überzeichnungen sind, die dann immer wieder normativ eingefangen werden sollen.

Folglich ist mit Netzwerk und Mobilität weder eine Grundlage für die Postulierung von etwas ‚ganz Neuem' gegeben, noch ist damit gesagt, was die zugrunde liegenden Mechanismen von Gesellschaft sind, wie Gesellschaft als Prozess mit eigenen Grundlagen und in spezifischen Formen funktioniert. Das gilt insbesondere, wenn der Fokus ohne Interesse an Prozessen sowie am jeweiligen Dichtegrad auf Verbindungen von Einzelpunkten liegt. Dann ist das Problem, dass wir Gesellschaft letztlich heute genau wie früher vereinfachen und damit nicht ausreichend produktiv sind.

Der wichtigste Beitrag, den die beiden Konzepte Mobilität und Netzwerk aus der Perspektive dieses Buches erbringen, ist jedoch, dass sie einen anderen Blick auf bekannte Strukturen ermöglichen, indem sie unsere Aufmerksamkeit auf Flexibilität im weiteren Sinne lenken. Damit bieten sie keinen Ersatz für das Konzept Gesellschaft, aber wertvolle Ergänzungen, die gerade für eine ‚globale Soziologie' unverzichtbar sind. Die soziologisch eigentlich interessante Frage verbleibt allerdings bislang, nämlich die nach der Art von Verbindungen, also sozialer Zusammenhänge, also Gesellschaft. Wie funktioniert das?

Konflikt 12

Über die bisherigen Kapitel entwickelt und nun zugespitzt lässt sich unsere Kernfrage nach Gesellschaft jetzt so formulieren: Wie lassen sich in großen sozialen Gebilden, die auf Unbekanntheit unter ihren Mitgliedern basieren, Zusammenhänge und Koordinationen nachvollziehen und erklären, die soziale Muster generieren können, ohne dabei deterministisch zu wirken? Wie sich gezeigt hat, nicht über Einseitigkeit – Homogenität *oder* Heterogenität – oder anhand normativer Statements. Ähnlichkeit kann nicht als dominant erwartet werden, Differenz an sich trägt Soziales nicht – doch was ist das potenzielle Verbindungsglied? Hier wird dazu im Anschluss an Georg Simmel eine Konzeption von *Konflikt* vorgeschlagen, die sich deutlich von einem Alltagsverständnis von Konflikt als Problem unterscheidet.

Die Herausforderung besteht nun darin, die Konzeption zum Zusammenhang von Konflikt und Gesellschaft zum einen nicht zu eng zu fassen, sodass sie zeitlich und örtlich stark eingrenzend wirkt, z. B. nur auf ‚westliche Gegenwartsgesellschaften' bezogen werden kann. Zum anderen aber ist es problematisch, wenn Ansätze so breit gehalten sind, dass sie auf ‚alles' passen und deshalb kaum mehr Aussagekraft besitzen. Auf der Suche nach einem tragfähigen Mittelweg wird hier mit Simmel wie folgt zunächst grundlegend argumentiert: Alle Prozesse mit Potenzial zu *Vergesellschaftung* sind auf Anteile von Übereinstimmung und von Antagonismus angewiesen. Damit liegen ihnen graduell unterschiedliche Konflikttypen zugrunde. Beide Extreme dieser Anteile – absoluter Krieg und totale Harmonie – bieten Vergesellschaftung keine Grundlage. Stellen wir sie uns als Pole eines Kontinuums vor, kann Vergesellschaftung nur im – allerdings breiten, da auf vielfältigen Konflikttypen mit ihren unterschiedlichen Antagonismusgraden basierenden – mittleren Abschnitt stattfinden. Der Antagonismus- bzw. Differenzanteil laviert dabei zwischen hindernder Trennung und ermöglichender Pluralität, sodass Konflikttypen zwar prinzipiell ein integratives Potenzial zugeschrieben werden kann, dieses aber eben kontingent ist. Bei diesem Konzept ist also aufgrund des typischen notwendigen Balancierens ganz unterschiedlicher und auch widersprüchlicher Anteile von vornherein Ambivalenz mitgedacht. Gesellschaften, die hier immer im Plural, vielfältig sowie als sich überschneidend und sich in ständigem Wandel begriffen, also als Prozess, vorgestellt werden, bilden sich entsprechend als Wiederholungen und Verdichtungen ähnlicher sowie oft in irgendeiner Form komplementärer und dabei immer Ambivalenzen enthaltender Vergesellschaftung und ihrer Muster, sowohl mit Bezug auf Inhalte als auch vor allem auf Formen. Damit wird Gesellschaft von einer absoluten zu einer graduellen Frage – zu einer Frage von mehr oder weniger, in verschiedenen Bereichen, sowie zum Prozess.

Also wird Konflikt hier nicht in erster Linie bewertet – entweder als Problem, weil er Sprengkraft besitzt und soziale Ordnung bedroht und das nicht gewünscht wird, oder im Gegenteil als willkommener Faktor seitens derjenigen, die gerade einen Wandel der jeweiligen sozialen Ordnung wünschen und Konsens als negative soziale Erstarrung interpretieren (siehe Bühl 1976, S. 2 f.) –, sondern als strukturelles Faktum zugrunde gelegt und analytisches Instrument genutzt. Entsprechend geht es nicht um Lösungen im engen Sinne, sondern um das Prozessieren von Konflikten, ihrem Anteil und Ausdruck in Vergesellschaftung und daraus entstehenden Mustern: „Konfliktaustragungsmodi rücken dann in das Zentrum des Interesses" (Imbusch 2006, S. 150). Daraus lassen sich Potenziale für die Ausbildung und den Wandel von Gesellschaft(en) als Horizonte erkennen und systematisieren.

Globalisierung als der allgemeine Rahmen unserer Diskussion kann zu Konflikt in unterschiedliche Beziehungen gesetzt werden. Häufig ist die Vorstellung anzutreffen, dass sich beide gegenseitig verstärken. So fast Ray die Vermutung von Menell zusammen, dass „globale Interdependenz und zunehmende Nähe (…) wahrscheinlich vermehrte Friktionen, Spannungen und Gewalt produziert, weil Unsicherheit und Ängste Aggression und Gewalt freisetzen. Das wiederum führt zur weiteren Frage, ob pazifizierte und zivilisierte Beziehungen erforderlich sind, um von Globalisierung als Form von Gesellschaftlichkeit sprechen zu können" (Ray 2007, S. 31; mit Bezug auf Menell 1995). Dies ist eine klar normative Diagnose, die eine Lösung für ein (vermeintliches) Problem suggeriert. Dem gegenüber steht beispielsweise die folgende These: „Hybridität schließt Auseinandersetzungen nicht aus, aber bringt einen multifokussierten Blick auf Streit hervor und transzendiert den ‚Wir gegen die'-Dualismus, indem multiple Identitäten auf beiden Seiten aufgezeigt werden" (Nederveen Pieterse 2009, S. 143). Auch dies ist eine normativ gefärbte Vermutung hinsichtlich Konfliktverläufen. Hier interessiert dagegen, ob Globalisierung als genereller Anreiz für (Konflikt-)Kommunikation gelten kann, und falls ja, mit welchen potenziellen Konsequenzen und ihren je spezifischen Bedingungen. Allgemein gilt zunächst: „Globalisierung kann genauso ein Bewusstsein politischer Differenz hervorrufen wie ein Bewusstsein gemeinsamer Identität" (Held 1992, S. 32). Sie *kann* entsprechend als Verstärker oder sogar Auslöser von (Konflikt-)Kommunikation fungieren, was unserer Definition von Globalisierung als Verdichtungsprozess und Verstärker des Bewusstseins, einer gemeinsam geteilten Welt anzugehören, entspricht. Nicht vorhergesagt werden kann allerdings, ob die Folgen dann eher Divergenzen oder Konvergenzen sind, noch, ob überhaupt eher Gemeinsames oder Differentes aktiviert wird – in der Regel ist es beides, und zwar oft gleichzeitig.

Dieses Kapitel ist in zwei Abschnitte unterteilt: Der erste betrachtet Ansätze, die eher einseitig Konflikt entweder als Problem oder als Lösung fokussieren, während der zweite Abschnitt stärker abwägende Perspektiven zum integrativen Potenzial von Konflikt beleuchtet. Diese Unterscheidung lässt sich allerdings nicht ganz trennscharf durchführen. Daran schließen sich einige meiner eigenen Weiterentwicklungen dieser Diskussionslinie an, v. a. in Form einer ausführlichen Erläuterung des bereits einleitend skizzierten Kontinuums und seiner Extrempole sowie einer kritischer Diskussion der Frage, ob eine ‚vollständige Integration', also ein Erreichen des Extrempols ‚völlige Übereinstimmung' auf dem Kontinuum konzeptuell denkbar ist.

Dass Integration sehr unterschiedlich konzeptualisiert wird, ist bereits in Kap. 8 deutlich geworden. Hier wird der Integrationsprozess in Anlehnung an Delanty wie folgt gefasst: „Unterschiedliche normative Ordnungen sind (im aktivierten Konflikt, A.S.K.) gezwungen, sich gegenseitig zu adressieren, und dabei sind sie Wandel unterzogen. Wenn das passiert, kann man von einem gewissen Konvergenzprozess sprechen" (Delanty 2009, S. 156), genauer: von einer Gelegenheit zu Konvergenz. Gleichsam auf Mikroebene funktioniert dies, wissenssoziologisch interpretiert, wie folgt Interaktion wird prinzipiell betrachtet als „von den Konfliktparteien aus ihren Alltagsaktivitäten heraus sozial geschaffen. In Konflikten findet dieser Prozess (…) statt, weil wir zunächst das, von dem wir glauben, dass es passiert, externalisieren. So machen wir einen neuen Freund (oder Feind), wir schaffen eine Beziehung. Diese stellen wir jedes Mal wieder her, wenn wir mit diesem Freund (oder Feind) interagieren" (Bartos und Wehr 2002, S. 155 f.; mit Bezug auf Berger und Luckmann 1966).

12.1 Eindimensionale Interpretationen: Konflikt als Problem oder als Lösung

Viele soziologische Ansätze nehmen eine wertende Haltung zum Thema Konflikt ein: Sie lehnen ihn entweder ab, als die soziale Ordnung bedrohend, oder begrüßen ihn als willkommenen Anlass zu erwünschtem sozialen Wandel, wie bereits erwähnt. Die erste Perspektive dürfte die weiter verbreitete sein, auch in der Alltagskommunikation. Durkheim beispielsweise nimmt an, dass, „(j)e komplexer die Gesellschaft, desto differenzierter ist sie in ihren Teilen, und desto größer ist das Problem der Sicherstellung einer stabilen Interdependenz durch Formen interner Regulierung" (Frisby und Sayer 1986, S. 28; siehe auch Kap. 3). Für solche klar auf soziale Ordnung und ihren Erhalt ausgerichtete Position sind Konflikte grundlegend problematisch. Auch systemtheoretische Positionen haben ‚das Ganze' im Blick (siehe Kap. 4), dennoch wird Parsons' Verhältnis zu Konflikt unterschiedlich eingeschätzt: Während Dahrendorf annimmt, dass Parsons – ähnlich wie Rousseau – an sozialer Kohäsion auf der Grundlage eines zwar freien, aber ausnahmslosen Konsenses orientiert ist (siehe Dahrendorf 1972, S. 28), und Coser sogar unterstellt, dass Parsons Konflikt als ‚Krankheit' betrachtet (Coser 1964, S. 21), besteht Robertson darauf, dass „Simmels Ausgangspunkt genau der gleiche ist wie der von Parsons – nämlich dass Gesellschaft sozusagen aus Konflikt besteht" (Robertson 2012, o. S.).

Ein Beispiel für eine grundsätzliche und einseitige Interpretation von Konflikt als Problem ist die Studie von Moscovici und Doise, die *Konsens* fokussieren. Sie glauben, dass „moderne Gesellschaften zunehmend Konsens anstreben" (Moscovici und Doise 1994, S. 1), da er eine Hauptquelle von Legitimität sei, derer es besonders in ‚Zeiten des Wandels' bedürfe. Klar normativ legen sie dar: „es ist unbestreitbares Faktum, dass es eine Verbindung gibt zwischen Konsens und dem Gebrauch und der Kultivierung von Vernunft" (ebd., S. 5). Hier sind sie besonders interessant, weil sie bewusst in Kauf nehmen, dass sozialer Austausch gebremst wird. Sie schreiben: „ein gewisses Maß an Enthaltung und entsprechend an Inaktivität wird kompensiert, weil dadurch Konsens generell erleichtert wird" (ebd., S. 9). Sie sind jedoch sehr bestrebt, dies nicht als Stillstand verstanden zu wissen, sondern weiterhin als Prozess, indem sie Konsens interpretieren als „Mittel, sogar Methode um Normen und Regeln des kollektiven Lebens zu ändern" (Moscovici und Doise 1994, S. 16) – was mindestens paradox ist.

Auch Karl Marx interessiert sich für Konflikt und seine Rolle für Gesellschaft. Er interpretiert Gesellschaft als „keine homogene (...) (sondern) widersprüchliche Einheit (...), eine Entität, in die Möglichkeiten zu Konflikt, Bewegung und Wandel integriert sind (...), also (...) (als) ein dynamisches Ganzes" (Frisby und Sayer 1986, S. 96). Noch weitergehend lässt sich sagen, dass die seinem Entwurf zugrunde liegende sozio-historische Logik geradezu auf einen Super-Konflikt hinarbeitet, nämlich dem zwischen Proletariat und Kapitalisten. Dieser Konflikt ist bei Marx ausdrücklich positiv belegt, soll er doch zum von ihm gewünschten gesellschaftlichen Wandel führen – der allerdings in einer konflikt*freien* Situation münden soll: Das dabei als Anderes gesetzte Kapital wird aufgehoben, Gesellschaft findet zu einem vermeintlich natürlichen Gleichgewicht zurück, homogenisiert und harmonisiert, im Ideal also sehr nah am Übereinstimmungspol des Kontinuums (für einen Vergleich dieser mit liberalen Perspektiven siehe Bühl 1972, S. 22). Bühl kritisiert, dies sei „'logisch' (...), aber nicht ‚soziologisch'", weil dabei „die Soziabilität des Menschen außer acht" gelassen werde (Bühl 1972, S. 24).

Ralf Dahrendorf dagegen sieht in Konflikt die Lösung gesellschaftlicher Probleme, nicht das Problem selbst. Im prinzipiellen Anschluss an Marx nimmt er an: „Freie Gesellschaft ist zugelassener, ausgetragener, regulierter Konflikt" (Dahrendorf 1972, S. 7) und unterstellt Konflikten eine „kontinuierliche kreative Effizienz" (Dahrendorf 1972, S. 31). Damit überwindet er das teleologische Prinzip von Marx, bleibt aber dennoch insofern einseitig, als dass Konflikt so klar positiv und mit einer eindimensionalen Funktion belegt wird.

12.2 Differenzierung: Das integrative Potenzial von Konflikt

Die Vorstellung, dass Konflikt ein Integrationspotenzial hat, hat sich zu einer eigenständigen Linie in der Konflikttheorie entwickelt. Ihr Ausgangspunkt ist Georg Simmel, der sich auf Grundsätze von Immanuel Kant bezieht. Simmels Vorschläge werden im nun folgenden ersten Unterkapitel genauer betrachtet. Zwei Soziologen, die wichtige Anschlüsse an ihn unternommen haben, sind Lewis Coser und Helmut Dubiel. Ihnen wende ich mich im Anschluss zu.

12.2.1 Ausgangspunkt: Georg Simmel

Geboren im Jahr 1858, war Simmel der erste Wissenschaftler, der das Konfliktkonzept systematisch dafür genutzt hat, Gesellschaft zu erklären. Sein Ausgangspunkt ist – ebenso wie hier – die Frage: ‚Was ist Gesellschaft?'. Er schlägt den Begriff *Vergesellschaftung* als Ersatz für *Gesellschaft* vor, womit er dem traditionellen, also seine Zeit prägenden Verständnis von Gesellschaft eine grundlegende Wendung gibt: Gesellschaft wird explizit zum Prozess. Darauf bezieht er den Begriff *Wechselwirkung*. Seine Vorstellung ist, dass Wechselwirkungen Relationen konstituieren, die von ihm als *Formen* interpretiert werden. Sehr allgemein gesprochen geht das Prinzip der Form über das Individuum hinaus, ist aber nicht abstrakt, da es in dem Arrangement genau der Elemente verortet ist, durch die eine Art von Einheit im Sinne einer Relation konstituiert wird (siehe Hübner-Funk 1984, S. 73). Die grundlegenden Einheiten sind laut Simmel also

Wechselwirkungen, die Formen, innerhalb derer und über die Individuen aufeinandertreffen und Gesellschaft gleichsam kreieren. In diesem Sinne ist Gesellschaft selbst als Form zu begreifen; einerseits im Sinne einer Einheit, deren Material Relationen von Individuen sind, andererseits als Bedingung, damit Individuen sich über soziale Beziehungen zu Individuen entwickeln können (siehe Hübner-Funk 1984, S. 74). Indem die Formebene zur zentralen wird, wird das Konzept extrem flexibel hinsichtlich empirischer Anwendung und prinzipieller Vergleichbarkeit von Fällen.

Dieses Formprinzip findet sich bei Simmel auch konkret auf Wechselwirkung und Interaktion angewendet: Es sei die „Interaktion selbst, die die Bindung der Assoziation konstituiert, von seinem materiellen Inhalt abstrahierend" (Simmel 1896a, S. 167). Zusammengefasst existiert Gesellschaft demnach da, „wo mehrere Individuen in Wechselwirkung treten" (Simmel 1992, S. 17). Entsprechend nimmt Simmel an, dass die einzige Einheit, die wir annehmen können, das *Bewusstsein* ist, *eine Einheit mit anderen zu bilden* (Hübner-Funk 1984, S. 76; mit Bezug auf Simmel). Die faktisch am weitestgehend verfestigten Sachverhalte von Gesellschaft sieht er in *Institutionen* – und dies auch nur relativ: „Alle jene großen Systeme und überindividuelle Organisationen, an die man bei dem Begriff von Gesellschaften zu denken pflegt, sind nichts anderes als die Verfestigungen – zu dauernden Rahmen und selbständigen Gebilden – von unmittelbaren, zwischen Individuum und Individuum stündlich und lebenslang hin und her gehenden Wechselwirkungen. Sie gewinnen damit freilich Eigenbestand und Eigengesetzlichkeit" (Simmel 1984, S. 13).

Folglich muss Gesellschaft gleichsam von unten nach oben betrachtet werden und resultiert in einem graduellen Begriff:

> Und so darf man auch für die Erkenntnis nicht etwa mit dem Gesellschaftsbegriff beginnen, aus dessen Bestimmtheit sich nun die Beziehungen und gegenseitigen Wirkungen der Bestandteile ergäben, sondern diese müssen festgestellt werden, und die Gesellschaft ist nur der Name für die Summe dieser Wechselwirkungen, der nur in dem Maße der Festgestelltheit dieser anwendbar ist. Es ist deshalb kein einheitlich feststehender, sondern ein gradueller Begriff, von dem auch ein mehr oder Weniger anwendbar ist, je nach der größeren Zahl [Quantität, A.S.K.] und Innigkeit [Qualität, A.S.K.] der zwischen den gegebenen Personen bestehenden Wechselwirkungen (Simmel 1890/1989, S. 131).

Gesellschaft im Sinne einer substanziellen Einheit mit eigener Essenz und letztlicher Wirkmacht verliert damit ihre Bedeutung. Ein solches Muster dürfte also eigentlich bereits seit Simmel nicht mehr als geltendes Modell herangezogen werden, jedenfalls nicht, ohne grundlegend begründungsbedürftig zu sein. Desto

12.2 Differenzierung: Das integrative Potenzial von Konflikt

mehr erstaunt seine Langlebigkeit bzw. die zahlreichen Wiederbelebungsversuche auch in der gegenwärtigen Soziologie – und sei es auch ‚nur' als Gegenbild. Trotz seiner Altlasten gibt also auch Simmel den Begriff *Gesellschaft* nicht auf. Er schreibt: „Gesellschaft ist lediglich der Name für einen Kreis von Individuen, die über Wechselwirkungen miteinander verbunden sind und die deshalb als Einheit bezeichnet werden können" (Simmel 1984, S. 13). Für die empirische Arbeit lässt sich daraus ableiten, dass Formen und auch Inhalte von Wechselwirkungen zu untersuchen sind, fundamental ergänzt durch *Interpretationen* von Zugehörigkeiten. Gleichsam auf einer Mikroebene interpretiert Simmel Gesellschaft somit als „'meine Repräsentation' von mir selbst und anderen, nicht nur als ‚ich', sondern auch als ‚du'" (Frisby und Sayer 1986, S. 63; mit Bezug auf Wolff 1958, S. 339 f.).

Für die Soziologie ergeben sich daraus wichtige Verschiebungen. Sie kann jetzt nicht mehr, so Frisby und Sayer, „im Sinne von 'Inhalten des sozialen Lebens' definiert werden, sondern muss stattdessen auf einer Abstraktion von Formen von Gesellschaft gegründet werden, und auf diesen ruht das ganze Recht der Soziologie, als eigene Disziplin zu existieren. Diese ‚Gesellschaftsformen', oder genauer: Formen von Vergesellschaftung und Interaktion zwischen Individuen konstituieren den tatsächlichen Gegenstand der Soziclogie" (Frisby und Sayer 1986, S. 56). In Simmels eigenen Worten: „(D)ie Formen der Wechselwirkung zu beschreiben (..) (wird) Aufgabe der Gesellschaftswissenschaft im engsten und eigentlichen Sinne der ‚Gesellschaft'" (Simmel 1984, S. 27).

Auf diese Weise verortet Simmel seinen Vorschlag genau zwischen Kollektiv und Individuum, zwischen Struktur und Handlung, zwischen Ganzem und Teil. Die Kritik, die seinem Ansatz entgegengebracht wurde, bezieht sich vor allem auf sein Aufgeben jeglicher Vorstellung substanzieller Kollektivität (siehe z. B. Hübner-Funk 1984, S. 75). Traditionell war die Hauptsorge, dass die Analyse dadurch zu sehr auf Flexibilität abstellt und Ausprägungen sozialer Stabilisierung zu wenig berücksichtigt. Zu Simmels Lebzeiten teilten sich die Kommentare. Einerseits fürchtete man den Verlust des historischen Nexus von Staat und Gesellschaft. Andererseits jedoch wurde das, was als Ende eines ‚Tummelplatzes der Halbwissenschaft' wahrgenommen wurde, begrüßt (Hübner-Funk 1982, S. 8 f.). Etwas neuer ist Kritik, die von einer Sorge um das Individuum gekennzeichnet ist. Dahme und Rammstedt beispielsweise fürchten, eine mögliche Paradoxie adressierend: „Zunehmende Vergesellschaftung scheint das Individuum in einem zweiten Schritt wieder aufzuheben. Individualisierungprozesse sind langfristig auch Prozesse des Gleichmachens" (Dahme und Rammstedt 1984, S. 471).

Wie ist nun die Relation zwischen Gesellschaft und Konflikt, die Simmel behauptet und die hier besonders interessiert, noch genauer zu fassen? Der Ausgangspunkt dazu ist: „Während Antagonismus an sich keine Vergesellschaftung produziert, ist es ein soziologisches Element, das fast nie bei ihr fehlt" (Simmel 1976, S. 139). Folglich interpretiert Simmel Wechselwirkung als ‚fast immer' von einem Anteil von Konflikt gekennzeichnet. Entsprechend ist Konflikt als genuine und originale soziologische Kategorie ein zentrales Element von Vergesellschaftung.

Das Phänomen des potenziell integrativen Konflikts muss allerdings spezifiziert werden – nicht jeder Konflikt hat dieses Potenzial. Simmel nimmt an, dass besonders grausame Konflikte, in denen schlicht nach der Vernichtung eines Feindes gestrebt wird, nicht integrativ wirken können (Simmel 1976, S. 140). Während Simmel 1890 zunächst annimmt, dass auf dieser Grundlage *Krieg* kein Fall von Gesellschaft sein kann, revidiert er diese Einschätzung einige Jahre später und schreibt: „Man könnte meiner Begriffsbestimmung der Gesellschaft entgegenhalten, dass auch zwei kämpfende, also sehr entschieden wechselwirkende Heere dennoch eine ‚Gesellschaft' bildeten. Ich bin tatsächlich geneigt, den Krieg als einen Grenzfall der Vergesellschaftung aufzufassen" (Simmel 1896b, S. 579). Auf die große Mehrzahl von Konflikten, die weniger destruktiv und typisch von einem Mischverhältnis von Opposition und Übereinstimmung charakterisiert ist, trifft diese Bedingung sowieso zu. Simmel schlägt schließlich vor: „Wenn (..) es irgendeine Rücksichtnahme, irgendeine Begrenzung von Gewalt gibt, besteht bereits ein vergesellschaftender Faktor, selbst wenn es sich dabei nur um eine Einschränkung von Gewalt handelt" (Simmel 1976, S. 140). Entsprechend steigen die Chancen von Vergesellschaftung mit einer Bewegung hin zum mittleren Bereich des Kontinuums an. Dafür ist eine gegenseitige Wahrnehmung von irgendeiner Art gemeinsamer Basis erforderlich: Wir müssen die Andere und den Anderen als potenzielle Spielerin bzw. potenziellen Spieler in einem ‚gemeinsamen Spiel' wahrnehmen, dessen Grundregeln zumindest implizit klar und allseits akzeptiert sind. Dieser minimale Grad an Übereinstimmung mag sich auf extrem grundlegende und wahrscheinlich vor allem prozedurale Aspekte beziehen, ist aber unverzichtbar. Mit Blick auf das Potenzial für eine gegenseitige Sozialisierung von Gegnern interpretiert Coser Simmel wie folgt: „Definitionsgemäß bedeutet das Engagieren in einem Konflikt mit einem anderen Beteiligten, dass mit diesem bereits eine Beziehung etabliert wurde. Simmel behauptet jedoch mehr als das. Er unterstellt, dass, sobald Beziehungen durch Konflikt etabliert wurden, wahrscheinlich weitere Arten von Relationen folgen werden" (Coser 1964, S. 121 f.). Umgekehrt lässt sich vermuten, dass Konflikt eine „Handlungsmacht sein kann, durch die (die entsprechenden, bereits zugrundeliegenden) Werte bestätigt werden" (Coser 1964, S. 128).

12.2.2 Weiterentwicklungen: Lewis Coser und Helmut Dubiel

In seinem 1956 publizierten Hauptwerk arbeitet Lewis Coser sechzehn Hypothesen von Georg Simmel heraus und analysiert sie. Er beginnt mit der von Simmel übernommenen Annahme, dass „Gruppen Harmonie sowie Disharmonie erfordern, Abgrenzung ebenso wie Verbindung (…). (E)in gewisser Grad an Konflikt ist ein essentielles Element von Gruppenformation und der Fortdauer von Gruppenleben" (Coser 1964, S. 31). Damit ist sein eigener Schwerpunkt – *Konflikt und Gruppe* – gesetzt.

In seiner Arbeit setzt er sich in einigen Aspekten mal mehr, mal weniger deutlich von Simmel ab. Zuerst ist seine erstaunlich abweichende Definition von Konflikt zu nennen. Er nimmt an: „(S)ozialer Konflikt (…) ist ein Ringen um Werte und Ansprüche auf knappen Status, Macht und Ressourcen, in dem die Ziele der Gegenspieler sind, ihre Rivalen zu neutralisieren, zu verletzen oder zu eliminieren" (ebd., S. 8). Die benannten Ziele stellen dagegen für Simmel lediglich eine Extremform von Konflikt dar, die gerade nicht begrenzt zu sein scheint, es jedenfalls nicht sein muss, und entsprechend zunächst gar keinen Ansatz zu Vergesellschaftung zu bieten scheint. Coser nutzt sein Konfliktkonzept dennoch in diesem Sinne. Zweitens geht er die Frage, unter welchen Bedingungen Konflikte ein integratives Potenzial entfalten, direkter an als Simmel. Er formuliert die wichtige Frage nach den genaueren Bedingungen eines Integrationspotenzials: „Stellt Konflikt immer Einheit wieder her, oder passiert das nur unter spezifischen Bedingungen? Wir haben Veranlassung, zu fragen: Wenn Konflikt zusammenführt, was reißt auseinander?" (ebd., S. 73).

Mit dem Ziel einer genaueren Konzeptualisierung bietet Coser, grob gesprochen, drei Argumente an. Er beginnt mit der Forderung, dass zwischen verschiedenen Konflikttypen und ihren Auswirkungen differenziert werden müsse, und nimmt an, dass interessenbezogene Konflikte eher integrativ wirken können als solche mit Wertbezug (ebd., S. 73). Auch wenn dies von ihm eine idealtypische und keine realtypische Unterscheidung ist (Bühl 1976, S. 29), ist der Verweis auf unterschiedliche Anlässe von Konflikten und mit ihnen einigermaßen systematisch verbundene Potenziale sinnvoll. Genauer nimmt Coser an, dass nur solche Konflikte ein integratives Potenzial haben, die sich auf „Ziele, Werte oder Interessen (beziehen), die nicht den grundsätzlichen Annahmen widersprechen, auf denen die Beziehung gründet" (Coser 1964, S. 80).

Die zweite Unterscheidung, die Coser einführt, bezieht sich auf Gruppengrößen. Er geht davon aus, dass „eine große Gruppe, die den Ausdruck von Dissens und entsprechend Konflikt zulässt, Kraft und Kohäsion aus ihrer Flexibilität zieht

(…). Die kleine, geschlossene Gruppe andererseits kann mit internem Konflikt nicht umgehen und bestraft den Ausdruck von Dissens deshalb mit Ausschluss" (ebd., S. 102). Genauer erläutert er: „Eine flexible Gesellschaft profitiert von Konfliktverhalten insoweit als dieses Verhalten durch die Erzeugung und Modifizierung von Normen ihren Fortbestand unter gewandelten Bedingungen sichert. Ein rigides System auf der anderen Seite erschwert erforderliche Anpassungen, indem Konflikt nicht zugelassen wird, und maximiert die Gefahr eines katastrophischen Zusammenbruchs" (ebd., S. 128). Den ersten und diesen zweiten Aspekt zusammenführend nimmt Coser an, dass große Gesellschaften typisch von interessebasierten Konflikten gekennzeichnet sind, die zugelassen werden und deshalb wahrscheinlich keine zerstörerische Wirkung entfalten (ebd., S. 76). Zustimmend zitiert er Ross: „Eine Gesellschaft (…), die beherrscht ist von einem Dutzend von Oppositionen entlang von Linien, die in jede Richtung verlaufen, mag sogar weniger gefährdet sein, von Gewalt zerrissen zu werden oder auseinanderzufallen, als eine, die nur entlang einer Linie gespalten ist. Denn jede neue Konfliktlinie trägt dazu bei, die Klüfte zu schmälern, sodass man sagen kann, dass Gesellschaft durch ihre inneren Konflikte zusammengenäht wird" (Ross 1920, S. 165; zitiert in Coser 1964, S. 76 f.). Gemeinschaft dagegen kennt idealtypisch nur einen Konflikt: Innen oder Außen, Dazugehören oder nicht, für oder gegen ‚uns' sein. Recht weitgehend nimmt Coser an, dass „eine Vielzahl von Konflikten in umgekehrter Relation zu ihrer Intensität steht" (Coser 1964, S. 153).

In seinem dritten Argument unterstreicht Coser den Unterschied zwischen Konflikt und Feindseligkeit. Damit verschiebt er die Aufmerksamkeit hin zur tatsächlichen Aktivierung von Konfliktivität. Es gebe Fälle, in denen, „obwohl Feindseligkeit ausgedrückt werden mag, die Beziehung als solche unverändert bleibt. Während Konflikt die Bedingungen der Interaktion verändert, ist das nicht der Fall bei dem einfachen Ausdruck von feindseligen Gefühlen" (ebd., S. 44; siehe auch 39−48). Um also sozialen Wandel und potenziell Integration auszulösen, ist (Konflikt-)Handlung erforderlich, also ein irgendwie gearteter offener Ausdruck von Divergenzen und entsprechenden Gefühlen und Forderungen.

Mit diesen Spezifizierungen erweitert Coser die Diskussion zu einem gewissen Grad. Die wichtigsten Kritikpunkte sind hier jedoch die folgenden. Durch seine stark funktional ausgerichtete Perspektive wendet er sich erstens von der breit angelegten Frage nach Gesellschaft und dem Fokus auf Wechselwirkung als Prinzip ab, was aus der Perspektive dieses Buches eine Verengung ist. Zweitens muss er relativ rigide, idealtypische Subkategorien begründen, was die gewonnenen Erkenntnisse teilweise schmälert. Seine Konfliktdefinition ist, drittens, vergleichsweise eng, wie oben erwähnt, wofür er Kritik erfährt, beispielsweise von Bühl. Dieser konstatiert, dass den von Coser aufgelisteten Elementen – knapper Status,

12.2 Differenzierung: Das integrative Potenzial von Konflikt

Macht und Ressourcen – eine „falsche, weil nur logische, Aggregation von im gesellschaftlichen Leben nicht notwendigerweise miteinander verbundenen Faktoren" (Bühl 1972, S. 17) zugrunde liege. Vor allem aber ist, viertens, die unnötig verwirrende Definition von Konflikt problematisch; und Coser schafft es nicht, durch seinen Text hindurch konsequent mit ihr zu operieren, weil sie praktisch keinen Raum für eine Konzeptualisierung eines Konflikts mit integrativem Potenzial lässt. Schließlich scheint er seinen Betrachtungen die Wertung zugrunde zu legen, dass Gruppen intern homogen sind und dass eine solche Homogenität etwas Positives ist, wenn er erwartet, dass ein Konflikt mit einer anderen Gruppe die interne Kohäsion stärkt (Bühl 1972, S. 19).

Helmut Dubiel, dessen soziologischer Ansatz grundlegend in der Kritischen Theorie verortet ist, sucht ebenfalls nach einer Konstellation, in der Konflikt integrativ wirken kann, und ist besonders daran interessiert, wie dies langfristig in Gesellschaften stattfindet. Seinen Kernbegriff *kultivierter Konflikt* ist stärker auch politiktheoretisch und normativ ausgerichtet (siehe z. B. Dubiel 1998a; eine weitere, ebenfalls stark normativ orientierte Position vertritt Marchart 2013). Um integrativ wirken zu können, muss ein Konflikt demnach ‚kultiviert' sein, ähnlich wie bei Simmel also irgendeine Art Selbstbeschränkung dem Anderen gegenüber enthalten, beispielsweise Prinzipien wie Ritterlichkeit oder Kriegsrecht (Dubiel 1998b, S. 133; mit Bezug auf Simmel).

Der Kultivierungsaspekt betrifft in Dubiels Begriff zwei Facetten. Einerseits ist sein Konflikttypus wegen der ihm zugrunde liegenden Restriktionen selbst *kultiviert*. Andererseits hat dieser Konflikt einen *kultivierenden* Einfluss, weil er potenziell gemeinsame Regelansätze erweitert und verstärkt, die Gegner also in einem weiteren Sinne integriert und die entsprechende ‚gemeinsame' Gesellschaft stabilisiert. Dieses Kennzeichen eines Spiraleffektes, der bei Simmel und Coser bereits angedeutet ist, wird bei Dubiel explizit, auch stärker in normativer Hinsicht. Ergänzend, und mit Bezug auf Coser, verdeutlicht Dubiel, dass solche kultivierten Konflikte diejenigen normativen Erwartungen und Regeln, die vorher lediglich implizit und latent waren, dem reflektierenden Bewusstsein zugänglich machen und sie damit tendenziell stärken. Dieses allgemeine Argument wendet Dubiel nun spezifischer auf demokratische Gesellschaften an. Diese, so glaubt er, existierten nicht auf der Grundlage irgendeines vorgestellten Konsenses. Er schreibt: „Demokratische Gesellschaften erhalten sich eben nicht dadurch, dass konfligierende Gruppen ihre partikularen Interessen und Meinungen einem imaginären Konsensus aufopfern. Vielmehr entsteht das sie integrierende normative Kapital gerade durch die Kette von Konflikten" (Dubiel 1998b, S. 138). Was ist dann die Beziehung zwischen Gesellschaft und kultiviertem/kultivierenden Konflikt? Auch hier ist der Ausgangspunkt ein mittlerer Bereich auf dem beschriebenen Kontinuum, allerdings ein deutlich enger gefasster Ausschnitt als beispielsweise bei Simmel. Dieses Konzept ist spezifischer, insbesondere, wenn es in den Kontext einer Bürgerdemokratie gestellt und auf das Funktionieren bzw. das Ideal einer *politischen* Gesellschaft ausgerichtet wird. Längerfristig allerdings scheint das Prinzip eines anwachsenden gemeinsamen normativen Kapitals den kultivierten Konflikt zu verschieben, hin zum Pol ‚totale Übereinstimmung'.

Mit dem Fokus auf ein Ideal von Integration besteht ein Problem in diesem Gedankengebäude: Es verleitet zur Vorstellung eines Prozesses, der über eine fortlaufende Kette von kultivierten Konflikten schließlich in einer gänzlich integrierten Gesellschaft mündet. Dies wird im folgenden Unterkapitel genauer betrachtet. Das Risiko selbst lässt sich beispielsweise mit dem Ideal illustrieren, das Moscovici und Doise ausgeben. Sie erwarten, dass gleichsam „hinter den Spaltungen (...) eine mentale Einheit innerhalb der Gruppe wiederhergestellt wird" (1994, S. 55). Sie präzisieren: „Es lässt sich kaum bezweifeln, dass die Mitglieder einer Gruppe, indem sie sich treffen und miteinander sprechen, die unter ihnen vorherrschenden Werte aufdecken, diejenigen, mit denen sie verbunden sind. Irgendwie wird ihrer Substanz Form verliehen, so dass das, was wir gemeinsam haben, was aber verdeckt ist, manifest wird (...). Das Ergebnis ist eine engere Verbindung, eine beständigere Übereinstimmung, und eine noch extremere" (Moscovici und Doise 1994, S. 64). Hier liegt klar ein substanzielles, essentialisierendes Ideal von sozialen Kollektiven vor. Ein solches ist Helmut Dubiel ganz sicher nicht zu unterstellen. Anlass zu dieser Kritik ist vielmehr, dass er seine deutlich deklarierten normativen Absichten in diesem Sinne nicht klar genug von solchen Denkoptionen abgrenzt. Seine analytischen Beiträge zu dieser Diskussion seien allerdings noch einmal hervorgehoben, zum Beispiel die Spezifizierung zu einem enger und damit klarer gefassten Konfliktbegriff, seine Verortung in einem explizit skizzierten Gesellschaftskontext, die Einführung einer systematischen Zeitperspektive, durch die das Prozessprinzip noch einmal in den Vordergrund gerückt wird, und schließlich das Verdeutlichen von möglichen Anschlüssen an Konzepte und Diskurse aus dem Bereich der politischen Theorie.

Um abschließend zusammenfassend und mit Blick auf das folgende Unterkapitel zu vergleichen: Simmel liefert in dieser Diskussion den für mich wichtigsten Beitrag. Er stellt seine grundlegenden Ideen in einer elaborierten soziologischen Vorgehensweise dar. Seine generischen Begriffe *Vergesellschaftung, Wechselwirkung* und *Konflikt* verbinden *in sich* Individuum und Kollektiv sowie Handlung und Struktur, ohne sie – als vermeintlich ursprünglich getrennte – Elemente erst wieder gleichsam zusammenbringen zu müssen. Somit bietet Simmel die umfassende gedankliche Grundlage, die für eine vertiefende Diskussion des Themas *Gesellschaft und Konflikt* erforderlich ist. Insbesondere ein Aspekt ist jedoch systematisch zu ergänzen: Während Simmel wiederholt die Frage des Extrems ‚Krieg' auf ein integratives Potenzial hin diskutiert, vernachlässigt er das andere Extrem ‚totale Übereinstimmung', das er nur ganz am Rande erwähnt. Auch Coser und Dubiel haben an diesem Typus offenbar kein Interesse. Dieser Aspekt wird im folgenden Abschnitt präzisiert.

12.3 Weiterentwicklung

Auf dieser Grundlage folgt nun eine Weiterentwicklung der Diskussion von Konflikt und Gesellschaft, mit einem Schwerpunkt bei dem Pol ‚totale Übereinstimmung', einschließlich eines kritischen Hinterfragens der Möglichkeit einer ständig zunehmenden Integration über (kultivierte) Konflikte.

Bereits in der Einleitung zu diesem Kapitel habe ich meinen Vorschlag skizziert, integrative Potenziale von Vergesellschaftung mit unterschiedlichen Konfliktanteilen auf einem Kontinuum zu verorten. Erst die analytische Gleichberechtigung der zwei Pole ‚absoluter Krieg' und ‚totale Übereinstimmung' sowie ihre systematische Verbindung in Form eines Kontinuums ermöglicht nicht nur – wie bei Simmel – die Beantwortung der Frage, inwiefern es sich bei Krieg um eine Wechselwirkung mit integrativem Potenzial handelt. Vorgestellt auf einem Kontinuum stellt Krieg eben nur einen Punkt dar, nicht den mehr oder weniger einzigen Maßstab. Während Simmel den Grundgedanken nur indirekt über den Aspekt der Notwendigkeit eines Antagonismusanteils für potenziell integrative Vergesellschaftung mitführt, bietet das vorgeschlagene Kontinuum die erweiterte Möglichkeit, die Frage nach integrativen – und nicht-integrativen – Potenzialen von Wechselwirkungen mit unterschiedlichen Antagonismusanteilen und Konflikttypen systematisch in der ganzen Breite zu analysieren und entsprechende Ergebnisse in klare Relationen zu stellen. Die zugrunde liegende These lautet, dass potenziell integrative Wechselwirkungen mit Vergesellschaftungspotenzial, das sich auf Interpretationen von Zugehörigkeiten allgemein und Gesellschaft im Besonderen auswirkt, nur auf einem breiten mittleren Bereich des Kontinuums stattfinden können. Weder ‚nur Antagonismus', wie im absoluten und nur gewaltsamen Krieg, noch ‚nur Übereinstimmung', also eine Situation bzw. Konstellation, in der sich ausschließlich gegenseitig bestätigt wird, bietet eine Grundlage zu Vergesellschaftung und Integration im weiteren Sinne. Der oder die Andere wird – je ganz spezifisch – adressiert, allerdings nicht im Sinne eines anschlussbietenden Austauschs. Doch gerade diese Anschlussfähigkeit ist zentral: Austausch muss, um gesellschaftliche Potenziale aufzuweisen, auf eine Fortführung des Spiels ausgerichtet sein, nicht auf seinen Abschluss (Bühl 1972, S. 50).

Erst mit diesem Kontinuum und seiner stark systematisierenden Perspektive lässt sich generisch dem Sozialen mit Gesellschaft als Horizont eine tragfähige Grundlage gegeben. Und das Risiko der Vorstellung einer ‚völligen Integration', das im Kontext von Dubiels Konzept des kultivierten Konflikts besonders deutlich wurde, zeigt noch einmal ganz klar, dass der Fokus auf das andere Extrem ‚absoluter Krieg' nicht ausreicht.

Nicht nur, dass Simmel dem Pol ‚totale Übereinstimmung' keine besondere Bedeutung beimisst; auch andere Autoren gehen ganz unterschiedlich mit ihm um. Carver beispielsweise sieht in ihm gar kein Problem: „Es mag Fälle einer vollständigen Harmonie von Interessen geben, aber diese führen zu keinen Problemen, und deshalb müssen wir mit ihnen nicht befassen" (Carver 1908, zitiert nach Coser 1964, S. 15). Während die Begrenzung auf Interessenkonflikte hier zweitrangig ist, muss jedoch deutlich unterschieden werden: Werden damit isolierte Situationen adressiert oder aber eine auf relative Dauer gestellte Kette von Situationen, vielleicht sogar ein Dauerzustand? Bühl kommentiert mit Blick auf *Vermeidung,* die als eine empirische Ausprägung von vollständiger Harmonie (aber möglicherweise auch nur im vorgetäuschten Sinne, worauf sein Begriff ‚Strategie' verweisen mag) interpretiert werden kann: „Obwohl eine reine Strategie der Vermeidung in einer dichten und komplexen Gesellschaft unmöglich ist, sind solche (kleinformatigen, A.S.K.) Vermeidungsmechanismen auch hier überall eingebaut" (Bühl 1972, S. 29). Während also einzelne Situationen, die aufgrund von tatsächlicher oder vorgetäuschter Übereinstimmung keinen Ansatz für Anschlüsse und damit für potenziell integrative Vergesellschaftung bieten, kein besonderes Problem darstellen, einfach weil sie von anderen, genau oder fast gleichzeitig verlaufenden und anschlussfähigen Situationen und Konstellationen aufgefangen werden, wäre dies als Dauerzustand hochgradig problematisch, wenn auch nicht ohne weiteres praktisch erwartbar. Dennoch: Ein solcher Dauerzustand kann zumindest gedacht werden und bietet für die Analyse wichtige Inspirationen.

Eine andere Herangehensweise an den Pol ‚totale Übereinstimmung', findet sich bei Carl Schmitt, der ihn sowohl für realistisch hält als auch positiv bewertet. Seine hochgradig problematische Interpretation ist im spezifischen zeitlich-ideologischen Kontext des deutschen Nationalsozialismus zu verorten, bietet aber an sich für unsere Analyse ein aussagekräftiges Beispiel (Schmitt 1933; siehe auch Niethammer 2000, S. 105). Schmitt plädiert für das Ideal einer *identiären Demokratie,* deren Mitglieder ‚substantiell homogen' sein sollen. Wenig überraschend hält er dies für die optimale Basis für eine – von ihm ausdrücklich positiv bewertete – Diktatur. Hier haben wir ein Beispiel für eine klare Verortung am Harmoniepol des Kontinuums. Weiter differenziert Schmitt zwischen *Gegner*

12.3 Weiterentwicklung

und *Feind*. Während die Figur des Gegners ein integratives Potenzial enthält, ist das nicht der Fall bei der Figur des Feindes. Mit letzterer nimmt er das zweite Extrem – absoluter Krieg eben unter Feinden – in seine Konstruktion auf. Damit besteht sein Gesellschaftsmodell aus genau zwei Punkten, nämlich den sich auf dem Kontinuum gegenüberliegenden Extremen ‚totale Übereinstimmung' und ‚absoluter Krieg'. Genauer: Einerseits besteht dann nach innen totale Harmonie in einer gänzlich konfliktfreien Gruppe auf der Basis von Homogenität, andererseits und gleichzeitig muss aufgrund einer totalen Heterogenität, ja sogar Gegensätzlichkeit, ein absoluter Krieg mit allen Anderen stattfinden, die außerhalb der ganz klar abgegrenzten Eigengruppe stehen. Das entspricht dem genauen Gegenteil von dem, was hier als Bereich mit integrativem Vergesellschaftspotenzial herausgearbeitet wurde, nämlich gerade nicht die Pole, sondern der dazwischen liegende mittlere Abschnitt des Kontinuums. Dass Schmitt aus ideologischen Gründen allerdings auch keine Vergesellschaftung im Sinne von Prozess und entsprechendem sozialen Wandel wünscht und veranschlagt, zeigt er recht direkt über das Ideal einer Diktatur – eine solche braucht nichts Soziales im eigentlichen Sinne, sondern schlichte mechanische Ausführung, und ist damit eine rein gedankliche Konstruktion.

Wenden wir uns nun der Rolle zu, die der Pol ‚völlige Übereinstimmung' in Helmut Dubiels Schriften spielt – dort allerdings eher im indirekten Sinne. Was passiert, so die Frage, in längerfristiger Perspektive, wenn Gesellschaften fortlaufend und – so die vorläufige Annahme – erfolgreich kultivierte Konflikte durchleben? Läuft diese Gruppe dann quasi automatisch auf den Extremzustand ‚völlige Übereinstimmung' zu? Und ergänzend: Werden ihre Mitglieder selbst auf der Grundlage einer zunehmend gemeinsamen ‚Kultur' damit immer homogener?

Nein, ein eindimensionaler Prozess dieser Art ist praktisch nicht möglich. Die Begründung dieser Annahme lässt sich in zwei Bezüge unterteilen: Inhalt und Form. Inhalte unterliegen ständigem und weitgehend unvorhersehbarem Wandel. Dieser Aspekt ist aber von untergeordneter Bedeutung, weil anzunehmen ist, dass jedes Thema, das entsprechend der Regeln eines kultivierten Konflikts prozessiert wird, potenziell integrativ wirken kann. Deshalb wird hier auch keine grundlegende Trennung in Wert- und Interessenkonflikte vorgenommen. Der Aspekt der Form ist also der wichtigere. Die konkrete Form, in der Konflikte prozessiert werden, hängt stark von den jeweiligen Akteuren und ihrer Affinität zu den jeweils zugrunde liegenden Regeln ab. Konflikt läuft also nicht simpel ab bzw. wird quasi-automatisch entlang idealer Spielregeln prozessiert, sondern bedarf gleichzeitig einer Definition seiner Spielerinnen und Spieler. Zum Dreh- und Angelpunkt wird damit: Wer darf legitimerweise an einem Konflikt teilhaben? Direkter ausgedrückt ist immer wieder zu entscheiden: Wen erkenne ich als gleichrangig hinsichtlich der Teilnahme am Konflikt an? Wer hat entsprechend die gleichen Rechte wie ich, sozial oder politisch zu partizipieren? Wer ist folglich ein legitimer Spieler, maximal im Sinne eines Gegners (aber nicht eines Feindes)? Den Kernbeitrag zur spezifischen Frage der Anerkennung von Anderen im Konflikt hat Honneth (1994) geliefert. Solche Entscheidungen – und es handelt sich dabei tatsächlich um Entscheidungen – sind für solche Gesellschaften unumgänglich, die Legitimität so tief und umfassend im Individuum verortet haben, wie das bei den sogenannten westlichen Gesellschaften der Gegenwart der Fall ist.

Damit sind hinsichtlich der Frage, wer an Konflikten teilhaben darf, und wie sich die Gesamtkonstellation im Hinblick auf Konvergenz oder aber Divergenz entwickelt, mehrere Szenarien denkbar. So ist ein zunehmender Integrationsgrad vorstellbar, der schrittweise Stabilität produziert und damit eine solide Grundlage für zunehmend integrative Definitionen der Mitspieler und Mitspielerinnen bietet. Damit würden, in rein quantitativem Sinne gesprochen, mehr und mehr und möglicherweise zunehmend unterschiedliche Personen – vormals Andere – als relevante Individuen und somit legitime Teilnehmer und Teilnehmerinnen an der Konfliktaushandlung einbezogen. Andererseits könnte es aber auch einen Punkt geben, an dem der Eindruck von ‚zu viel' Offenheit gegenüber Anderen überhandnimmt und Schließungen erfolgen. Dies beruht typisch auf eng gefassten Definitionen des Eigenen und des Anderen sowie ihrer vermeintlichen jeweiligen normativen Basis. Und schließlich muss gefragt werden: Warum sollten wir eigentlich die Annahme akzeptieren, dass interne Integration überhaupt anwächst? Vorstellbar ist immerhin, dass viele Konflikte nicht in sozialen Räumen kultiviert werden können, sondern zu schweren Auseinandersetzungen oder aber zu strategischen Vermeidungen führen, sodass Integration unwahrscheinlich wird.

Um zur Frage zurückzukehren, die von Dubiels Ansatz angestoßen wurde, nämlich ob von fortlaufend prozessierten kultivierten Konflikten eine Totalintegration und damit das Erreichen des Pols ‚völlige Übereinstimmung' zu erwarten ist: Nein, das ist es nicht, und zwar, zusammengefasst, aus den folgenden Gründen. Erstens sind Lösungen in Konflikten immer temporär, weil sich Bedingungen und auch die ursprünglichen Themen selbst wandeln – und damit Bewertungen von Lösungsansätzen. Zweitens unterliegt der Bestand von beteiligten Individuen an Konflikt, Wechselwirkung und Vergesellschaftung unvermeidbar Schwankungen. Hinsichtlich der Beteiligten sei grundsätzlicher angemerkt, dass die erforderliche Legitimität historisch ganz unterschiedlich verortet wurde. Obwohl die gegenwärtige Verortung im Individuum offensichtlich erscheint, kann (wie in Kap. 10 bereits erwähnt) auch hier eine konstitutive Unsicherheit beobachtet werden: Was ist die Beziehung zwischen Mensch und Maschine?

Welche Konsequenzen sind aus bioethischen Diskussionen zu ziehen? Welche Folgen haben beispielsweise (besonders geringes oder besonders hohes) Alter oder Gesundheitszustände auf unsere Zuschreibung von entsprechender Legitimität auf ‚Individuen'?

12.4 Kapitelfazit

Um abschließend noch einmal zusammenzufassen: Wechselwirkungen haben nur dann ein integratives Potenzial, können also nur dann vergesellschaftend wirken und so Horizonte für Interpretationen von Gesellschaft aufbauen, wenn sie aus einer Kombination von Übereinstimmung und Differenz, aus Homogenität und Heterogenität, bestehen. Dann ist ihnen auch das Prinzip ‚Prozess' inhärent, das Wandel bedeutet und Soziales in ganz allgemeinem Sinne ermöglicht. All dies ist nun eingekapselt in das *Gesellschaftskontinuum,* mit dem die Perspektive auf Gesellschaft spezifiziert wird.

Durch die hier vorgenommene, zusätzliche Fokussierung des Pols ‚totale Übereinstimmung' haben wir eine Vervollständigung des Kontinuums erzielt, wodurch die Grundlage einer umfassenden und systematische Betrachtung unserer Frage nach Gesellschaft geschaffen wird. Denn so konnten wir Simmels Hervorhebung, dass Vergesellschaftung auch mit einem extrem hohen Antagonismusanteil bei einem geringen, aber prinzipiell vorhandenen Übereinstimmungsgrad möglich ist, durch einen zweiten, entgegengesetzten Punkt komplementieren: Vergesellschaftung ist auch bei einem sehr hohen Übereinstimmungsanteil möglich, aber nur, wenn auch ein – noch so kleiner – Anteil von Antagonismus enthalten ist. Zusätzlich hat die kritische Diskussion der Möglichkeit eines Erreichens des Pols ‚totale Übereinstimmung' gezeigt, dass, aufgrund der relativen Volatilität der Definitionen von Themen und Beteiligten, Kommunikationen notwendig Verhandlungen, Anerkennungsprozessen und generell Wandel unterliegen, sodass sie grundsätzlich offen und ergebnisoffen konzipiert werden müssen: Sie können integrative Effekte haben – oder nicht. Folglich muss die Option der Nicht-Integration genauso systematisch behandelt werden, wie die der Integration. Das verschiebt die Aufmerksamkeit noch einmal zu den Enden des Kontinuums, und zwar zu beiden gleichermaßen.

In einem allgemeineren theoretischen Sinne bedeutet das, dass wir das Element der *Kontingenz* grundlegend einbeziehen müssen. Gesellschaften sind von einer strukturellen Offenheit abhängig, weil sie sonst – im sozialen Sinne – in der Sackgasse enden würden. Das entsprechende Bild einer solchen Konstellation hat das Konzept der Diktatur geliefert. Im Gegensatz zu ihr ist eine Anschlussfähigkeit an neue und unerwartete Fragen und Themen erforderlich, an sich wandelnde Beteiligte, variierende Manifestationen und Muster von Vergesellschaftung und Gesellschaftsinterpretationen. Dabei ist der Prozess selbst keinesfalls als gleichmäßig vorzustellen, sondern als vieldimensional und durch Ungleichzeitigkeiten charakterisiert.

Damit wird auch noch einmal explizit der Blick auf *Integration* gerichtet: Sie wird explizit nicht als Konvergenz und wachsende Homogenität vorstellt. Stattdessen setzt auch dieser Begriff bei einer Kombination an, von Differenz (potenziell von Individuen und Gruppen) als generellem Kennzeichen sozialer Konstellationen und Homogenität im Sinne eines, wenn auch möglicherweise noch so unbewussten, indirekten und unreflektierten, Bezugs auf eine gemeinsame Grundlage, einschließlich einer möglichen Entwicklung von sozialen Institutionen und vielleicht sogar von gemeinsam geteilten normativen Kapital. Damit wird Integration nicht normativ als aktive Aufgabe gesehen, sondern als eigendynamischer sozialer Prozess.

Abschließend nun zur Frage nach dem Begriff *Gesellschaft*. Ich stimme Simmel grundsätzlich in seiner Interpretation zu, die mit *Vergesellschaftung* den Prozess und die Bottom-up-Perspektive hervorhebt. Ich halte es für sinnvoll, an einem generischen Begriff von Gesellschaft festzuhalten. Zunächst ist Gesellschaft ein Kernbegriff der Soziologie, der sich – wie praktisch alle soziologischen Begriffe und Begriffe überhaupt – mit ganz unterschiedlichen Bedeutungen hat füllen lassen müssen. Es spricht also nichts dagegen, dies erneuernd zu tun und damit Aufmerksamkeiten ein wenig umzulenken. ‚Vergesellschaftung' grenzt aus heutiger Sicht an eine Tautologie: Natürlich, so wird gemeinhin angenommen, ist das Soziale eine Prozess – was sonst? Damit wird hier der Gesellschaftsbegriff eng an den der Vergesellschaftung angeschlossen, ohne die semantische Verschiebung zu übernehmen. Die wichtigen Vorteile diese Konzeptualisierung über unterschiedliche, ja gegensätzliche Elemente, die Offenheit für verschiedenartige Entwicklungen und auch für Ambivalenzen, sind bereits ausführlich erörtert worden. Die explizite Verschiebung von einem absoluten zu einem graduellen Konzept und die daraus entstehende Pluralisierung von Gesellschaf*ten* und entsprechenden Zugehörigkeiten sind ebenfalls von zentraler Bedeutung. Außerdem soll hier noch einmal auf ‚Gesellschaft als Horizontbegriff' (Nassehi) verwiesen werden, also damit auch auf Gesellschaft als Bewusstseinsdimension, die im Sinne des Thomas-Theorems sehr wohl handlungswirksam sein kann und es faktisch auch ist. Auch dieser Fokus auf Wahrnehmung und Interpretation macht das konsequente Denken von Gesellschaft im Plural nahezu selbsterklärend. Zugehörigkeiten bzw. Zugehörigkeitsinterpretationen sind vielfach und nur beispielsweise national, regional, global oder virtuell. Individuen gehören zumindest potenziell mehreren Gesellschaften gleichzeitig oder zu unterschiedlichen

12.4 Kapitelfazit

Zeitpunkten an, sowohl objektiv – basierend auf einer Reihe typischer Kommunikationen, die von außen erkennbar ist – als auch subjektiv – also im Sinne eines Gefühls und daraus abgeleiteten Selbst-Zuordnungen.

Der hier entwickelte Entwurf von Gesellschaft ist generisch, also auf jede Gesellschaft anzuwenden, prinzipiell unabhängig von Zeit und Ort. Dennoch gibt es gute Gründe, zu vermuten, dass es in unserer Zeit naheliegender ist, sie so ‚zu denken' – in unserer Zeit, die gekennzeichnet ist von einem vergleichsweise hohen Grad an Mobilität und Hybridität sowie anderen Charakteristika, die wir als solche wahrnehmen, interpretieren und sie, kurzgefasst, unter *Globalisierung* subsumieren.

Virtuelle Gesellschaft 13

In diesem Kapitel wird das Gesellschaftskonzept auf die sogenannte virtuelle Gesellschaft angewendet. (Wie) funktioniert das entwickelte grundlegende Gesellschaftskonzept mit seinen Kommunikationsanteilen von Übereinstimmung und Differenz und der spezifischen Rolle von Konflikt im Kontext des Virtuellen?

Dazu werden einige Kategorien aufgegriffen, die in diesem Buch bereits diskutiert worden sind, vor allem die Rolle von Raum und Mobilität, Interpretationen von Gemeinschaft und Netzwerk sowie das Individuum bzw. Subjekt. Dabei erfahren manche dieser Aspekte Wendungen, doch es zeigen sich auch relative Stabilitäten. Die Aufgabe ist es hier, sowohl Bekanntes, oft transformiert, wiederzuerkennen, als auch Neues bzw. Potenziale zu Neuartigem zu erkennen. Immer gilt dabei das leitende Interesse der Frage, ob sich Gesellschaft zu etwas gänzlich Anderem wandelt und entsprechend soziologisch anders konzeptualisiert werden muss: Werden Individuen als ihre vorgestellten Bausteine so vereinzelt, dass sie faktisch nicht mehr sinnvoll entlang spezifischer Kollektivstrukturen vorzustellen sind? Und weitergehend: Wird das Individuum an sich so volatil, dass es überhaupt nicht mehr an eine Vorstellung von einem kommunikations- und handlungsfähigen Subjekt anschließbar ist? Verflüchtigt sich folglich alles Soziale so, dass es auch in erweitertem Sinne gar nicht mehr als solches analysierbar ist? Dies wird im Folgenden untersucht.

Ausgangspunkt dazu ist allerdings: Die „Suche nach Ordnung, Stringenz und Mustern ist mitnichten eingestellt. Sie wurde einfach einen Schritt weiter in die Abstraktion verlagert" (Latour 2005, S. 23). Damit ist auch bereits vorweggenommen, dass das Ergebnis hier nicht ist, das Virtuelle bzw. die virtuelle Gesellschaft als etwas gänzlich Andersartiges zu bestimmen. Das Einbeziehen des Virtuellen verschiebt unsere Fragen also lediglich einen Schritt weiter ins Flexible und macht uns gleichzeitig auf spezifische Strukturen und ihre Risiken für

Vergesellschaftung aufmerksam. Dabei eröffnen sich einige weitere willkommene Denkmöglichkeiten zum Gesellschaftskonzept. Denn gerade weil das Flexible in diesem Zusammenhang so offensichtlich und damit unumgänglich ist, wird alles Starre mehr oder weniger von vornherein dekonstruiert – was aber, wie bereits festgestellt, die Aufgabe soziologischer Theorie prinzipiell ist. Somit bietet sich eine Gelegenheit zur Präzisierung einiger Instrumente zur Analyse von Gesellschaft *an sich*.

Auch in diesem Kapitel besteht kein Anspruch auf ein irgendwie vollständiges Erfassen und Besprechen von sämtlichen in engerem und weiterem Sinne sozialen Formen im Virtuellen. So hat beispielsweise die Entscheidung, Onlinekommunikation als „Form sozialer Interaktion statt z.b. als Form von Kunst" (Cavanagh 2007, S. 4) zu analysieren, wichtige Konsequenzen. Und auch dieser Interaktionsaspekt wird hier noch einmal spezifisch zugeschnitten. Statt z. B. spezifische Formate wie Blogs, Emails, Social Media oder Spiele zu betrachten, liegt im Folgenden der Fokus auf Frage, was sich prinzipiell verändert bzw. vergleichbar bleibt bzw. sich eher graduell oder aber absolut wandelt – und dies kann sich in allen möglichen Formaten abbilden.

13.1 Raum und Grenze

Die virtuelle Gesellschaft wird als eine der flexibelsten, weil gleichsam mobilsten Sozialformen betrachtet. Die Beteiligung an ihr gilt als weitgehend orts- sowie zeitunabhängig – und gerade auf dieser Grundlage wird die Frage nach Raum und seinen potenziellen Grenzen virulent.

Betrachten wir zunächst die Frage von *Grenze* in diesem Zusammenhang, und als erstes genauer den Aspekt, ob Grenzen generell wegfallen oder nicht. Ganz fraglos werden einerseits viele Grenzen, die menschliches Zusammenleben bislang gekennzeichnet haben, vergleichsweise bedeutungslos: zu den bereits genannten Faktoren Ort und Zeit gehören alle sozialen Folgen aus persönlichem Begegnen, also direkte Einschätzungen zu Alter, Geschlecht, Status usw. Auch zentral ist das zumindest prinzipielle Aufweichen der traditionellen Grenze zwischen Sender und Empfänger: „Über kommunikative und soziale Vernetzung verändern die Nutzer die gesellschaftliche Kommunikation – weg von den Wenigen, die für Viele produzieren, hin zu den Vielen, aus denen Eins entsteht: das virtuelle Netzwerk der sozial und global Verbundenen" (Meckel 2008, o. S.). Dies hat eine schwächende Wirkung auf die traditionell so besonders wirksame Grenze des Nationalstaates:

13.1 Raum und Grenze

Die alte Dominanz des staatlich strukturierten und territorial gebundenen öffentlichen Lebens, das durch Radio, Fernsehen und Bücher vermittelt wurde, neigt sich dem Ende zu. Ihre Hegemonie erodiert rasant durch die Entwicklung einer Vielzahl von netzwerkartigen Kommunikationsräumen, die nicht direkt an Territorium gebunden sind, und die deshalb unwiderruflich alles überflügeln und fragmentieren, das vorher einer einheitlichen, räumlich integrierten öffentlichen Sphäre innerhalb eines Nationalstaatsrahmens geähnelt hat (Keane 2004/1995, S. 366).

Andererseits, und ebenso unzweifelhaft, entstehen neue Grenzen, die teilweise mit traditionellen Differenzierungskriterien korrespondieren. Ein wichtiges Beispiel ist die unterschiedliche Wahrscheinlichkeit von Zugängen zum Virtuellen in Abhängigkeit beispielsweise von Wohnort, Alter oder sozialstrukturellen sowie materiellen Vorbedingungen.

Die zweite hier besonders interessierende Frage im Kontext von Grenze bezieht sich auf Prozesse von Grenzziehung innerhalb des Virtuellen. Dazu kommt Schroer zu dem Schluss, dass aus dem zunächst praktisch grenzlos erscheinenden Cyberspace „ein parzellierter Raum mit zahllosen Grenzen und Mauern zu werden (scheint), die in Form von speziellen Passwörtern, Eintrittsgebühren oder Filtersoftware errichtet werden" (2012, S. 264), beispielsweise als Intranets oder Firewalls. Dies habe zur Konsequenz, dass sich das virtuelle Territorium dem als natürlich empfundenen geografischen immer mehr anpasse (ebd., S. 265).

Dieser Aspekt leitet über zu einer dritten hier wichtigen Grenz-Frage: Wie ‚real' und wirkmächtig ist die neu konstruierte Grenze zwischen dem Realen und dem Virtuellen an sich? Ist sie so substanziell, dass folglich für die Perspektive von Raum angenommen werden muss: „Alles, was es bisher schon gab, wurde durch den Zusatz ‚virtuell' verdoppelt" (Schroer 2012, S. 252; zur Kritik an der Wirksamkeit und damit ‚Realität' dieser neuen Grenze siehe Ellrich 1999)? In einer spezifischeren Medienperspektive lehnt Cavanagh das ab. Sie schreibt: „(B)ei näherem Hinsehen lässt sich die Vorstellung einer radikalen Diskontinuität der Praxis und Erfahrung zwischen Internet und anderen Medienformen kaum aufrechterhalten" (Cavanagh 2007, S. 91), und führt dies auf Individualisierungstendenzen bei der Nutzung von Medien generell zurück. Auch in allgemeinerem Sinne hält Schroer die Trennung in real einerseits und virtuell andererseits für fehlgeleitet. Stattdessen seien ‚vagabundierende Grenzen' charakteristisch, Überlagerung als Prinzip zentral, was zu Hybridisierung führe (Schroer 2012, S. 274).

Diese drei Aspekte zeigen, dass das Prinzip von Grenze auch im Kontext des Virtuellen erhalten bleibt, allerdings modifiziert wird. Damit wird auch deutlich, dass es sich beim Virtuellen – jedenfalls in dieser Hinsicht – nicht um etwas ‚völlig anderes' handelt. Das ist besonders wichtig für die Frage von Gesellschaft, weil ja als ein wichtiger Punkt ihr Prinzip von Ab- und Eingrenzung festgehalten wurde. Doch wie wirkt sich die Modifizierung auf das Konzept Raum aus?

Auch hinsichtlich *Raum* wird in diesem Zusammenhang sehr häufig versucht, zumindest konzeptuell möglichst klar zu trennen, in einen virtuellen Raum und einen realen Raum, entsprechend dem gerade erläuterten dritten Grenzaspekt – auch wenn schon praktisch von Anfang der Diskussion an genau diese Trennung infrage gestellt wird. So schreibt Bühl bereits 1997 grundlegend: „Unter virtueller Gesellschaft verstehen wir eine Gesellschaft, in der der virtuelle Raum den realen Raum überlagert, mit ihm vielfältige neue assoziative Formen bildet, ihn tendentiell aber auch verdrängt und substituiert, ihn jedoch niemals als Ganzes ersetzen kann" (Bühl 1997, S. 11). In diesem Kontext entwickelt Markus Schroer einen schönen Vergleich zur über Jahrhunderte geltenden Unterscheidung von Land und Meer weiter (Schroer 2012, Kap. 3). Er stellt fest, dass der Meer-Raum schrittweise immer weiter vermessen, bekannt und an Land-Konzepte angepasst wurde, und vermutet: „Auch die virtuelle Wirklichkeit nähert sich der realen Wirklichkeit immer mehr an" (Schroer 2012, S. 253). Dabei verschiebt er allerdings die Aufmerksamkeit in mehreren Schritten. Der erste führt weg von der Konstruktion zweier Räume, hin zu einer intensiven Kombination von Realem und Virtuellem: Das Internet sei ein „eigener, aber kein autonomer Raum" (2012, S. 270), es gehe um ‚Wechselwirkungen' zwischen beiden Bestandteilen. Das kann – zweitens – gemeinsam durchaus als neue Form des Sozialen interpretiert werden, die sich nur als Ganzes sinnvoll adressieren ließe, und zwar über andersartige empirische Fragen. Dazu schlägt Schroer beispielsweise vor: In „welchen Situationen (wird) Fern- und in welchen Anwesenheitskommunikation gewählt (..)? An welchem Punkt kippt eine anfänglich unter Abwesenden geführte Kommunikation hin zu einer, die unter Anwesenden fortgesetzt wird? Wo genau ist der Punkt, die Umschlagstelle erreicht, an der eine virtuelle Kommunikation nicht mehr ausreicht und in eine von Angesicht zu Angesicht überführt zu werden wünscht?" (2012, S. 270 f.). Auf die virtuelle Kommunikation angewendet nimmt auch Garnham an: „Wie wir diese Beziehung zwischen Kommunikation und anderen sozialen Strukturen erklären, ist gerade eine theoretische Kernfrage" (2004/1998, S. 166). Damit kann aus der Diskussion zum Kontext des virtuellen Raumes für die Erforschung von Gesellschaft allgemeiner abgeleitet werden: „Die Entwicklung des Internets trägt mit dazu bei, Raum nicht mehr länger als gegebene Konstante zu verstehen, als Behälter oder Rahmen, in dem sich Soziales abspielt, sondern als durch soziale Praktiken erst Erzeugtes aufzufassen und damit von Räumen auszugehen, die es nicht immer schon gibt, sondern die erst durch Handlungen und Kommunikationen hervorgebracht werden" (Schroer 2012, S. 275).

Ein dritter Schritt, den Schroer zur Rekonzeptualisierung von Raum vornimmt, erscheint hier allerdings als der entscheidende. Er diskutiert grundlegend, welche Rolle das Raumkonzept für das Virtuelle überhaupt spielt (u. a. im Vergleich zu Funktionen des Stadt-Raums, S. 256 f.), und schlussfolgert im Anschluss an die Logik des Thomas-Theorems: „Entscheidender (..) als die Frage, ob es sich beim Cyberspace tatsächlich um einen Raum handelt, ist m. E. die Tatsache, dass das Internet als Raum verstanden wird, und man versucht, es als solchen zu gestalten" (Schroer 2012, S. 258; Herv. A.S.K.). Damit ist eine wichtige Distanz zum Raumkonzept für die Analyse sowohl von Gesellschaft prinzipiell als auch spezifischer des Virtuellen gewonnen.

Festzuhalten ist an dieser Stelle: Weder Grenze noch Raum werden in der Diskussion der virtuellen Gesellschaft bedeutungslos. Sie wandeln ihre Formen und inhaltlichen Kriterien und entwickeln eigene Dynamiken. Vor allem aber spielen sie in ihrer Wahrnehmungsdimension und den daraus entstehenden Folgen für soziale Ordnung weiterhin grundlegende Rollen. Allerdings ist kritisch zu fragen, ob Raum und Grenze überhaupt die wichtigsten Bezugspunkte sind, um das Virtuelle und seine sozialen Muster und Prozesse zu analysieren und zu begreifen. Das sind sie nicht, jedenfalls nicht allein.

13.2 Virtuelle Gemeinschaft

Die Semantik der virtuellen Gemeinschaft scheint zu implizieren, dass gerade das als charakteristisch interpretierte ‚Grenzenlose' der virtuellen Gesellschaft Bezüge auf traditionelle Sozialkonzepte nahelegt und hervorbringt. Es ist jedoch zwischen unterschiedlichen Konzepten von Gemeinschaft im Kontext des Virtuellen zu unterscheiden sowie zwischen ihren Begründungen und an sie gestellte Erwartungen.

Ganz grundsätzlich ist die Vorstellung von Gemeinschaft bereits in der gerade erläuterten vermuteten Grenzziehung zwischen dem Realen und dem Virtuellen – oder auch zwischen dem Realen und dem Möglichen – angelegt, gleichsam mit dem Virtuellen als Gegenwelt, verbunden mit der Hoffnung auf eine ‚bessere Welt', eine Art der Utopie also (siehe Schroer 2012, S. 253; im Sinne eines Gegenargumentes siehe die kritische Diskussion von Cavanagh zum Aspekt einer neuartigen Öffentlichkeit mit potenziell besonders wirkmächtiger ‚Cyberdemokratie', Cavanagh 2007, Kap. 5). Genau dieses Ideal, also eine Art Gegenwelt zur (Post-)Moderne zu bieten, „versuchen die Online-Gemeinschaften bewusst zu nähren, sei es durch den kommunitaristischen Ethos (…) oder durch die Bereitstellung eines sicheren Hafens, was der Zweck vieler Selbsthilfe- und ähnlicher

Gruppen online ist. Diese Formen alternativer Gemeinschaften basieren auf einem normativen Verständnis von Gemeinschaft, das entweder nostalgische oder futuristische Tendenzen aufweist" (Cavanagh 2007, S. 105). In solchen Interpretationen ist der Schritt nicht nur zur Anwendung, sondern darüber hinaus zum Ausbau des Gemeinschaftskonzepts im Kontext des Virtuellen naheliegend.

Gleichzeitig muss das Konzept der virtuellen Gemeinschaft seine Angemessenheit aber auch gegen recht offensichtliche Argumente verteidigen. Das wichtigste dürfte der Wandel der Kommunikationsformen und, folglich, ihrer Potenziale zu sozialer Bindung sein. Denn um die Frage ‚Ist eine virtuelle Gemeinschaft eine wirkliche Gemeinschaft?' auch nur im Ansatz sinnvoll diskutieren zu können, muss zumindest von an klassischem Verständnis angelehnten Definitionen abgesehen werden. Denn sonst gilt von vornherein: „(W)enn wir Gemeinschaft so verstehen, dass sie die engen, emotionalen holistischen Bindungen vom (klassischen, A.S.K.) Gemeinschaftsbegriff beinhaltet, dann ist die virtuelle Gemeinschaft keine echte Gemeinschaft" (Driskell und Lyon 2002, S. 373). Denn während in einer lokal-örtlich spezifischen Gemeinschaft typisch sowohl eine Identifikation mit dem Ort stattfinde als auch soziale Interaktion und gegenseitige Bindungen wahrscheinlich seien, würde für den Cyberspace der erstgenannte, wichtige Punkt wegfallen – und die Wahrscheinlichkeiten für Bindungen seien reduziert (ebd., S. 384). Folglich sprechen Driskell und Lyon virtuellen Beziehungen einen lediglich komplementären Status zu, der in ihren Augen keinesfalls die Art von Gemeinschaft herstellen kann, die sie zumindest als Potenzial face-to-face-Begegnungen zuschreiben (ebd., S. 386 f.).

Sehen wir uns noch einmal genauer Argumente dafür an, virtuelle Gemeinschaft als Konzept überhaupt und trotz der gerade genannten Schwierigkeiten ernst zu nehmen. Zwei Grundrichtungen sind dabei zu unterscheiden. Die erste geht davon aus, dass virtuelle Gemeinschaften praktisch Fortführungen von realen Gemeinschaften sind und entsprechend substanzielle Bindungen an sie aufweisen. Ein Beispiel wären im Realen bestehende Vereine, die gleichzeitig eine WhatsApp-Gruppe gegründet haben. So nimmt beispielsweise Jochen Gläser an, Verbindungen im Internet verwiesen im Grunde auf das Reale und seien über Homepages, Emaillisten und Chats nur gleichsam eine andere Form, Reales zu verbinden (Gläser 2005, S. 61). Damit sei das Virtuelle lediglich eine Formveränderung, die sich auf der Oberfläche der Kommunikationsformen abbilde, bliebe aber durch die ‚Realitätsverankerung' dem Prinzip des ‚realen Sozialen' gleich, sodass in seinen Augen virtuelle Gemeinschaften ‚gute Beispiele' für Gemeinschaften an sich sind (Gläser 2005, S. 52). Folglich seien virtuelle Kommunikation und virtuelle Gemeinschaften keine spezifische Ordnungen (ebd., S. 68) – und entsprechend sei der Gemeinschaftsbegriff auf virtuelle Gemeinschaften

13.2 Virtuelle Gemeinschaft

sinnvoll anwendbar. Die dem Kommentar zugrunde liegende grundsätzliche Auffassung, dass Online-Gemeinschaften eine relativ direkte Fortführung des Realen sind, impliziert allerdings nicht nur ein bereits als problematisch erkanntes, völlig gleichbleibendes Prinzip, sondern beruht außerdem auf einem Verständnis des Internets „als neutralem Medium statt als einem sozialen Raum" (Cavanagh 2007, S. 108). Auf diese Weise ist Online-Kommunikationen nur sehr begrenzt nahezukommen, und ob angemessene Ergebnisse erzielt werden, um zur Diskussion des Gemeinschaftsbegriffes an sich beizutragen, ist fraglich.

Der zweite Argumentationsstrang beruht dagegen auf der Annahme, virtuelle Gemeinschaften seien als etwas gänzlich Anderes als reale Gemeinschaften zu verstehen. Ein früher Hauptvertreter dieser These ist Howard Rheingold. Er nimmt an, dass virtuelle Gemeinschaften im Cyberspace genuin virtuell sind, also nur anhand von Online-Kommunikation existieren (Rheingold 1994). Ist der Begriff aber noch sinnvoll zu besprechen, wenn er gänzlich von Raum und Zeit zu trennen versucht wird, wie dies noch expliziter z. B. von Talukder und Yeow (2006) vorgeschlagen wird? Sie benennen als Kriterien für virtuelle Gemeinschaft gemeinsames Interesse, Prozess sozialer Bindung in einem weiteren Sinne, Informationsaustausch (z. B. hinsichtlich Kaufentscheidungen), gemeinsame Fantasie (i. S. v. Identitätsaustausch, Rollenspielen etc.). Das muss allerdings konsequent als eigenes Konzept verstanden werden, denn es erscheint als zu oberflächlich, um noch eine erkennbare Bindung an das klassische Gemeinschaftskonzept aufzuweisen. Hier finden wir gut erkennbare Spuren der diskutierten Kritik von Bauman wieder (siehe Kap. 6) – nur positiv gewendet.

Prinzipiell birgt das Verständnis von Internet-Gemeinschaften als *sui generis*-Form des Sozialen zwei Schwierigkeiten. Zum einen ist bereits oben in diesem Kapitel, zu Raum und Grenze, eine prinzipielle Trennung zwischen ‚dem Realen' und ‚dem Virtuellen' kritisiert worden. Zum anderen ‚verrutscht' diese Diskussion häufig hin zu einer normativen Frage: Ist eine Online-Gemeinschaft etwas Gutes oder etwas Schlechtes?

Skeptiker sorgen sich, dass die theoretischen Möglichkeiten des Internets – Freiheit, prinzipiell offener Zugang, Flexibilität etc. – gerade nicht zum erhofften Ergebnis der Pluralität führen, sondern dass durch die *Praxis* der Nutzung des Internets erhebliche Verengungen stattfinden, die zu Eindimensionalität in der Informationsaufnahme, Einseitigkeit von Kommunikation, Monopolen und schließlich zu massiver Homogenisierung von Gruppen sowie potenziell zu Vereinzelung führen. Giddens, Fleck und Egger de Campo beispielsweise sind davon überzeugt, dass einerseits „das Internet die Gewohnheiten des Alltagslebens verändert (…) und neue Kanäle der Kommunikation und Interaktion offeriert" (2009, S. 615). Andererseits aber fürchten sie, dass „traditionelle Formen der Unterhaltung (…)

geopfert werden, und das gesamte soziale Leben geschwächt wird" (ebd., S. 615; kritisch auch: Foster 1997; Putnam 2000), sodass „die Ausweitung der Internettechnologie zu einer Zunahme sozialer Isolation und Vereinzelung führen könnte" (ebd., S. 616). Dazu gibt es einige Untersuchungen, die bestätigen, dass hoher Internetkonsum reale soziale Kontakte abschwächt (z. B. Kraut et al. 1998). Für das Konzept der Internet-Gemeinschaft würde diese Diagnose bedeuten, dass sie sich faktisch auf Interessengruppen mit Homogenisierungstendenzen reduzierten, und gleichzeitig würde die Praxis von realer Gemeinschaft geschwächt. Es fände also eine Doppeldestruktion von Gemeinschaft über Virtualität statt.

Andere Studien jedoch weisen gegenteilige Ergebnisse auf. Sie zeigen, dass Soziales im virtuellen Raum eher angeregt wird (z. B. White et al. 1999; Turkle 1995; Stone 1996). Individualisierung kann nicht nur als Vereinzelung interpretiert werden, sondern auch als Ansatz, sich mit potenziell ganz verschiedenen Menschen zu verbinden (siehe z. B. Castells 2000b, S. 358). In diesem Entwurf konstruiert und realisiert das Cyber-Subjekt seine Selbste aktiv, besitzt aber gleichzeitig ein ‚stabiles (reales) Selbst', auf das es sich immer wieder zurückziehen kann. Ein solches Subjekt ist ein offenes und vielfach anschlussfähiges Konzept, „Mitglied multipler Gemeinschaften in multiplen Identitätserscheinungen (..), und es ist die reflexive Auseinandersetzung mit ihnen und zwischen ihnen, die Tendenzen zu Solipsismus und Narzissmus abschwächt" (Cavanagh 2007, S. 110). Dann ist das Selbst „die Summe der (über und von sich selbst geschaffenen, A.S.K.) Mythologien, die über das gesamte Netz verbreitet sind (…). Das Resultat dieses Prozesses ist die Entwicklung eines globalen ‚Schmelztiegel'-Selbst" (Cavanagh 2007, S. 120). Von diesem Typus des Selbst wird von den Vertretern dieser Argumentation erwartet, dass sein „Differenzbewusstsein durch das Akzeptieren und Zueigenmachen (sogar) besonders eingespielt ist" (Cavanagh 2007, S. 121). Cavanagh verweist allerdings mit Recht auf die zahlreiche Literatur, die Probleme behandelt, die entstehen, wenn man versucht, gleichzeitig „widersprüchliche kulturelle Rollen zu besetzen, besonders im Kontext von Multikulturalismus-Ideen. Entsprechend ist es schwierig, die cyberkulturelle These nachzuweisen, dass Widersprüchlichkeit in diesem Sinne eine Quelle sozialer Ordnung sein kann" (Cavanagh 2007, S. 111) – und dies schließt in direktem Sinne an den Einwand an, der hier bereits in der Einleitung gemacht wurde, nämlich dass Differenz an sich nicht für Zusammenhalt trägt, nun auf die Ebene innerhalb des Individuums angewendet.

Ganz grundlegend aber ist die Diskussion an sich infrage zu stellen, ob das Virtuelle soziale Bindungen eher stärkt oder schwächt, also ‚gut' ist oder ‚schlecht'. Die normative Frage drängt sich auf, ist aber zumindest hier nicht die eigentlich interessante. Dies zum einen, weil die jeweiligen empirischen Ergebnisse nicht besonders aussagekräftig sind:

> Die Angst, dass das Internet zum Kollaps der traditionellen Gemeinschaft führen und uns in einer entfremdeten Ödnis von High-Tech-Verbindungen mit Leuten hinterlässt, die wir niemals sehen, trifft auf die gegengewichtige Hoffnung, dass E-Gemeinschaften eine bürgerschaftliche Erneuerung und ein Wiedererscheinen eines verlorenen ‚goldenen Zeitalters' von Kooperation und Unterstützung bieten könnte, aber es gibt wenig empirische Berechtigung, das eine oder andere anzunehmen (Cavanagh 2007, S. 7).

Auch Castells hält grundsätzlich die Debatte für nutzlos, ob das Internet zu neuer Vergemeinschaftung oder aber zu verstärkter Vereinzelung führe. Vertreter beider Argumentationsrichtungen gingen von kleinen Userzahlen aus der Anfangszeit des Internet aus (Castells 2005, S 129 f.) – heutige Voraussetzungen machten es erforderlich, die Diskussion andersartig zu führen (zu einer ausführlicheren Diskussion der Gründe der teilweise gegensätzlichen Forschungsergebnisse zu dieser Frage siehe Burnett und Marshall 2003).

Kehren wir also noch einmal allgemeiner zurück zur Frage, ob sich im Kontext des Virtuellen eine Umdefinition des Gemeinschaftskonzepts lohnen kann. Einen recht weitgehenden Vorschlag macht Jochen Gläser (2005, S. 53): Die Bedingungen virtueller Gemeinschaft seien eine soziale Ordnung bzw. die Herstellung einer solchen, sowie ein Merkmal, das als ‚geteilte Vorstellung' von allen wahrgenommen werde und durch ‚identitätsgeleitetes Handeln' charakterisiert sei. Das allerdings sind erstens sehr weit gefasste Kriterien, die die Frage nahelegen, warum der Begriff der Gemeinschaft überhaupt passend sein sollte. Zweitens haben selbst diese weiten Kriterien nur dann ein Erklärungspotenzial, wenn man von einem – im ‚realen' Sinne – stabilen Subjekt ausgeht, das die Zurechnungseinheit der Gemeinschaftsform sein kann. Das ist ein äußerst kritikwürdiger Kernaspekt dieser Diskussion. Dieser Knackpunkt betrifft allerdings nicht nur die spezifischere Gemeinschaftsdiskussion, sondern die des Sozialen im Allgemeinen, also auch Gesellschaft. Deshalb wird sie im nun folgenden Kapitel ausführlicher geführt.

13.3 Das Subjekt des Virtuellen und seine Darstellung

Eine zentrale Frage in der Diskussion des Virtuellen ist die nach dem Subjekt:

> Nachdem die zentralen Kontrollpunkte für die Verwaltung von Inhalten entfernt wurden, entsteht im Web eine locker verbundene Sammlung von Inhalten und Verbindungen (Links) in einem Ausmaß, das bislang einmalig und in seiner Entwicklung unabsehbar ist. In diesem Web finden sich unzählige Einzeldokumente (,small pieces loosely joined'), die beliebig verbunden und zusammengesetzt werden können.

Was das Web mit den Inhalten gemacht hat, das macht es nun auch mit unseren Institutionen und Strukturen – und mit uns selbst: Auch wir Menschen sind flexibel und in vielen Varianten miteinander verbunden in diesem Netz der kommunikativen Verbindungen (Meckel 2008, o. S., mit Bezug auf Weinberger 2002).

Gibt es dann in diesem Kontext ‚das Individuum' überhaupt noch? Wenn ja, wie ist es genau zu konzipieren? Wenn nein, was ist dann die Zurechnungseinheit für soziale Prozesse vor allem im Sinne von Vergesellschaftung – oder gibt es diese zumindest perspektivisch nicht mehr? Und im Zusammenhang unseres Interesses hier spezifischer: Sind Individuen weiterhin prinzipiell und perspektivisch am Sozialen interessiert und begeben sich auf dieser Grundlage in kommunikativen Austausch, der grundlegend Übereinstimmung und Differenz enthält sowie prinzipiell Strukturen erkennen lassen kann? Eine erste Konkretisierungsmöglichkeit bietet sich dazu über die Frage: Welche Merkmale weist Online-Kommunikation auf, und wer nimmt daran teil und wird dabei irgendwie als Gegenüber anerkannt?

Beteiligung an Online-Kommunikation ist wichtig: Die Teilnahme am virtuellen Netzwerk wird mittlerweile als eine zentrale Facette menschlicher Individualität bewertet; manche gehen so weit, den Zugang zur Informations- und Kommunikationstechnologie als Bürgerrecht zu fordern (Webster 2006, S. 107; eine interessante Weltkarte, die eine Weltordnung gemessen an Internetzugängen abbildet, zeigt die Internetseite *Age of Empires,* http://geography.oii.ox.ac.uk/?page=age-of-internet-empires). Doch auch relativ gleich verteilter Zugang zur Technologie garantiert selbstverständlich kein Gleichsein von Individuen. Zwar mögen Benachteiligungen von Minderheiten auf der jeweiligen Plattform reduziert sein (Giddens et al. 2009, S. 134), aber Macht und Ungleichheit sind weiter vorhanden und wirksam. Ungleichheit wird somit weiter differenziert und individualisiert, auch im Sinne zunehmender Zurechnung von Schwierigkeiten auf das Individuum selbst, weist aber anhaltend erkennbare, spezifische Strukturen auf (zum Aspekt sich differenzierender und partiell sogar verschärfender Ungleichheit siehe Schroer 2012, S. 267 ff.). Hinsichtlich Macht geht es zum einen um den Transfer vom Realen ins Virtuelle, also z. B. die Frage der materiellen oder ideologischen Ausstattung im weiteren Sinne. Zum anderen weist das Virtuelle zusätzliche eigene Machtstrukturen auf: Mobbing, sogenannte Shitstorms oder andere Formen des Online-Shaming fallen oft besonders massiv aus, weil unklare Gruppengrenzen und somit vergleichsweise instabile zugrunde liegende moralische Rahmen zugrunde liegen und die Einzelne oder den Einzelnen ins Visier genommen wird. Dabei lässt sich Macht weniger anhaltend zurechnen, beispielsweise Personen oder Institutionen, sondern manifestiert sich typisch als

13.3 Das Subjekt des Virtuellen und seine Darstellung

Prozess, dessen Wirksamkeit häufig von seiner Tauglichkeit zur – in der Regel punktuellen – Massenmobilisierung abhängt.

Noch grundlegender gilt: Selbst bei potenziell gegebenen technischen Prärequisiten ist nicht jeder automatisch Teil der virtuellen Gesellschaft. Wie bei jeder anderen Gesellschaftsform auch bedarf die Teilnahme und möglicherweise Zugehörigkeit einer Aktivierung – ansonsten ist sie zunächst lediglich Potenzial. Und diese Aktivierung liegt bei virtueller genau wie bei anderen Formen von Gesellschaft in der Frage des kommunikativen Austausches, genauer: der Wechselwirkung und ihrer potenziell vergesellschaftenden Wirkung.

Wenn aber teilgenommen wird, ist eine Reihe von Selbst-Entgrenzungen zu erkennen. Generell schaffen sich Individuen ihre eigenen Welten und überspringen dabei Raum- und oft auch Zeitgrenzen: „Jeder User schafft sich gewissermaßen seine eigene Topologie/Topografie" (Schroer 2012, S. 274). Dabei ist aufgrund der technischen Gegebenheiten der Radius der Selbst-Verbreitung größer und ihre Manifestation schneller. Zwar sind auch in der virtuellen Kommunikation Rollen aufgeteilt, allerdings flexibler: So gibt es stets Aktive und Publikum – allerdings mit hohem Potenzial, diese Rollen schnell zu wechseln, womit sich im Individuum in zeitlicher Perspektive häufig beide Rollen abwechseln oder auch zeitgleich verschränken. Die Verbindung zwischen Körper und Geist erfährt ebenfalls eine Relativierung: Während in face-to-face-Kommunikationen Körper und Geist nicht zu trennen sind, ist in virtueller Kommunikation „der menschliche Geist anwesend (..), aber der bzw. die Körper sind abwesend" (Giddens et al. 2009, S. 133). Genauer beschreibt Wertheim: „In ganz grundlegender Weise ist der Cyberspace ein *anderer* Ort. Wenn ich im Internet unterwegs bin, kann mein ‚Standort' nicht mehr nur im rein physikalischen Raum ausgemacht werden" (Wertheim 2000, S. 251). Und weiter: „Wenn ich in den Cyberspace ‚gehe', bleibt mein Körper auf dem Stuhl sitzen, aber ‚ich' – oder doch ein Aspekt von mir – bin in einen anderen Zusammenhang versetzt, der während dieser Zeit, das spüre ich genau, seine eigene Logik und Geographie hat. Natürlich ist das eine andere Art von Geographie als die, die ich in der physikalischen Welt erfahre, aber sie ist nicht weniger wirklich, nur weil sie nicht materiell ist" (ebd., S. 252). Bedeutet das eine *Bilokalität* (Schroer) des Subjektes – oder ist selbst das noch nicht weitgehend genug? Letzteres nimmt Sherry Turkle an, die behauptet, dass ‚das Online-Selbst' dauernd konstruiert werde, sich damit auch seine Machtbeziehungen ständig neu formten und damit die Vorstellung eines stabilen Subjekts gänzlich zu verabschieden sei (Turkle 1995, S. 10 ff.). Auch für Gane kann grundsätzlich die Vorstellung des Menschen als besondere und diskrete Einheit nicht aufrechterhalten werden, mit der Konsequenz, dass auch das Soziale grundlegend transformiert werde: „Internet-bezogene Technologien haben direkt die Strukturierung des Alltagslebens gewandelt (…). Deshalb ist es möglich, von einem qualitativ neuen Feld soziologischer Analyse zu sprechen, das ‚das Informationszeitalter' genannt werden kann" (Gane 2005, S. 475).

Es ist allerdings nicht möglich, die Teilnehmenden an der virtuellen Welt als gänzlich flexibel zu interpretieren. Alles, was Online als sinnvolle und anschlussfähige Repräsentation im weiteren Sinne gelten soll, muss eine Verankerung im Realen haben – wohlgemerkt ohne dass es sich um einen schlichten Transfer ‚vom Realen ins Virtuelle' handelte. Kollektive Aspekte, die auf das Individuum wirken, sind auch im Virtuellen wirksam und einzubeziehen (siehe auch Cavanagh 2007, S. 132; spezifischer zum kollektiven Handeln im Internet siehe Dolata und Schrape 2014). Das gilt insbesondere für einen sozial-moralischen Rahmen: „(D)ie Tatsache, dass Teilnehmer im Online-Kontext sinnvolle Identitäten repräsentieren, bestätigt diese Umwelt als inhärent sozial – einen Kontext, in dem Teilnehmer Interaktionen als durch andere wahrgenommen bewerten (…). (Damit sind sie) (…) in einem Kontext, in dem man sich mit anderen identifizieren und identifiziert werden kann" (Waskul und Douglass 1997, S. 378). Und damit ist auch noch einmal die Frage von Raum und Zeit adressiert: Was an Gedanken und Ideen ‚eingefüttert' wird, kommt notwendig aus je spezifisch sozialisierten Individuen, wodurch die Vermittlung von Zeit und Ort zwar indirekter wird, aber im Prinzip fortbesteht: Das Virtuelle „wird von den gleichen Menschen gemacht, bevölkert und bewohnt, die auch die realen Räume bewohnen, und von denselben gesellschaftlichen Strukturen gestaltet und geprägt, die auch das Antlitz der realen Räume prägen" (Schroer 2012, S. 266; Beispiele dazu 269 f.). Stellen wir uns zur genaueren Klärung kurz den Extremfall vor, dass ein Individuum seinen sozial (und damit auch in irgendeiner Form räumlich) geprägten Charakter völlig aufgibt. Doch ist das wirklich vorstellbar? Man mag Alter oder Geschlecht im virtuellen Auftritt verändern, bezieht sich dabei aber weiterhin auf die gesellschaftlich gesetzten und akzeptierten Ordnungsformate ‚Alter' und ‚Geschlecht'. Man mag Inhalte der Kommunikation, z. B. Meinungen, stark abändern, ist aber auch dabei auf eine generelle Orientierung an den auch ‚real' geltenden Mustern angewiesen, da ansonsten ab einem gewissen Punkt Kommunikation mit anderen nicht mehr möglich ist, weil keinerlei Anschlussfähigkeit mehr gegeben ist. Entsprechend sind „die spezifischen Formen sozialer Interaktion und die Selbstbilder, die wir annehmen, bedeutungslos und unmöglich ohne einen geteilten sozialen Rahmen, innerhalb dessen sie verstanden werden können" (Cavanagh 2007, S. 130).

Es ist also Vorsicht bei Versuchen angebracht, auf der Grundlage eines totalflexibilisierten Subjektes das Online-Soziale zu interpretieren als „fantastisch

13.3 Das Subjekt des Virtuellen und seine Darstellung

und unwirklich, statt als praktisch, effektiv und sozial konstruiert" (Wynn und Katz 1997, S. 300). Wenn wir die auch im Virtuellen bestehende soziale Konstruiertheit anerkennen, wird die Utopie der schlechthin besseren virtuellen Welt hinfällig – was ja auch die Praxis von Cyber-Mobbing bis Kinderpornografie hinreichend zeigt. Dies hat konzeptuelle Folgen: Dann sind keine gänzlich anderen Instrumente zur Analyse des Virtuellen zu entwickeln als wir sie in der bisherigen, sich auf ‚das Reale' beziehenden soziologischen Forschung nutzen – mit dem entscheidenden Hinweis, dass die bisherige Forschung kritisch auf ihre Flexibilität hin betrachtet werden muss, wie bereits hier und an anderen Stellen unternommen.

Auch diese Diskussion, so hat sich gezeigt, steht zwischen zwei überkonstruierten Gegensätzen. Das Paradoxon, das mit einer Überflexibilisierung verbunden ist, fasst Cavanagh treffend zusammen: „Wenn Selbstrealisierung, wie Postmodernisten argumentiert haben, eine Zuflucht vor der Bedeutungslosigkeit der Welt ohne Meta-Narrativ (i. S. einer umfassenden, allgemeingültigen Welterklärung, A.S.K.) ist, dann ist schwer zu verstehen, wie das mit dem ebenfalls postmodernen Feiern des Identitätsspiels als Selbst-Vernichtung zusammenpasst. Man kann nicht gleichzeitig behaupten, dass Leute vor der gleichen Sache fliehen und bei ihr Zuflucht suchen" (Cavanagh 2007, S. 125). Gleichzeitig wird jedoch ‚reale' Identität oder Subjektivität als übermäßig kompakt und monolithisch konstruiert – und wieder stellt sich der Verdacht ein, dass dies eher die Funktion eines herbeigewünschten Gegners erfüllt, dem dann das so ansprechend flexible Virtuelle möglichst kontrastreich gegenübergestellt werden kann.

Hier ist festzuhalten: Trotz erheblicher Flexibilitäten sind Strukturen des virtuellen Sozialen zu erkennen, die teilweise hochflexibilisiert, aber immer noch an irgendwie sozial geordneten Konzepten orientiert über Individuen und gegebenenfalls ihre Selbste in den virtuellen ‚Raum' vermittelt und dabei auf eigene Weise realisiert werden. Auch virtuelle Kommunikation steht und fällt mit sinnhafter Bezogenheit aufeinander über Ausdrucksformen und -inhalte, die in der Praxis des Austausches in der Regel einem – vielleicht gänzlich, oft zumindest partiell vorgestellten – Gegenüber zugerechnet werden. Damit bleibt die Frage der Teilnehmenden zentral, allerdings ist das Individuum deutlich volatiler und vor dem Hintergrund stark erweiterter Selbst-Gestaltungsmöglichkeit potenziell aufgesplittet. In diesem Sinne bleibt die in diesem Buch adressierte grundlegende Frage zu Gesellschaft auch im virtuellen Kontext gültig, ist aber modifiziert anzugehen.

13.4 Kapitelfazit: Konflikt und die virtuelle Gesellschaft

Damit stellt sich die Frage, wie sich die grundsätzliche und für Gesellschaft notwendige kommunikative Bezogenheit aufeinander in der virtuellen Gesellschaft gegebenenfalls auf spezifische Weise zeigt. Zu unterscheiden sind dabei, wie bereits oben benannt, die theoretisch-technischen Bedingungen des Beitragens von den realen Beiträge und ihren typischen Strukturen.

Anzunehmen, dass das Internet ein „inhärent anti-autoritäres Medium sei, und als solches auf einzigartige Weise Debatte und Diskussion ermöglichen könne (…), reduziert sich im Grunde auf die Behauptung, dass, weil keine Mechanismen da sind, die es verhindern, rationale Debatte und Interaktivität natürlicherweise entstehen" (Cavanagh 2007, S. 82). Das ist zu kurz gegriffen. Eine wichtige Frage ist allerdings, ob es bestimmte Kommunikationsformen gibt, die unter den gegebenen technischen Bedingungen besonders wahrscheinlich sind. Falls ja, welche potenziellen Folgen haben sie für die erläuterten Zusammenhänge von Kommunikation, Konfliktanteilen und Vergesellschaftungspotenzialen und damit schließlich für den Begriff der Gesellschaft selbst?

Eine erste charakteristische Eigenschaft der virtuellen Kommunikation ist, dass sich Ähnlichkeiten bündeln: „Leute tendieren dazu, von Medien (-Beiträgen, A.S.K.) angezogen zu werden, die ihre eigenen Einstellungen bestätigen oder verstärken (…). Entsprechend gilt, dass, obwohl ‚jeder alles sagen kann', man in der Realität meist ähnliche Dinge sagt" (Cavanagh 2007, S. 87). Dieses Kommunikationsverhalten geht auf dem erläuterten Kommunikationskontinuum stark in die Richtung des Harmoniepols – was grundsätzlich ein Problem für Vergesellschaftung anzeigt. Ein zweites typisches Problem kann als ‚Interaktionslärm' bezeichnet werden. Dadurch, dass so viele so vieles ‚beitragen', was gar nicht im Einzelnen aufgefasst und verarbeitet werden kann, lässt sich das Internet auch mit einem sehr lauten Raum vergleichen – was ebenfalls Austausch verhindern kann und Potenziale für Missverständnisse bietet (siehe Cavanagh 2007, S. 87). Ein Risiko besteht also schlicht darin, dass wir monologisieren statt in Dialogen zu stehen (empirische Ergebnisse dazu bietet Wilhelm 2000).

Ein weiteres, daran anschließbares Argument bietet Tannen: „Wenn Technologie sowohl Geschwindigkeit als auch Anonymität bietet, produziert sie ein Gebräu, das Feindseligkeit und Angreifen entfachen kann" (Tannen 1999, S. 252) – umso mehr, weil Vermittlungsinstanzen und -mechanismen ganz weitgehend fehlen. Das steht für die Problematik des zweiten Pols – Eskalation des Dissenses –, und damit

13.4 Kapitelfazit: Konflikt und die virtuelle Gesellschaft

wäre die bereits als hochproblematisch erkannte Kombination von beiden Extrempolen des entwickelten Kontinuums gegeben. Das gilt ebenfalls für das Risiko, dass Debatten sich polarisieren und dann in verschiedene Web-Orte gleichsam zerfallen (Sunstein 2001). Die Folge ist eine Gleichzeitigkeit von Kommunikationsabbruch hinsichtlich Dissens und Kommunikationsleere hinsichtlich Übereinstimmung. Auf dieses Weise werden Themen also tendenziell kaum oder gar nicht mehr mit Vergesellschaftungspotenzial besprochen.

Dies sind wichtige Aspekte, wenn, wie hier, die Frage von Gesellschaft anhand von Kommunikation mit Übereinstimmungs- sowie Konfliktanteilen, Wechselwirkung und Vergesellschaftungspotenzialen bewertet wird. Weitergehend ganz grundlegend fraglich würde Gesellschaft, wie im vorangehenden Unterkapitel diskutiert, im vorgestellten Extremfall eines Individuums, das seinen sozial geprägten Charakter völlig aufgibt. Obwohl das prinzipiell im Extrem abgelehnt wurde, ist zu berücksichtigen, dass Zuschreibungsmöglichkeiten zu Individuen aufgrund ihres im Virtuellen typisch volatileren Subjektstatus reduziert sind.

Die These lautet hier: Die ganz grundlegende Konstellation einer Kombination von Antagonismus und Übereinstimmung bleibt auch in der virtuellen Gesellschaft als Prinzip erhalten – sie kann sich jedoch als weniger verbindlich zeigen aufgrund der im Virtuellen stärkeren Möglichkeiten, sich Kommunikation zu entziehen bzw. sie homogener zu gestalten.

Inwiefern präzisiert und verbessert die Analyse des Virtuellen also Fragen zu Gesellschaft im Prinzip? Dazu sind hier vor allem zwei Aspekte zu nennen. Erstens bestätigt sie den Nutzen des erstellten Kontinuums, und insbesondere die Aufmerksamkeit für die Kombination beider Extreme. Und zweitens zeigt sie noch einmal ganz deutlich das Erfordernis, mit den Instrumenten der Gesellschaftsanalyse einerseits flexibel umzugehen, andererseits aber auch nicht jedwede Struktur von vornherein abzulehnen.

Fazit 14

Unsere Ausgangsfrage lautete: *Gesellschaft* – ja oder nein? Dazu wurde eine Reihe von Argumenten und dazugehörigen Begriffen vorgestellt, zum einen solche, die eine Ablösung des Gesellschaftskonzeptes forderten, z. B. durch Mobilität, zum anderen solche, auf deren Grundlage die anhaltende Bedeutsamkeit des Gesellschaftsbegriffes deutlich gemacht werden sollte, vor allem Konflikt. Ganz grundsätzlich wurde hier die Position vertreten, dass es nicht sinnvoll ist, das Konzept Gesellschaft gänzlich aufzugeben. Das durch das Buch entwickelte Argument soll im Folgenden noch einmal knapp zusammengefasst werden.

Gesellschaft ist ein hochgradig flexibler Begriff, der allerdings auf eine Weise theoretisiert werden muss, die seine *sui generis*-Eigenschaften verdeutlicht, also so, dass erkennbar wird, dass sein zugrunde liegendes Prinzip unabhängig von Zeit und geografischem Ort gilt. Dazu müssen die Prinzipien von Heterogenität und Homogenität grundlegend verbunden werden. Das bedeutet auch eine Ablehnung jedweder einseitigen Überbetonung sowie eines einfachen Konstatierens und Nebeneinanderstellens beider Elemente. Ebenfalls ist es nicht weiterführend, beide lediglich normativ zu ‚verkleben'. Stattdessen müssen sie systematisch aufeinander bezogen werden, und diese Beziehung ist theoretisch zu erklären.

Konflikt ist das Konzept, das es uns erlaubt hat, diese Aufgabe anzugehen und einen Vorschlag zur Diskussion und zum Verständnis von Gesellschaft zu machen. Dies liegt darin begründet, dass in Konflikt beide genannten Elemente konzeptuell genuin verbunden sind. Auch spiegelt seine Ergebnisoffenheit – an dieser Stelle seien vereinfachend und zusammenfassend nur Integration und Desintegration genannt – die für eine Bestimmung von Gesellschaft unabdingbare Flexibilität wider. Um ein konkreteres Bild von Gesellschaft formulieren zu können, wurde ein Kontinuum mit den beiden Polen ‚absoluter Krieg' und ‚totale Übereinstimmung' abgeleitet. Es ist wichtig, anzuerkennen, dass beide Pole gleichermaßen problematisch sind für Gesellschaft, da sie beide keine Kombination von Dissens und Übereinstimmung mehr bieten und somit keinen Ansatzpunkt für sozialen Austausch, Wechselwirkung und Vergesellschaftung. Also kann Gesellschaft nur auf dem breiten mittleren Spektrum stattfinden.

Auf dieser Grundlage wird Gesellschaft hier verstanden als ein fortlaufender Prozess des Balancierens von Differenz und Ähnlichkeit, von Dissens und Übereinstimmung über sozialen Austausch, der stets einen Konfliktanteil enthält. Dieser Prozess verläuft nicht gleichmäßig und ist durch viele Facetten, Ungleichzeitigkeiten und Widersprüche charakterisiert. Dabei ist eine doppelte Relevanz von Gesellschaft erkennbar: Zum einen beruht sie auf der gerade noch einmal zusammengefassten flexiblen Struktur, und zum anderen auf ihrer im Verlauf dieses Buches mehrfach besprochenen Wahrnehmungsdimension. Letzteres bezieht sich auch auf die praktische Kraft performativer Klassifikationen: jeder Anspruch und auch nur Bezug auf etwas vermeintlich Objektives repräsentiert und manifestiert institutionelle Festschreibungen. So behandeln auch wir Gesellschaft wie etwas Bestimmtes, einer spezifischen, anerkannten Kategorie entsprechend, und setzen sie damit fest.

Um das Argument zu präzisieren, sind mehrere Aspekte in die konzeptuell orientierte Diskussion einbezogen worden, die spezifisch für heutige Gesellschaften sind. Drei zentrale Begriffe sollen an dieser Stelle noch einmal hervorgehoben werden: *Globalisierung, Mobilität* und *virtuelle Gesellschaft*.

Auf den Punkt gebracht lautete die Frage zur *Globalisierung* in unserem Zusammenhang: Erfordert Globalisierung einen Bruch mit bisherigen Forschungsweisen der Soziologie? Gerade in ihrem Kontext und unter Einbeziehen vieler mit ihr in Zusammenhang stehenden Begriffe – Mobilität, Netzwerk, Flexibilität etc. – erscheint auf den ersten Blick ein insbesondere aus der traditionellen Soziologie bekannter Begriff wie Gesellschaft unpassend, zu statisch und schlicht veraltet. Genauer ist zu fragen: Bedeutet Globalisierung einen lediglich quantitativen Wandel oder auch einen qualitativen Bruch, der ganz grundlegende Folgen für soziologische Konzeptualisierungen haben müsste? Geht man, wie in diesem Buch geschehen, davon aus, dass Globalisierung eine lange Geschichte hat und entsprechend ein graduelles und kein absolutes Phänomen ist, kann kein grundlegender Umbruch für die soziologische Theorie gefordert werden, sehr wohl aber ein offener Blick für wichtige Schwerpunktsetzungen.

Die zentrale Frage, die über den Globalisierungsaspekt in die Diskussion von Gesellschaft eingebracht bzw. unvermeidbar wird, ist die nach Ein- und Ausgrenzung. Fällt dieser Aspekt des Sozialen mit Globalisierung weg – und lässt sich damit Gesellschaft schlicht nicht mehr besprechen? Dies ist in meinen Augen aus zwei Gründen zu verneinen. Erstens gibt es bereits – auch soziologische – Versuche,

14 Fazit

ein Außen zum Globalen vorzustellen. Robertson beispielsweise bespricht in einer soziologischen Perspektive außerirdische Intelligenz. Inhaltlich mag man davon halten, was man möchte, formal ist dies jedoch nicht unerheblich: damit ist die klassische Struktur von innen und außen, selbst und fremd neu verortet, die Dynamik aber im Prinzip bestätigt und potenziell unendlich gestellt. Der aus meiner Sicht wichtigere und analytisch umfassendere Aspekt entsteht jedoch aus einer Verlagerung der Frage nach innen: Es geht um die Frage der Anerkennung, wer wie und warum dazugehört und wer nicht. Wen erkenne ich als mir im weiteren Sinne gleichwertig an, sodass sie/er zum sozialen Austausch taugt? Wer wird also zum legitimen Partner in der Gesellschaft? Auch das ist in keinem Fall schlichtweg ‚jeder'. Damit findet Ein- und Ausgrenzung weiter recht systematisch statt, sowohl nach außen als auch nach innen, sodass Gruppenformierung an sich als Konstante menschlicher Existenz gelten muss, mit kontingenten – also weder völlig zufälligen, noch gänzlich determinierten –, je spezifischen Formen und Themen sowie mit der generellen Funktion, einen Rahmen für individuelle physische, psychische und allgemein soziale Existenz anzubieten und darüber hinaus Sinn gebend zu wirken. Auch in dieser Hinsicht besteht also kein Anlass zu einer vollständigen Neuorientierung.

Andererseits aber kann Globalisierung sehr wohl dazu dienen, soziologische Konzepte zurechtzurücken, die sich klassisch immer schon zu stark am Modell der Nationalstaatsgesellschaft orientiert haben. Sie und ihre Erscheinungsformen bieten also einen Anlass, sich die erforderliche konsequente Offenheit soziologischer Begriffe bewusst zu machen, und insbesondere solche mit Bezug auf Gesellschaftstheorie.

Da *Mobilität* in sehr engem Zusammenhang mit Globalisierung steht, ja eines ihrer konstitutiven Elemente ist, soll hier nur kurz angemerkt werden, dass sie gleichsam einen Differenzaktivator darstellen kann. Mit wachsender Mobilität, so lässt sich vermuten, wird Differenz an ein und demselben Ort sichtbarer und möglicherweise vermehrt ausgetragen. Ein Gegenargument lautet allerdings, dass eine Gewöhnung an Differenz stattfindet und sie entsprechend weniger wahrgenommen wird, sodass es eher zu weniger sozialem Austausch kommt. Es ist demnach Aufgabe empirischer Arbeit, zu überprüfen, unter welchen Bedingungen der Schritt von Mobilität zu Differenz auch in Konflikt im theoretisierten Sinne transformiert wird, es dadurch zu verstärktem gesellschaftsbildendem Austausch kommt, welche Akteure wie und unter welchen (sich wandelnden) Mobilitätskonditionen teilnehmen etc.

Wie stellen sich jedoch die Chancen auf Vergesellschaftungsprozesse in virtuellen Welten dar? Diese machen einen wichtigen Anteil unseres ‚realen' Lebens aus und haben für die Gesellschaftsfrage im Prinzip Bedeutung. Generell gilt: Um das Potenzial zur Wirksamkeit im Sinne von Vergesellschaftung zu haben, ist eine Aktivierung von Differenz im Sinne einer Konfliktaustragung erforderlich. Für deren Umgehen scheinen neuere Kommunikationsformen allerdings problematische Mechanismen zu verstärken, die wir auch aus der ‚realen Welt' kennen. Damit wird über die Betrachtung der virtuellen Gesellschaft unsere Aufmerksamkeit auch auf sich potenziell verstärkende Problembereiche von Kommunikation gelenkt, die sich entweder dem einen oder dem anderen Ende des Kontinuums annähern bzw. beide verbinden.

Was also ist vom Gesellschaftsbegriff zu erwarten? Die Art der Einheit, die auf der Konzeption von Gesellschaft entstehen kann, ist natürlich keine gänzlich statische, die auf einem quasi natürlichen Zugehörigkeitsgefühl basiert, so wie idealtypisch im Kontext von Gemeinschaft beschrieben, sondern eine Einheit als Potenzial im Sinne einer anhaltend prekären und sich stets in Bewegung befindlichen Balance. Damit soll der Begriff heute das erfüllen, was er eigentlich schon immer erfüllen sollte: Den Prozess anzuzeigen, wie fortlaufend Balancen zwischen Offenheit und Schließungen angestrebt und dabei flexible Strukturen sowie Variationen und Neuformungen erkennbar werden. Dies ist im Gesellschaftsbegriff, wie er hier konzeptualisiert wurde, besser angelegt als in allen Konkurrenzbegriffen, die wir uns daraufhin angesehen haben. Überwunden werden muss in erster Linie das Vorurteil des Statischen im Begriff der Gesellschaft, dann kann – auch empirisch – mit ihnen gearbeitet werden.

Literatur

Adorno, Theodor W. (1951): *Minima Moralia*. (Gesammelte Schriften, Band 4). Frankfurt a.M.: Suhrkamp.
Adorno, Theodor W. (1972): *Soziologische Schriften I*. (Gesammelte Schriften, Band 8). Frankfurt a.M.: Suhrkamp.
Adorno, Theodor W. (1977): *Kulturkritik und Gesellschaft*. (Gesammelte Schriften, Band 10). Frankfurt a.M.: Suhrkamp.
Alba, Richard (1985): *Italian Americans: Into the twilight of ethnicity*. Englewood Cliffs, N.J.: Prentice Hall.
Alba, Richard (1990): *Ethnic Identity: The transformation of white America*. New Haven, Conn.: Yale University Press.
Alba, Richard/Nee, Victor (2003): *Remaking the American Mainstream: Assimilation and Contemporary Immigration*. Cambridge: Harvard University Press.
Albrow, Martin (1996): The Global Age. Oxford: Polity Press.
Anderson, Benedict (1991): *Imagined communities: reflections on the origin and spread of nationalism*. London: Verso.
Antweiler, Christoph (2015): ‚Die soziale Konstruktion kultureller Grenzen und das Management von Vielfalt. Fredrik Barth: „Ethnic Groups and Boundaries"‘, in: Reuter, Julia/Mecheril, Paul (Hg): *Schlüsselwerke der Migrationsforschung*. Wiesbaden: Springer, 245–262.
Appadurai, Arjun (2011): 'Vom Risiko des Dialogs', in: Stemmler, Susanne (Hg): *Multikultur 2.0. Willkommen im Einwanderungsland Deutschland*. Bonn: Bundeszentrale für politische Bildung, 25–36.
Augé, Marc (1995): ‚Krise der Identität oder Krise des Andersseins? Die Beziehung zum Anderen in Europa‘, in: Kaschuba, Wolfgang (Hg): *Kulturen – Identitäten – Diskurse. Perspektiven Europäischer Ethnologie*. Berlin: LIT, 85–100.
Balibar, Étienne (2004): *We, the People of Europe? Reflections on Transnational Citizenship*. Princeton/NJ: Princeton University Press.
Balog, Andreas (1999): ‚Der Begriff „Gesellschaft". Konzeptuelle Überlegungen und Kritik seiner Verwendung in Zeitdiagnosen‘, in: *Österreichische Zeitschrift für Soziologie* 24/1, 66–93.
Barney, D. (2004): *The Network Society*. Cambridge: Polity.

Barth, Fredrick (1969): 'Introduction', in: Ders. (Hg): *Ethnic groups and boundaries. The social organization of culture difference*. Bergen: Universitetsforlaget, 9–38.
Bartos, Otomar J./Wehr, Paul (2002): *Using Conflict Theory*. Cambridge: Cambridge University Press.
Bauman, Zygmunt (1997): *Postmodernity and its Discontents*. London: Polity.
Bauman, Zygmunt (2000): *Liquid Modernity*. Cambridge: Polity.
Bauman, Zygmunt (2008): *Community. Seeking Safety in an Insecure World*. Cambridge: Polity.
Beck, Ulrich (1997): *Was ist Globalisierung? Irrtümer des Globalismus – Antworten auf Globalisierung*. Frankfurt a.M.: Suhrkamp.
Beck, Ulrich (2000): *What is Globalization?* Cambridge: Polity.
Beck, Ulrich/Grande, Edgar (2007): *Cosmopolitan Europe*. Cambridge: Polity.
Becker, Howard S. (1981): *Außenseiter. Zur Soziologie abweichenden Verhaltens*. Frankfurt a.M.: Fischer.
Bell, Daniel (2004): *Die Postindustrielle Gesellschaft*. Wiesbaden: VS.
Benhabib, Seyla (2006): *Another Cosmopolitanism*. New York: Oxford University Press.
Berg, Eberhard/Fuchs, Martin (1993): 'Vorwort', in: Berg, Eberhard/Fuchs, Martin (Hg) (1993): *Kultur, soziale Praxis, Text. Die Krise der ethnographischen Repräsentation*. Frankfurt a.M.: Suhrkamp, 7–10.
Berger, Peter L./Luckmann, Thomas (1966): *The Social Construction of Reality*. New York: Anchor Books.
Blokker, Paul (2006): 'The Post-Enlargement European Order: Europe 'United in Diversity'?', in: *European Diversity and Autonomy Papers EDAP* 1/2006.
Bourdieu, Pierre (1991): *Language and symbolic power*. Cambridge: Polity Press.
Bühl, Achim (1997): *Die virtuelle Gesellschaft. Ökonomie, Politik und Kultur im Zeichen des Cyberspace*. Wiesbaden: Springer Fachmedien.
Bühl, Walter L. (Hg) (1972): *Konflikt und Konfliktstrategie. Ansätze zu einer soziologischen Konflikttheorie*. München: Nymphenburger Verlagshandlung.
Bühl, Walter L. (1976): *Theorien sozialer Konflikte*. Darmstadt: Wissenschaftliche Buchgesellschaft.
Burnett, Robert/Marshall, David (2003): *Web Theory: An Introduction*. London: Routledge.
Burton, John W. (1972): *World Society*. Cambridge: Cambridge University Press.
Carver, Thomas N. (1908): 'The Basis of Social Conflict', in: *American Journal of Sociology*, 13, 628–37.
Castells, Manuel (2000a): 'Toward a Sociology of the Network Society', in: Contemporary Sociology 29/5, September, 693–699.
Castells, Manuel (2000b): *The Rise of the Network Society*. Oxford: Blackwell.
Castells, Manuel (2004): 'An Introduction to the Information Age', in Webster, Frank (Hg.): *The Information Society Reader*. London/New York: Routledge, 138–149.
Castells, Manuel (2005): *Die Internet-Galaxie. Internet, Wirtschaft und Gesellschaft*. Wiesbaden: VS.
Castoriadis, Cornelius (1987): *The Imaginary Institution of Society*. Cambridge: Polity Press
Cavanagh, Allison (2007): *Sociology in the Age of the Internet*. Maidenhead: Open University Press.
Cohen, Anthony P. (1985): *The symbolic construction of community*. London/New York: Routledge.

Coser, Lewis (1964/1956): *The Functions of Social Conflict*. London: Routledge.
Dahme, Heinz-Jürgen/Rammstedt, Otthein (1984): ‚Die zeitlose Modernität der soziologischen Klassiker', in: dies. (Hg): *Georg Simmel und die Moderne*. Frankfurt a.M.: 449–478.
Dahrendorf, Ralf (1957): Soziale Klassen und Klassenkonflikt in der industriellen Gesellschaft. Stuttgart: Enke.
Dahrendorf, Ralf (1972): *Konflikt und Freihheit*. München: R. Pieper und Co.
Delanty, Gerard (2003): *Community*. London: Routledge.
Delanty, Gerard (2009): *The Cosmopolitan Imagination*. Cambridge: Cambridge University Press.
Delanty, Gerard/Rumford, Chris (2005): *Rethinking Europe. Social Theory and the implications of Europeanization*. London/New York: Routledge.
Delhey, Jan (2004): 'European Social Integration. From Convergence of Countries to Transnational Relations between Peoples'. http://www.ssoar.info/ssoar/files/usbkoeln/2009/863/europeansocialntegration.pdf (accessed 10th of January 2011).
Dolata, Ulrich/Schrape, Jan-Felix (2014): 'Kollektives Handeln im Internet. Eine akteurtheoretische Fundierung', in: *Berliner Journal für Soziologie* 24, 5–30.
Donnan, Hastings/Wilson, Tom (1999): *Borders: Frontiers of Identity, Nation and State*. Oxford: Berg.
Douglas, Mary (1991): *Purity and Danger. An Analysis of the Concepts of Pollution and Taboo*. London/New York: Routledge.
Driskell, Robyn B./Lyon, Larry (2002): ‚Are Virtual Communities True Communities', in: *City & Community* 1/4, 373–390
Dubiel, Helmut (1998a): ‚Cultivated Conflicts', *Political Theory* 26/2: 209–220.
Dubiel, Helmut (1998b): ‚Integration durch Konflikt?', in Friedrichs, J./Jagodzinski, W. (Hg.): *Soziale Integration*. Sonderheft der *KZfSS* 39: 132–143.
Durkheim, Emile (1984): *Die elementaren Formen des religiösen Lebens*. Frankfurt a.M.: Suhrkamp.
Durkheim, Emile (1992): *Über soziale Arbeitsteilung. Studie über die Organisation höherer Gesellschaften*. Frankfurt a.M.
Durkheim, Emile (2002): *Die Regeln der soziologischen Methode*. Frankfurt a.M.: Suhrkamp.
Durkheim, Emile (2006): Der Selbstmord. Frankfurt a.M.: Suhrkamp.
Dürrschmidt, Jörg/Taylor, Graham (2007): *Globalization, Modernity and Social Change: Hotspots of Transition*. Houndsmills, Basingstoke: Palgrave Macmillan.
Eisenstadt, Shmuel (2002): *Multiple Modernities*. Piscataway, NJ: Transaction Publishers.
Elias, Norbert (1997a): *Über den Prozess der Zivilisation*. Erster Band. Frankfurt: Suhrkamp.
Elias, Norbert (1997b): *Über den Prozess der Zivilisation*. Zweiter Band. Frankfurt: Suhrkamp.
Elias, Norbert (1997c): *Die höfische Gesellschaft*. Frankfurt: Suhrkamp.
Elias, Norbert (2007): *Was ist Soziologie?* Weinheim/München: Juventa.
Ellrich, Lutz (1999): ‚Zwischen „wirklicher" und „virtueller" Realität. Über die erstaunliche Wiederkehr des Realen im 'virtuellen', in: Hogger, Claudia et al. (Hg): *Grenzenlose Gesellschaft?* Opladen: Westdeutscher Verlag.

Eigmüller, Monika (2006). Der duale Charakter der Grenze. Bedingungen einer aktuellen Grenztheorie. In ders. & G. Vobruba (Hg.), *Grenzsoziologie. Die politische Strukturierung des Raumes* (S. 55–74). Wiesbaden: VS.
Eigmüller, Monika (2008). Subversionen an Staatsgrenzen – eine Einleitung. In dies. & A. Müller (Hg.), *Subversionen am Rande. Grenzverletzungen im 20. und 21. Jahrhundert* (S. 13–22). Leipzig: Leipziger Universitätsverlag.
Eigmüller, Monika/Vobruba, Georg (2006). Einleitung: Warum eine Soziologie der Grenze? In dies. (Hg.), *Grenzsoziologie. Die politische Strukturierung des Raumes* (S. 7–11). Wiesbaden: VS.
Esposito, Roberto (2004). *Immunitas. Schutz und Negation des Lebens*. Zürich: Diaphanes.
Esser, Hartmut (2000): *Soziologie. Spezielle Grundlagen, Band 2: Die Konstruktion der Gesellschaft*. Frankfurt a.M./New York: Campus.
Esser, Hartmut (2004a): 'Does the 'New' Immigration Require a 'New' Theory of Intergenerational Integration?', in: *International Migration Review* 38/3, 1126–1159.
Esser, Hartmut (2004b): Welche Alternativen zur „Assimilation" gibt es eigentlich? In: Klaus J. Bade/Michael Bommes (Hg.): *Migration – Integration – Bildung. Grundfragen & Problembereiche*. Heft 23. Osnabrück: Eigenverlag IMIS, S. 41–59
Fassmann, Heinz/Haller, Max/Lane, David (2009): *Migration and mobility in Europe: trends, patterns and control*. Cheltenham: Edward Elgar.
Favell, Adrian (2008): *Eurostars and Eurocities*. Hoboken, NJ: Wiley-Blackwell.
Fernández Pérez, Paloma/Rose, Mary (2010): *Innovation and Entrepreneurial Networks in Europe*. London: Routledge.
Fine, Robert (2006): 'Cosmopolitanism and Violence', in: *British Journal of Sociology* 57/1, 49–67.
Fine, Robert; Boon, Vivienne (2007): 'Introduction: Cosmopolitanism: Between Past and Future', in: *European Journal of Social Theory* 10/1, 5–16.
Foster, Derek (1997): 'Community and Identity in the Electronic Village', in: Porter, David (Hg): *Internet Culture*. London: Routledge, 23–38
Foucault, Michel (1971): *Die Ordnung der Dinge. Eine Archäologie der Humanwissenschaft*. Frankfurt a. M.: Suhrkamp.
Foucault, Michel (1976): *Überwachen und Strafen. Die Geburt des Gefängnisses*. Frankfurt a. M.: Suhrkamp.
Freitag, Michel (2002): The Dissolution of Society within the 'Social', in: *European Journal of Social Theory* 5/2, 175–198.
Freitag, Michel (2007): 'Five Answers', in: *European Journal of Social Theory* 10, 261–267.
Friedman, Jonathan (1999). The Hybridization of Roots and the Abhorrence of the Bush, in Featherstone, Michael/Lash, Scott (Hg): *Spaces of Culture: CityNationWorld*. London: Sage, 230–256.
Frisby, David/Sayer, Derek (1986): *Society*. London: Taylor & Francis.
Fuchs, Martin/Berg, Eberhard (1993): ‚Phänomenologie der Differenz. Reflexionsstufen ethnographischer Repräsentation', in: Berg, Eberhard/Fuchs, Martin (Hg) (1993): *Kultur, soziale Praxis, Text. Die Krise der ethnographischen Repräsentation*. Frankfurt a.M.: Suhrkamp, 11–108.
Gane, Nicholas (2005): ‚An Information Age without Technology: A Response to Webster', in: *Information, Communication and Society* 8 (4): 471–476.

Garnham, Nicholas (2004): 'Information Society Theory as Ideology', in: Webster, Frank (Hg.): *The Information Society Reader.* London/New York: Routledge, 165–183.

Geertz, Clifford (1998): 'The world in pieces: Cultures and politics at the end of the century', in: *Focaal* 32, 91–117.

Gehlen, Arnold (1986): *Urmensch und Spätkultur.* Wiesbaden: AULA.

Geissler, Rainer (2011): ‚Multikulturalismus – das kanadische Modell des Umgangs mit Diversität', in: Bukow, Wolf-Dietrich et al. (Hg): *Neue Vielfalt in der urbanen Stadtgesellschaft.* Wiesbaden: VS, 161–174.

Gellner, Ernest (2006): 'Nation', in: Outhwaite, William (Hg): *The Blackwell Dictionary of Modern Thought.* Oxford: Blackwell, 415–516.

Giddens, Anthony (1990): *The Consequences of Modernity.* Stanford, CA: Stanford University Press.

Giddens, Anthony (1991): *Modernity and Self-Identity. Self and Society in the Late Modern Age.* Cambridge: Polity.

Giddens, Anthony (1994): 'Living in a Post-traditional Society', in: Beck, U. et al. (Hg.): *Reflexive Modernization.* Cambridge: Polity, 56–109.

Giddens, Anthony (1999): *Runaway World.* London: Profile Books.

Giddens, Anthony/Fleck, Christian/Egger de Campo, Marianne (2009): Soziologie. Graz: Nausner & Nausner.

Gifford, Paul (2010): 'Defining "Others": How Interperceptions shape Identities', in: ders./Hauswedell, Tessa (Hg.): *Europe and its Others. Essays on Interperception and Identity.* Bern: Peter Lang, 13–38.

Gläser, Jochen (2005): ‚Neue Briffe, alte Schwächen: Virtuelle Gemeinschaft', in: Jäckel, Michael/Mai, Manfred (Hg): Online-Vergesellschaftung? Mediensoziologische Perspektiven auf neue Kommunikationstechnologien. Wiesbaden: VS. 51–72.

Greve, Jens (2008): ‚Gesellschaft: Handlungs- und systemtheoretische Perspektiven', in: Balog, Andreas/Schülein, Johann August (Hg): *Soziologie, eine multiparadigmatische Wissenschaft.* Wiesbaden: VS, 149–185.

Greve, Jens/Kroneberg, Clemens (2011): Herausforderungen einer handlungstheoretisch fundierten Differenzierungstheorie – zur Einleitung, in: Schwinn, Thomas et al. (Hg): *Soziale Differenzierung.* Wiesbaden: VS, 7–23.

Guillén, M. F. (2001): 'Is Globalization Civilising, Destructive or Feeble? A Critique of Five Key Debates in the Social Science Literature', in: *Annual Reviews Sociol.* 27, 235–260.

Günthner, Susanne/Luckmann, Thomas (2001): ‚Asymmetries of Knowledge in Intercultural Communication: The Relevance of Cultural Repertoires of Communicative Genres', in: Di Luzio, Aldo/Günthner, Susanne/Orletti, Franca (Hg.): *Culture in Communication. Anylses of intercultural situations.* Amsterdam: Benjamins. 55–86.

Han, Byung-Chul (2014): *Müdigkeitsgesellschaft.* Berlin: Matthes & Seitz.

Habermas, Jürgen (1981): *Theorie des kommunikativen Handelns. Band 1: Handlungsrationalität und gesellschaftliche Rationalisierung.* Frankfurt a. M.: Suhrkamp.

Habermas, Jürgen (1987): *Theorie des kommunikativen Handelns. Band 2: Zur Kritik der funktionalistischen Vernunft.* Frankfurt a.M.: Suhrkamp.

Habermas, Jürgen (1998): *Die postnationale Konstellation.* Frankfurt a.M.: Suhrkamp.

Habermas, Jürgen (2009): *Europe: The Faltering Project.* Cambridge: Polity.
Hahn, Alois (2000): ‚The Social Construction of the Stranger', in: *Alexander von Humboldt-Mitteilungen* 75, 11–23.
Hardt, Michael/Negri, Antonio (2004): *Multitude: War and Democracy in the Age of Empire.* New York: Penguin.
Harvey, David (1993): 'From Space to Place and Back Again: Reflections on the Condition of Postmodernity', in: Bird, Jon/Curtis, Barry/Putnam, Tim/Robertson, George (Hg.): *Mapping the Futures: Local Culture, Global Change.* London: Routledge, 2–29.
Heckmann, Friedrich (1992): *Ethnische Minderheiten, Volk und Nation. Soziologie interethnischer Beziehungen.* Stuttgart: Enke.
Hedetoft, Ulrich (2006): 'Nations, belonging and community', in: Delanty, Gerard (Hg): *Handbook of Contemporary European Social Theory.* London: Routledge, 310–22.
Held, David (1992): 'Democracy: From City-States to a Cosmopolitan Order?', in: ders. (Hg.): *Prospect for Democracy.* Cambridge: Polity, 13–52.
Held, David/McGrew, Anthony (2003): 'The Great Globalization Debate: An Introduction', in: dies. (Hg.): *The Global Transformations Reader. An Introduction to the Globalization Debate.* Cambridge: Polity, 1–50.
Hoffmann, Stanley (2002): 'Clash of Globalizations', in: *Foreign Affairs* 81 (4), 104–108.
Hollinger, David A. (2011): 'Neue Entwicklungen in den USA: Warum die multikulturellen Konzepte der Bürgerrechtszeit anachronistisch sind', in: Stemmler, Susanne (Hg): *Multikultur 2.0. Willkommen im Einwanderungsland Deutschland.* Bonn: Bundeszentrale für politische Bildung, 63–71.
Holton, Robert (2002): 'Cosmopolitanism or Cosmopolitanisms? The Universal Races Congress of 1911', in: *Global Networks* 2/2, 153–170.
Honneth, Axel (1987): *The Struggle for Recognition.* Cambridge: Polity Press.
Honneth, Axel (1994): *Kampf um Anerkennung.* Frankfurt a.M.: Suhrkamp.
Hübner-Funk, Sibylle (1984): 'Die ästhetische Konstituierung gesellschaftlicher Erkenntnis am Beispiel der "Philosophie des Geldes"', in: Dahme, Heinz-Jürgen/Rammstedt, Otthein (Hg): *Georg Simmel und die Moderne.* Frankfurt a.M.: Suhrkamp, 183–201.
Hylland Eriksen, Thomas (2007): *Globalization.* Oxford/New York: Berg.
Imbusch, Peter (2006): ‚Sozialwissenschaftliche Konflikttheorien – ein Überblick', in: Ders./Zoll, Ralf (Hg): *Friedens- und Konfliktforschung. Eine Einführung.* Wiesbaden: VS, 143–178.
Jaffee, David (1998): *Socio-economic Development Theory.* Westport: Praeger.
Kaesler, Dirk (2006): ‚Max Weber (1864–1920)', in: ders. (Hg): *Klassiker der Soziologie.* Band 1. München: Beck, 191–214.
Kalberg, Stephen (2001): Einführung in die historisch-vergleichende Soziologie Max Webers. Wiesbaden: Westdeutscher Verlag.
Karafillidis, Athanasios (2010): *Soziale Formen: Fortführung eines soziologischen Programms.* Bielefeld: transcript.
Keane, John (2004/1995): Structural Transformations of the Public Sphere, in: Webster, Frank (Hg): The Information Society Reader. London/New York: Routledge, 336–378.
Kneer, Georg/Nassehi, Armin/Schroer, Markus (1997): *Soziologische Gesellschaftsbegriffe.* Band 1. München: Wilhelm Fink.

Kohlmann, Evan (2004): *Al-Qaida's Jihad in Europe: The Afghan-Bosnian Network*. London: Bloomsbury Publishing.
König, René (1976): ‚Emile Durkheim. Der Soziologe als Moralist', in: Kaesler, Dirk (Hg): *Klassiker des soziologischen Denkens*. Band 1. München: Beck, 312–364.
König, René (1978): *Emile Durkheim zur Diskussion – Jenseits von Dogmatismus und Skepsis*. München/Wien: Carl Hanser Verlag.
Kraut, R. et al. (1998): 'Internet Paradox: A Social Technology that Reduces Social Involvement and Psychological Well-Being?', in: *American Psychologist* 53 (9), 1017–1031.
Kristeva, Julia (1988): *Etrangers à nous-mêmes*. Paris: Fayard.
Krossa, Anne Sophie (2009): 'Conceptualizing European Society on Non-Normative Grounds: Logics of Sociation, Glocalization and Conflict', in: *European Journal of Social Theory* 12/2: 249–264.
Krossa, Anne Sophie (2011): 'Eine Diskussion des Konzepts "gehegter Konflikt" , in: Langenohl, Andreas; Schraten, Jürgen (Hg.): (Un)Gleichzeitigkeiten: Die demokratische Frage im 21. Jahrhundert. Metropolis, 33–47.
Krossa, Anne Sophie (2012a): 'Eurocentrism', in: Ritzer, George (ed): Encyclopedia of Globalization. Oxford: Blackwell, 570–571.
Krossa, Anne Sophie (2012b) ‚Why European Cosmopolitanism?', in: Robertson, Roland/ Krossa, Anne Sophie (eds): *European Cosmopolitanism in Question*. Palgrave Macmillan, 6–24.
Krossa, Anne Sophie (2016) 'Andere, Selbste, Grenzen: Momentaufnahme eines Diskurses zur globalen Migration', in: *Culture, Practice and European Policy* 1/1, 16–38.
Krossa, Anne Sophie (2017) ‚Negotiating Difference and Cohabitation: Global Refugees in a German Village', in: Caselli, Marco/Gilardoni, Guia (2017): *Globalization, supranational dynamics and local experiences*. Palgrave Macmillan (im Erscheinen).
Kumar, Krishan (2004): *From post-industrial to post-modern society: New theories of the contemporary world*. Oxford: Blackwell.
Kumar, Krishan (2008): 'The Question of European Identity: Europe in the American Mirror', in: *European Journal of Social Theory* 11/1, 87–105.
Kunczik, Michael (2006): Herbert Spencer, in: Kaesler, Dirk (Hg): Klassiker der Soziologie. Band 1. München: Beck, 74–93.
Kunz, Volker (2004): *Rational Choice*. Frankfurt a.M.: Campus.
Langenohl, A. (2010). Imaginäre Grenzen. Zur Entstehung impliziter Kollektivität in EU-Europa. In *Berliner Journal für Soziologie* 20/1, S. 45–63.
Langenohl, A. (2015). *Town Twinning, Transnational Connections and Trans-local Citizenship Practices in Europe*. Europe in a Global Context Series. Houndmills, Basingstoke: Palgrave Macmillan.
Latour, Bruno (2001): *Das Parlament der Dinge: Naturpolitik*. Frankfurt a.M.: Suhrkamp.
Latour, Bruno (2004): 'Whose Cosmos, which Cosmopolitics?', in: *Common Knowledge* 10/3, 450–462.
Latour, Bruno (2005): *Reassembling the Social. An Introduction to Actor-Network-Theory*. Oxford: Oxford University Press.
Latour, Bruno (2007): *Eine neue Soziologie für eine neue Gesellschaft*. Frankfurt a.M.: Suhrkamp.

Lechner, Frank J. (1989): ‚Cultural aspects of the modern world-system', in: Swatos, W.H. (Hg): *Religious politics in global and comparative perspective.* New York: Greenwood Press.
Leggewie, Claus (2000): 'Integration und Segregation', in: Bade, Klaus J./Muenz, Rainer (Hg): *Migrationsreport 2000.* Bonn: Bundeszentrale für politische Bildung, 85–107.
Leggewie, Claus (2011): ‚Blick zurück nach vorn: Begriffsgeschichte Multikulturalismus. Claus Leggewie im Gespraech mit Susanne Stemmler', in: Stemmler, Susanne (Hg): *Multikultur 2.0. Willkommen im Einwanderungsland Deutschland.* Bonn: Bundeszentrale für politische Bildung, 37–51.
Lindner, Ralf (1990): *Die Entdeckung der Stadtkultur. Soziologie aus der Erfahrung der Reportage.* Frankfurt a.M.: Suhrkamp.
Löw, Martina (2012): *Raumsoziologie.* Frankfurt a.M.: Suhrkamp.
Loycke, Almut (1992): ‚Der Gast, der bleibt. Dimensionen von Georg Simmels Analyse des Fremdseins', in: Loycke, A. (Hg): *Der Gast, der bleibt. Dimensionen von Georg Simmels Analyse des Fremdseins.* Frankfurt/New York: Campus, 103–123.
Luhmann, Niklas (1978): ‚Handlungstheorie und Systemtheorie', in: *Kölner Zeitschrift für Soziologie und Sozialpsychologie* 30, 211–227.
Luhmann, Niklas (1988): *Soziale Systeme.* Frankfurt a.M.: Suhrkamp.
Luhmann, Niklas (1993): *Gesellschaftsstruktur und Semantik. Studien zur Wissenssoziologie der modernen Gesellschaft.* Frankfurt a.M.: Suhrkamp.
Luhmann, Niklas (1997): *Die Gesellschaft der Gesellschaft.* Frankfurt a.M.: Suhrkamp.
Maffesoli, Michel (1996): *The Time of the Tribes: The Decline of Individualism in Mass Society.* Minneapolis: Minnesota University Press.
Magee, Gary/Thompson, Andrew (2010): *Empire and Globalisation: Networks of people, goods, and capital in the British world, c. 1850–1940.* Cambridge: Cambridge University Press.
Marchart, Oliver (2013): *Das unmögliche Objekt. Eine postfundamentalistische Theorie der Gesellschaft.* Frankfurt a.M.: Suhrkamp.
Mason, Andres (2000): *Community, solidarity and belonging: Levels of community and their normative significance.* Cambridge: Cambridge University Press.
Matzinger, Polly (2007): Friendly and dangerous signals: is the tissue in control? In *Nature Immunology* 8/1, S. 11–13.
McLuhan, Marshall (1960): *Explorations in Communication.* Boston: Beacon Press.
Meckel, Miriam (2008): Aus Vielen wir das Eins gefunden – wie Web 2.0 unsere Kommunikation verändert. In: Aus Politik und Zeitgeschichte, http://www.bpb.de/apuz/30964/aus-vielen-wird-das-eins-gefunden-wie-web-2-0-unsere-kommunikation-veraendert?p=all (Zugriff 1.5.2017)
Medick, Hans (2006): ‚Grenzziehungen und die Herstellung des politisch-sozialen Raumes. Zur Begriffsgeschichte und politischen Sozialgeschichte der Grenzen in der Frühen Neuzeit', in Eigmüller, Monika/Vobruba, Georg (Hg.), *Grenzsoziologie. Die politische Strukturierung des Raumes.* Wiesbaden: VS, 37–51.
Menell, Stephen (1995) 'Civilisation and Decivilisation, Civil Society and Violence', in: *Irish Journal of Sociology* 5, 1–21.
Mills, Charles W. (2000): *The Sociological Imagination.* Oxford: Oxford University Press.
Mörtenböck, Peter/Mooshammer, Helge (2010): *Netzwerk Kultur. Die Kunst der Verbindung in einer globalisierten Welt.* Bielefeld: transcript.

Moscovici, Serge/Doise, Willem (1994): *Conflict and Consensus: A General Theory of Collective Decisions.* London: Sage.
Müller, Hans-Peter (2006): ‚Emile Durkheim (1858–1917)', in: Kaesler, Dirk (Hg): *Klassiker der Soziologie.* Band 1. Muenchen: Beck, 151–171.
Müller-Doohm, Stefan (2007): Theodor W. Adorno (1903–1969), in: Kaesler, Dirk (Hg): *Klassiker der Soziologie.* Band 2. Muenchen: Beck, 51–71.
Murphy-Lejeune, Elizabeth (2001): *Student Mobility and Narrative in Europe.* London: Routledge.
Naglo, Kristian (2007): *Rollen von Sprache in Identitätsbildungsprozessen multilingualer Gesellschaft in Europa. Eine vergleichende Betrachtung Luxemburgs, Südtirols und des Baskenlands.* Frankfurt a.M.: Peter Lang.
Nava, Mica (2002): 'Cosmopolitan Modernity: Everyday Imaginaries and the Register of Difference', in: *Theory, Culture & Society* 19/1–2, 81–99.
Nassehi, Armin (2006): *Der soziologische Diskurs der Moderne.* Frankfurt a.M.: Suhrkamp.
Nassehi, Armin (2008): *Soziologie. Zehn einführende Vorlesungen.* Wiesbaden: VS.
Nedelmann, Birgitta (2006): ‚Georg Simmel (1858–1918)', in: Kaesler, Dirk (Hg): *Klassiker der Soziologie.* Band 1. München: Beck, 128–150.
Nederveen Pieterse, Jan (2009): *Globalization and Culture. Global Melange.* Lanham u.a.: Rowman & Littlefield.
Niethammer, Ludger (2000): *Kollektive Identität. Heimlich Quellen einer unheimlichen Konjunktur.* Reinbek b. Hamburg: Rowohlt.
Nisbet, Robert (2006) ‚Society', in: Outhwaite, W. (ed): *The Blackwell Dictionary of Modern Social Thought.* Oxford: Blackwell, 640–642.
Ohlert, Martin (2014): *Zwischen 'Multikulturalismus' und 'Leitkultur'. Integrationsleitbild und -politik der im 17. Deutscher Bundestag vertretenen Parteien.* Wiesbaden: Springer VS.
Ond Vlanderen (2012): http://www.ond.vlaanderen.be/hogeronderwijs/bologna/about/, Zugriff am 30. Januar 2012
O'Riain, Sean (2000): ‚Networking for a Living. Irish Software Developers in the Global Workplace', in: Burawoy, Michael et al. (eds.): *Global Ethnography.* Berkeley: University of California Press, 175–202.
Outhwaite, William (2006): *The Future of Society.* Oxford: Blackwell.
Park, Robert E. (1950a): 'Our Racial Frontier on the Pacific', in: Hughes, Everett C. (Hg): *Race and Culture. The Collected Papers of Robert Ezra Park.* Band 1. London: The Free Press of Glencoe, 138–151.
Park, Robert E. (1950b): 'The Problem of Cultural Differences', in: Hughes, Everett C. (Hg): *Race and Culture. The Collected Papers of Robert Ezra Park.* Band 1. London: The Free Press of Glencoe, 3–14.
Park, Robert E. (1961): 'Cultural Conflict and the Marginal Man', in: Stonequist, E.V. (Hg): *The Marginal Man. A Study of the Personality and the Culture Conflict.* New York: Russel and Russel, XIII–XVIII.
Park, Robert E. (1964): 'Cultural Conflict and the Marginal Man', in: Park, R.E.: *Race and Culture. Essays in the Sociology of Contemporary Man.* London: Free Press of Glencoe, 372–377.

Parsons, Talcott (1961): 'An Outline of the Social System. General Introduction II', in: Parsons, Talcott et al. (Hg.): *Theories of Society*. New York/London: XXX, 30–79.
Parsons, Talcott (1975): *Gesellschaften. Evolutionäre und komparative Perspektiven*. Frankfurt a.M.: Suhrkamp.
Perera, Suvendrini (2007): ‚A Pacific Zone: (In)security, Sovereignty, and Stories of the Pacific Borderscape', in Kumar, Prem et al. (Hg.): *Borderscapes: Hidden Geographies and Politics at Territory's Edge*. University of Minnesota Press: Minneapolis, 201–230.
Portes, Alejandro/Rumbaut, Ruben G. (2001): *Legacies: The Story of the Immigrant Second Generation*. Berkeley: University of California Press.
Pountain, Dick/Robins, David (2000): *Cool Rules: Anatomy of an Attitude*. London: Reaktion Books.
Pries, Ludger (Hg). (2001): *New Transnational Social Spaces. International migration and transnational companies in the early twenty-first century*. London/New York: Routledge.
Pries, Ludger (2008): *Die Transnationalisierung der sozialen Welt*. Frankfurt a.M.: Suhrkamp.
Pries, Ludger (2010): *Transnationalisierung. Theorie und Empirie grenzüberschreitender Vergesellschaftung*. Wiesbaden: VS.
Putnam, Robert G. (2000): *Bowling Alone. The Collapse and Revival of American Community*. London: Simon and Schuster.
Ray, Larry (2007): *Globalization and Everyday Life*. London/New York: Routledge.
Readings, Bill (1996): *The University in Ruins*. Cambridge, MA: Harvard University Press.
Reckwitz, Andreas (2008): *Unscharfe Grenzen. Perspektiven der Kultursoziologie*. Bielefeld: transcript.
Rehberg, Karl-Siegbert (1994): *Ein postmodernes Ende der Geschichte? – Anmerkungen zum Verhältnis zweier Diskurse,* in: Greven, Michael/Kühler, Peter/Schmitz, Manfred (Hg.): *Politikwissenschaft als Kritische Theorie. Festschrift für Kurt Lenk*. Nomos, Wiesbaden 1994, S. 257–285.
Reuter, Julia (2002): *Ordnungen des Anderen. Zum Problem des Eigenen in der Soziologie des Fremden*. Bielefeld: transcript.
Reuter, Julia/Warrach, Nora (2015): 'Die Fremdheit der Migrant_innen. Migrationssoziologische Perspektiven im Anschluss an Georg Simmels und Alfred Schütz' Analysen des Fremdseins', in: Reuter, Julia/Mecheril, Paul (Hg): *Schlüsselwerke der Migrationsforschung*. Wiesbaden: Springer, 169–189.
Rheingold, Howard (1994): *Virtuelle Gemeinschaft*. Bonn/Paris: Addison-Wesley.
Ricoeur, Paul (1990): *Soi-même comme un autre*. Paris: Seuil, 'Points'.
Richter, Dirk (1997): ‚Weltgesellschaft', in: Kneer, Georg/Nassehi, Armin/Schroer, Markus (Hg): *Soziologische Gesellschaftsbegriffe*. München: Fink, 184–204.
Rigo, Enrica (2006) Trafficking Citizenship. Von der ‚Festung Europa' zur Regierung der Zirkulation, in Hengartner, Thomas/Moser, Johannes (Hg.): *Grenzen und Differenzen. Zur Macht sozialer und kultureller Grenzziehungen*. Leipzig: Leipziger Universitätsverlag, 161–174.
Ritzer, George (1993): *The McDonaldization of Society*. Thousand Oaks, CA: Pine Forge Press.
Ritzer, George (2003): 'Rethinking Globalization: Glocalization/Grobalization and Something/Nothing', in: *Sociological Theory*, 21(3): 193–209.

Robbins, Bruce (1998): 'Comparative Cosmopolitanisms', in: Cheah, Pheng/Robbins, Bruce (Hg.): *Cosmopolitics: Thinking and Feeling beyond the Nation*. Minneapolis/ London: University of Minnesota Press, 246–264.
Robertson, Roland (1992): *Globalization: Social Theory and Global Culture*. London: Sage.
Robertson, Roland (1995): 'Glocalization: Time-Space and Homogeneity-Heterogeneity', in: Featherstone, Michael et al. (Hg.) *Global Modernities*. London: Sage, 25–44.
Robertson, Roland (2003): ‚Religion und Politik im globalen Kontext der Gegenwart', in: Minkenberg, Michael/Willems, Ulrich (Hg): *Politik und Religion*. Westdeutscher Verlag, Wiesbaden, 581–594.
Robertson, Roland (2011): ‚Global Connectivity and Global Consciousness', in: *American Behavioral Scientist* 55/10, 1336–1345.
Robertson, Roland (2012): unpublizierter Kommentar zu einem Manuskript.
Robertson, Roland (Hg) (2013): *European Glocalization in Global Context*. Houndsmills, Basingstoke: Palgrave Macmillan.
Robertson, Roland (2015): 'Beyond the Discourse of Globalization', in: Glocalism 1/2015, http://www.glocalismjournal.net/Issues/GLOBAL-POLITY-AND-POLICIES/Articles/Beyond-The-Discourse-Of-Globalization-By-R-Robertson.kl (Zugriff 18.4.2016).
Roche, Maurice (2010): *Exploring the Sociology of Europe*. London Sage.
Rosa, Hartmut/Strecker, David/Kottmann, Andrea (2007): *Soziologische Theorien*. Konstanz: UVK.
Ross, Jan (2005): 'The Ghosts of the Chocolate Summit', in: Levy, D. et al. (Hg.): *Old Europe, New Europe, Core Europe: Transatlantic Relations after the Iraq War*. London/ New York: Verso, 67–71.
Sassen, Saskia (2013): Analytic Borderlands: Economy and Culture in the Global City. In G. Bridge & S. Watson (Hrsg.). *The New Blackwell Companion to the City* (S. 210–220). Malden: Wiley Blackwell.
Schimank, Uwe (2005): *Differenzierung und Integration der modernen Gesellschaft. Beiträge zur akteurzentrierten Differenzierungstheorie 1*. Wiesbaden: VS.
Schmitt, Carl (1933): *Staat, Bewegung, Volk. Die Dreigliederung der Politischen Einheit*. Hamburg: Hanseatische Verlagsanstalt.
Schroer, Markus (2000): ‚Individualisierte Gesellschaft', in: Kneer, Georg/Nassehi, Armin/ Schroer, Markus: *Soziologische Gesellschaftsbegriffe. Konzepte moderner Zeitdiagnosen*. München: Fink, 157–183.
Schroer, Markus (2005): ‚Richard Sennett', in: Kaesler, Dirk (Hg.): Aktuelle Theorien der Soziologie. Von Shmuel N. Eisenstadt bis zur Postmoderne. München: Beck, S. 250–266.
Schroer, Markus (2012): *Räume, Orte, Grenzen. Auf dem Weg zu einer Soziologie des Raums*. Frankfurt a.M.: Suhrkamp.
Schulze, Gerhard (1992): Erlebnisgesellschaft. Frankfurt a.M.: Campus.
Schumpeter, Joseph (1970): *Das Wesen und der Hauptinhalt der theoretischen Nationalökonomie*. Berlin: Duncker & Humblot.
Schütz, Alfred (1972): ‚Der Fremde', in: Brodersen, Arvid (Hg): *Gesammelte Aufsätze II. Studien zur soziologischen Theorie*. Den Haag: Martinus Nijhoff, 53–69.
Schwinn, Thomas (2003): ‚Makrosoziologie jenseits von Gesellschaftstheorie. Funktionalismuskritik nach Max Weber', in: Jetzkowitz, Jens/Stark, Carsten (Hg): *Soziologischer*

Funktionalismus: zur Methodologie einer Theorietradition. Opladen: Leske & Budrich, 83–110.

Schwinn, Thomas (2011a): ‚Von starken und schwachen Gesellschaftsbegriffen. Verfallsstufen eines traditionsreichen Konzepts', in: Ders. et al. (Hg): *Soziale Differenzierung.* Wiesbaden: Springer VS, 27–44.

Schwinn, Thomas (2011b): ‚Perspektiven einer neueren Differenzierungstheorie', in: Ders. et al. (Hg): *Soziale Differenzierung.* Wiesbaden: VS, 421–432.

Sennett, Richard (1983): Verfall und Ende des öffentlichen Lebens. Die Tyrannei der Intimität. Frankfurt a.M.: Fischer.

Sennett, Richard (1995): ‚Die Unbehaustheit. Ein Gespräch mit dem amerikanischen Stadtsoziologen Richard Sennett', in: *Frankfurter Rundschau* 299 vom 23.12., 2.

Sennett, Richard (1998): ‚Der neue Kapitalismus', in: *Berliner Journal für Soziologie* 3, 305–316.

Sennett, Richard (2000): *Der flexible Mensch. Die Kultur des neuen Kapitalismus.* München: btb.

Sennett, Richard (2009): *Die Großstadt und die Kultur des Unterschieds.* Berlin: Berlin Verlag Taschenbuch.

Shaw, Martin (2000): *Theory of the Global State.* Cambridge: CUP.

Simmel, Georg (1992): *Soziologie.* Gesamtausgabe, Band 11. Frankfurt a.M.: Suhrkamp.

Simmel, Georg, (1999): *Grundfragen der Soziologie.* Gesamtausgabe, Band 16. Frankfurt a.M.: Suhrkamp.

Smith, A.D. (1990): ‚Toward a global culture?', in: *Theory, Culture and Society*, 7/2–3. (ohne Seitenangaben)

Smith, William (2007): 'Cosmopolitan Citizenship: Virtue, Irony and Worldliness', in *European Journal of Social Theory* 10/1, 37–52.

Soeffner, Hans-Georg/Zifonun, Darius (2008): ‚Integration – An Outline from the Perspective of the Sociology of Knowledge', in: *Qualitative Sociology Review* IV/2, 3–23.

Spencer, Herbert (1876): *Einleitung in das Studium der Sociologie.* Band 1. Leipzig.

Spencer, Herbert (1886): *Die Principien der Sociologie.* Stuttgart.

Stagl, Justin (1981): ‚Szientistische, hermeneutische und phänomenologische Grundlagen der Ethnologie', in: Schmied-Kowarzik, Wolfdietrich/Stagl, Justin (Hg.): *Grundfragen der Ethnologie. Beiträge zur gegenwärtigen Theoriediskussion.* Berlin: D. Reimer, 1–38.

Stauth, Georg/Turner, Bryan (1988): *Nietzsche's Dance: Resentment, Reciprocity and Resistance in Social Life.* Oxford: Basil Blackwell.

Stichweh, Rudolf (2010): *Der Fremde. Studien zu Soziologie und Sozialgeschichte.* Frankfurt: Suhrkamp.

Stone, A. (1996): *The War of Desire and Technology at the Close of the Mechanical Age.* Cambridge, M.A.: MIT Press

Sunstein, Cass (2001): *Republic.com.* Oxford: Princeton University Press.

Sznaider, Natan (2007): 'Hannah Arendt's Jewish Cosmopolitanism: Between the Universal and the Particular', in: *European Journal of Social Theory* 10/1, 112–122.

Talukder, Majharul/Yeow, Paul (2006): ‚A study of technical, marketing, and cultural differences between virtual communities in industrially developing and developed countries', in: *Asia Pacific Journal of Marketing and Logistics* 18/3, 184–200.

Tannen, Deborah (1999): *The Argument Culture. Changing the Way We Argue.* London: Virago.
Tarde, G. (1999): *Monadologie et Sociologie.* Paris: Les empecheurs de penser en rond.
Tarde, Gabriel (2009): *Die Gesetze der Nachahmung.* Frankfurt a. M.: Suhrkamp.
Tenbruck, Friedrich (1981): ‚Emile Durkheim oder die Geburt der Gesellschaft aus dem Geist der Soziologie', in: *Zeitschrift für Soziologie* 10/4, 333–350.
Terkessidis, Mark (2011): ‚Integration ist von gestern, „Diversity" für morgen – Ein Vorschlag für eine gemeinsame Zukunft', in: Bukow, Wolf-Dietrich et al. (Hg): *Neue Vielfalt in der urbanen Stadtgesellschaft.* Wiesbaden: VS, 189–205.
Thatcher, Margaret (1987): Interview for *Woman's Own* vom 23.9. http://www.margaretthatcher.org/document/106689, Zugriff 26.5.2015
The Free Dictionary (2011): http://www.thefreedictionary.com/nation-state, Zugriff am 2/9/2011
Therborn, Göran (2011): *The World: A Beginner's Guide.* Cambridge: Polity.
Thomas, W.I./Thomas, D.S. (1928): *The child in America: Behavior problems and programs.* New York: Knopf.
Thornton, William H. (2010): 'Mapping the "Glocal" Village: The Political Limits of "Glocalization"', in: Ritzer, George/Atalay, Zeynep (Hg.): *Readings in Globalization. Key Concepts and Major Debates.* Oxford: Wiley-Blackwell, 360–361.
Tomlinson, John (1999): *Globalization and Culture.* Cambridge: Polity.
Tönnies, F. (1899): 'Philosophical Terminology (I)', in: *Mind: A Quarterly Review of Psychology and Philosophy* 8, 289–332.
Tönnies, Ferdinand (1931): Einführung in die Soziologie. Stuttgart: Ferdinand Enke
Touraine, Alain (1995): *Critique of Modernity.* Oxford: Blackwell.
Turkle, Sherry (1995): *Life on the Screen: Identity in the Internet.* London: Phoenix/Orion.
Turner, Bryan S. (1987): ‚A note on nostalgia', in: Theory, Culture & Society 4/1, 147–156.
Tyrell, Hartmut (1994): ‚Max Webers Soziologie – eine Soziologie ohne "Gesellschaft"', in: Wagner, Gerhard/Zipprian, Heinz (Hg): *Max Webers Wissenschaftslehre.* Frankfurt a. M.: Suhrkamp, 390–414.
Urry, John (2000): *Sociology beyond Societies. Mobilities for the Twenty-First Century.* London/New York: Routledge.
Urry, John (2003): *Global Complexity.* Cambridge: Polity.
Urry, John (2004a): 'Is Britain the First Post-Industrial Society?', in Webster, F. (ed.): *The Information Society Reader.* London/New York: Routledge, 121–132. [Originally: (1995) *Consuming Places.* London: Routledge.]
Urry, John (2004b): 'Mobile Sociology', in Webster, F. (ed.): *The Information Society Reader.* London/New York: Routledge, 190–203. [Originally: (2000) in: *British Journal of Sociology* 51/1, 185–203.]
Urry, John (2007): *Mobilities.* New York: Polity.
Vertovec, Stephen (2011): ‚Die Chimäre des Multikulturalismus', in: Stemmler, Susanne (Hg): *Multikultur 2.0 Willkommen im Einwanderungsland Deutschland.* Bonn: Bundeszentrale für politische Bildung, 72–76.
Waskul, D./Douglass, M. (1997): ‚Cyberself: The Emergence of Self in On-Line Chat', in: *Information Society* 13, 375–397.
Weber, Max (1920): *Gesammelte Aufsätze zur Religionssoziologie.* Tübingen: Mohr.

Weber, Max (1960): *Soziologische Grundbegriffe*. Tübingen: Mohr.
Weber, Max (1982): Gesammelte Aufsätze zur Wissenschaftslehre. Tübingen: Mohr (Siebeck).
Weber, Max (1988): ‚Die „Objektivität" sozialwissenschaftlicher und sozialpolitischer Erkenntnis', in: Weber, Max: *Gesammelte Aufsätze zur Wissenschaftslehre*. Tübingen: Mohr, 146–214.
Weber, Max (2005): *Wirtschaft und Gesellschaft*. Frankfurt a.M.: Zweitausendeins.
Webster, Frank (2006): *Theories of the Information Society*. Third edition. London/New York: Routledge.
Weinberger, David (2002): *Small Pieces Loosely Joined. A Unified Theory of the Web*. New York: Basic Books.
Wertheim, Margaret (2000): *Die Himmelstür zum Cyberspace. Von Dante zum Internet*. Zürich: Ammann
White, Heidi et al. (1999): ‚Surfing the Net in Later Life: A Review of the Literature and Pilot Study of Computer Use and Quality of Life', in: *Journal of Applied Gerontology* 18 (3), 358–378.
Wieser, Matthias (2012): *Das Netzwerk von Bruno Latour*. Bielefeld: transcript.
Wilhelm, Anthony G. (2000): *Democracy in the Digital Age: Challenges to Political Life in Cyberspace*. New York: Routlegde.
Willke, Helmut (1978): ‚Systemtheorie und Handlungstheorie – Bemerkungen zum Verhältnis von Aggregation und Emergenz', in: *Zeitschrift für Soziologie* 7/4, 380–389.
Wilson, Thomas M. (2012): 'Revisiting the Anthropology of Policy and Borders in Europe', in : Andersen, Dorte/Klatt, Martin/Sandberg, Marie (Hg.): *The Border Multiple. The Practicing of Borders between Public Policy and Everyday Life in a Re-Scaling Europe*. Farnham, Surrey: Ashgate, 77–95.
Winter, Rainer/Staber, Anja (2015): ‚Das Leben an den Rändern. Entstehung und Perspektiven von Hybridität aus soziologischer Sicht. Der Beitrag von Robert E. Park und Everett V. Stonequist', in: Reuter, Julia/Mecheril, Paul (Hg): *Schlüsselwerke der Migrationsforschung*. Wiesbaden: Springer, 45–59.
Wittel, Andreas (2001): 'Toward a Network Sociality', in: *Theory, Culture & Society* 18/6, 51–76.
Wolff, Kurt H. (Hg) (1958): *Essays on Sociology, Philosophy and Aesthetics*. Columbus/Ohio: Ohio State University Press.
Wynn, Eleanor/Katz, James E. (1997): 'Hyperbole over Cyberspace: Self-Presentation and Social Boundaries in Internet Home Pages and Discourse', in: *Information Society* 13, 297–327.
Zick, Andreas (2002): Die Konflikttheorie der sozialen Identität, in Bonacker, Thorsten (Hg): Sozialwissenschaftliche Konflikttheorien. Opladen: Westdeutscher Verlag, 409–426.
Zifonun, Darius/Cindark, Ibrahim (2004): ‚Segregation oder Integration? Die soziale Welt eines ‚türkischen' Fußballvereins in Mannheim', in: *Deutsche Sprache* 32, 270–298.

The manufacturer's authorised representative in the EU is Springer Nature Customer Service Centre GmbH, Europaplatz 3, 69115 Heidelberg, Germany. If you have any concerns regarding our products, please contact ProductSafety@springernature.com

Printed and bound by CPI Group (UK) Ltd, Croydon, CR0 4YY
23/03/2026
02076679-0004